Bruno Wagner
Burn Rate

BRUNO WAGNER

Burn Rate

Wie Fondsmanager unser Geld verbrennen

DROEMER

Die Folie des Schutzumschlags sowie die Einschweißfolie sind PE-Folien und biologisch abbaubar.
Dieses Buch wurde auf chlor- und säurefreiem Papier gedruckt.

Besuchen Sie uns im Internet:
www.droemer-weltbild.de

Umschlaggestaltung: ZERO Werbeagentur, München
Umbruch: Pinkuin Satz und Datentechnik, Berlin
Druck und Bindung: GGP Media, Pößneck
Printed in Germany
ISBN 3-426-27245-8

5 4 3 2 1

Inhalt

Vorwort

Frühjahr 2000: Zwei Jahrzehnte Boom an der Börse und seine bewunderten Helden: Die Manager von Aktien-, Renten- und Pensionsfonds schicken täglich Milliardensummen um den Globus. Ziel der wilden Jagd ist eine maximale Wertsteigerung der eingesetzten Gelder.

Frühjahr 2001: Ein Jahr Depression an der Börse und die verfluchten Geldjongleure: Die Manager von Aktien-, Renten- und Pensionsfonds schicken täglich Milliardensummen um den Globus. Ziel der wilden Jagd ist eine maximale Wertsteigerung der eingesetzten Gelder. Per Mausklick entscheidet sich so das Schicksal von Unternehmen, ihrer Beschäftigten und ganzer Länder – Nebenwirkung des globalen Performance-Rennens. Wer da nicht mithalten kann, ist der Verlierer: Millionen von Kleinanlegern und Sparern haben in den letzten Monaten ein Vermögen verloren.

Dennoch: Die Fondsbranche boomt. Allerorten werden die Sparbücher geleert und in Fonds umgeschichtet. Hohe Erwartungen sind geweckt, denn die Anlage in Fonds soll nicht nur unseren Wohlstand erhöhen, sondern – nachdem auch die Politik die »Geldmaschinen« entdeckt hat – unsere Versorgung im Alter gewährleisten. All das geschieht angeblich ohne Inkaufnahme allzu hoher Risiken. Denn Fonds setzen ja bekanntlich auf Risikostreuung und sind schon aus diesem Grund für Privatanleger höchst geeignet.

Wer einen Blick hinter die Kulissen der Fondsbranche wirft, will daran nicht länger glauben. Statt von wohlüberlegter Strategie und einer ruhigen Hand wird das Handeln der Fondskapitäne häufig von Kurzfristdenken bestimmt. Aggressive Handelsstrategien und exzessives Zocken erhöhen das Anlagerisiko, anstatt es zu vermeiden. Schlimmer noch: Das Anlageverhalten vieler Fonds erinnert an Lemminge. In allen Publikumsfonds sind mehr oder weniger die gleichen Werte enthalten, die auf diese Weise ungewöhnlichen Kursschwankungen ausgesetzt sind, wenn die Fondsmanager scharenweise in einen Wert investieren oder sich wieder daraus zurückziehen. In zunehmend kürzeren Abständen entweicht dann zischend Luft aus mächtigen spekulativen Luftballons.

Die Marketingabteilungen der Fondsanbieter schüren den Renditehunger der Anleger mit immer neuen Branchenfonds, offerieren hochspekulative Fonds für Risikoanleihen und andere Produkte, die den Investor nicht nur überfordern, sondern ihn unnötig hohen Risiken und langen Durststrecken aussetzen – sofern die Gewinnzone überhaupt je erreicht wird. In den Büros der Fondsfirmen haben sich Kurzfristdenker, Eintagsfliegen und Schönwetterkapitäne eingenistet – nicht auszudenken, was mit den verwalteten Vermögen passiert, wenn die Finanzmärkte einmal in wirklich schwieriges Fahrwasser kommen und die Lemminge, Hasardeure und Hektiker aus dem Tritt geraten, die als Fondsmanager – mit Ihrem Geld! – »va banque« spielen.

Einleitung

Warum ein Buch über Fonds? Werden wir nicht täglich in den Zeitungen und Magazinen über Investmentfonds und ihre Wertentwicklung, über die Ansichten ihrer Manager und ihre Erfolgsstorys unterrichtet? Doch gerade die Performance der viel gepriesenen Fonds lässt zu wünschen übrig. Um genau zu sein: Oft ist sie verheerend, etwa wenn Technologiefonds im Depot Amok laufen und unser Anlagevermögen vernichten. Hoch gelobt und tief gestürzt – viele Fonds erfüllen die in sie gesetzten Hoffnungen nicht. Höchste Zeit also für eine kritische Bestandsaufnahme – schon weil in der Berichterstattung der Medien immer noch die Schönfärberei überwiegt.

Wie kann es passieren, dass ausgerechnet im Jahr 2000, als der Absatzerfolg der Fonds einen nie gekannten Höchststand erreichte, diese ihren Anlegern so dramatische Verluste beschert haben? Sind die Fondsmanager vielleicht von ihrem Job und den turbulenten Börsenmärkten überfordert? Wie kann es sein, dass »Fonds« ohne Management – also den Marktindex kopierende Anlageprodukte – mit einer besseren Wertentwicklung aufwarten? Verdienen die Investmentfonds und ihre Manager unser Vertrauen, verdienen sie es vor allem mit Blick auf unsere Altersvorsorge? Wie lassen sich die jetzt eingefahrenen Verluste jemals wieder kompensieren?

Neben der Suche nach Antworten auf diese Fragen wird zu klären sein – jenseits allen Marketinggeklingels, aller Jubelmeldungen und aller Durchhalteappelle (»Sie müssen *langfristig* denken!«) –, welchen Rang Fonds innerhalb unserer Strategie zur Vermögensanlage wirklich einzunehmen verdienen.

Eine unvoreingenommene und ehrliche Beratung bei Fondsanlagen findet in Deutschland kaum statt. Verbraucherschutz in Sachen Investmentfonds? Fehlanzeige. Dem Anleger bleibt kaum etwas anderes übrig, als den Versprechen der Banken und anderer Fondsverkäufer Glauben zu schenken. Zum Beispiel auch jener Aussage, es genüge, den Börsen unsere Ersparnisse und die Altersvorsorge anzuvertrauen, um in den Genuss von Wohlstand und eines sorglosen Lebensabends zu kommen. Man hätte sich denken können, dass es zu schön klingt, um wahr zu sein, doch leider brauchte es erst die Ernüchterung einer unsanften Bauchlandung mit – zum Beispiel – der T-Aktie, bevor sich ein wenig Skepsis in unser Wunschdenken mischen konnte.

Nur wer weiß, wie die Märkte funktionieren, warum sie so funktionieren und welche Zwecke ein Investmentfonds und verwandte Anlageinstrumente erfüllen, wird seine eigenen Möglichkeiten und die Risiken einer Börsenanlage realistisch einschätzen können. Dazu soll dieses Buch das Werkzeug liefern. Es wirft einen Blick hinter die Kulissen der Branche, beschreibt die Tricks, mit denen Anleger ausgenommen werden, nennt die (wenigen) Manager und Fondsgesellschaften, die gute Arbeit leisten, und die (vielen), die mehr versprechen, als sie halten wollen und können.

Spätestens die Erfahrungen um die Jahreswende 2000/2001 (Thema des ersten Teils dieses Buches) begründen Zweifel an der Zuverlässigkeit und Glaubwürdigkeit von Anlageberatern, Analysten und Managern von Investmentfonds: Galt nicht ausgerechnet die Emission der Deutschen Telekom als Wegbereiter der »Aktienkultur« und des Fondswesens in Deutschland? – Wer jetzt die Kursentwicklung betrachtet, ist eher von einer »Achterbahnkultur« zu sprechen versucht. Und der Shareholder Value? Viel gepriesen, aber das Gesellenstück – die Fusion Daimler/Chrysler – ist gründlich missraten.

So erstaunlich, wie es scheint, ist das alles nicht. Die Geschichte der Börse, von Fonds und anderen Anlageprodukten, von Genies und Scharlatanen der Geldanlage zeigt: So ähnlich war das früher schon. Darum erzählt der zweite Teil des Buches anhand von einigen ausgewählten Rückblenden in die Vergangenheit, wie Anleger zu jeder Zeit verführt worden und Märkte heißgelaufen sind, und wie es immer dieselben waren, die – egal ob Boom oder Crash – den Profit eingesteckt haben.

Diese Episoden helfen die Vorgänge verstehen, die sich heute in der Fondsbranche vollziehen. Schließlich sind Arbeitsweise und Struktur der Fondsbranche, ihrer Unternehmen und ihrer Produkte das Ergebnis einer jahrzehntelangen ausgeprägten Aufwärtsbewegung an den Börsen. Ohne uns dessen bewusst zu sein, sind wir alle geprägt von dieser Zeit, geprägt vom merkantilen Geist des »anything goes«, davon, dass vieles erlaubt und alles möglich zu sein schien. »Die wir in der Zukunft lesen, was schon öfter da gewesen« – den Dichterworten Frank Wedekinds gemäß, erscheinen im Licht historischer Geschehnisse die heutigen Fehlschläge und Fondsskandale nicht als Überraschung, sondern geradezu als zwangsläufige Folge von Phasen lang anhaltender Börsenaufschwünge. Schon 1929 waren die Investoren auf der Strecke geblieben, weil die Leistung der Finanzmanager klein und ihre Profitgier groß gewesen war. Gerade die Mär vom ewigen Börsenboom, die die Investmentmanager so gern verbreiten, kam die Anleger immer wieder teuer zu stehen.

Der dritte Teil des Buches widmet sich dem aktuellen Geschehen rund um die Fonds. Es geht um Macht und Ohnmacht der Manager, um ihr Können und Versagen. Was wird versprochen, was wird gehalten? Welchen Nutzen bieten die Produkte wirklich? Was ist bei Spezialprodukten wie den Branchen-, Japan- und Schwellenländer-Fonds drin für die Anleger? Riskant und wenig bekömmlich für Investoren sind die Inhalte vieler Fonds: Wer weiß schon, was sich tatsächlich im Portfolio befindet? Wie riskant sind Derivate wirklich, was ist von Hedgefonds zu halten, wie wirkt sich die Größe der Fonds auf ihre Ergebnisse aus? Und der neue Trend im Anlagemarkt, der mehr und mehr in Richtung auf so genannte »alternative Investments« geht?

Wenn die Kosten die Gewinne verbrennen und die Risiken größer sind als gedacht, sind kosmetische Operationen vonnöten, um dies nicht allzu offensichtlich werden zu lassen. Gezieltes Facelifting lässt die Fonds in einem besseren Licht erscheinen. Wo Fondsgesellschaften ihre Skalpelle ansetzen und wie Anleger die vorgenommenen »Korrekturen« erkennen, das ist genauso Gegenstand des vierten Teils wie einige grundlegende Ratschläge, um die Investoren aus der Fondsfalle wieder hinauszuführen.

Lassen Sie sich nichts vormachen. Schauen Sie sich genau an, wem Sie Ihr Geld geben. Ihre Bank beziehungsweise Ihr Fondsanbieter verfolgt ganz andere Ziele damit, als Sie glauben.

Teil I: Investmentfonds für alle

1 Das Sparbuch ist tot – es leben die Fonds

Der deutsche Markt war lange Zeit durch Sparstrumpf und Sparbuch gekennzeichnet. Als die Sparkasse Siegen 1983 das goldene Sparbuch einführte, brach ein Sturm der Entrüstung über das Institut herein. Statt der üblichen 4 Prozent Zinsen, die deutsche Bankinstitute damals anboten, waren im Siegerland bei einjähriger Kündigungsfrist 6,5 Prozent drin. Die Hüter des Kapitalmarkts waren rasch zur Stelle. Sogar die oberste Instanz in Geldangelegenheiten, der Zentralbankrat, beschäftigte sich seinerzeit mit dem »ungehörigen« Zinsangebot. Claus Köhler, Wirtschaftsprofessor und Direktoriumsmitglied bei der Bundesbank, war sogar der Meinung, dass die Siegener Sparzinsen gesetzeswidrig seien. Der so genannte Spareckzins war ein Politikum.

Zu dieser Zeit waren Fondsgesellschaften und die Anlagemöglichkeiten in Investmentfonds einer breiten Öffentlichkeit weitgehend unbekannt. Dabei war schon 1949 als erste Fondsgesellschaft die Adig gegründet worden. Aber noch 1993 erwähnt der Wirtschaftsjournalist Hans Otto Eglau zum Beispiel in seinem Buch *Wie Gott in Frankfurt*, das sich mit dem Einfluss der Deutschen Bank auf die Industrie beschäftigt, deren Fondstochter DWS mit keiner Silbe. Im Nachschlagewerk *Wem gehört die Republik?* von Rüdiger Liedtke aus demselben Jahr findet sich ebenfalls kein Hinweis auf die Fondstochter der Deutschen Bank, auch die

Fondsgesellschaft DIT der Dresdner Bank bleibt unerwähnt, und allein Adig ist dem Autor einen Eintrag wert.

Fondsunternehmen – in Deutschland überwiegend die Töchter von Banken – standen lange im Ruf, Sparmöglichkeiten für Geringverdiener zu bieten. Daran hat die Geschäftspolitik der Banken einen maßgeblichen Anteil. Jahrelang sind nur potente Kunden mit maßgeschneiderten Beratungsleistungen »belohnt« und weiter »wertgesteigert« worden. Alle anderen Anlagewilligen wurden zu Fondskunden – Investmentfonds handelten sich so zwangsläufig den Ruf als eine Art Trostpreis ein. Aus der Sicht der Banken sprach für Investmentfonds vor allem, dass sich der Kostenaufwand bei der Beratung in ihren Zweigstellen in Grenzen hielt. Diese Beratungspraxis würde man heute gerne vergessen machen, denn längst haben auch die deutschen Banken das Fondsgeschäft entdeckt.

Das Füllhorn öffnet sich

Der Boom der Fonds setzte in der zweiten Hälfte der neunziger Jahre ein. Von 1993 bis 1998 wurden die in Investmentfonds angelegten Mittel mehr als verdoppelt. Als ob sie entschlossen seien, frühere Versäumnisse aufzuholen, füllten Deutschlands Geldanleger jetzt umso mehr Kaufanträge für Fonds aus, so dass sich vor allem 1999 eine wahre Springflut von Kapital in die Fonds ergoss. Gut 110 Milliarden Euro verbuchten Fondsanlagen in diesem Jahr an neuem Vermögen – mehr als im Jahr 1994 insgesamt in diesem Bereich angelegt war –, und die Anleger hatten Appetit auf mehr. Das bedeutete zugleich auch: Sie hatten Appetit auf Risiko! Erkennbar war das unter anderem daran, dass vor allem die Aktienfonds Rekordzuflüsse verbuchten und mit mehr als 33 Milliarden Euro so viel frische Mittel vereinnahmten wie nie zuvor. Damit konnten sie den Rentenfonds, die bisher die eher konservative Geldanlage in Deutschland dominiert hatten, den Rang ablaufen.

Das Gesamtvolumen betrug 1999 über 865 Milliarden Euro, die Branche hat die Billion fest im Blick und rüstet sich für neue Rekorde. Im Jahr 2000, für die Aktienmärkte ein ausgesprochen schwieriges Jahr, konnten sich die Fondsverkäufer besonders kräftig auf die Schultern klopfen. Erstmals überstieg die Zahl der Deutschen, die in Fonds investiert waren, die Zahl derer, die direkt in Aktien investiert hatten – 7,9 Millionen Geldanleger vertrauten auf die Fähigkeiten der Fondsmanager. Doch da ist ein Problem. Es ist schwierig, die richtige Aktie auszuwählen. Da tut man sich leichter, einen Fonds zu wählen, der einem die Qual der Wahl des besten Portfolios abnimmt. Aber jetzt gibt es 4600 Fonds. Und täglich kommen neue hinzu. Dennoch geht der Run vor allem in Richtung der riskanteren Aktienfonds weiter – bis die Anleger plötzlich die Erfahrung machten, dass auch Aktien nicht immer steigen.

Wachstumshormon Altersvorsorge

Der Boom hatte natürlich seine Gründe. Die anhaltende Diskussion über die staatliche Altersvorsorge wirkte wie Raketentreibstoff auf das Wachstum der Fondsbranche. Die Bundesrepublik habe einen großen Nachholbedarf in Sachen Pensionsfonds, meinen die Fondspropheten. Gemessen am Bruttoinlandsprodukt sei der Wert der in Pensionsfonds angelegten Mittel zu niedrig. Verglichen mit den europäischen Nachbarn nimmt Deutschland mit lediglich 13 Prozent Anteil Pensionsvermögen einen der hinteren Rangplätze ein. Europäischer Rekordhalter in Sachen Altersrücklage sind die Niederlande mit einem Pensionssparvermögen von 141 Prozent des Bruttosozialprodukts – pro Kopf haben die Niederländer 38 400 Dollar für ihren Ruhestand auf der hohen Kante, mehr als das Zehnfache des deutschen Pro-Kopf-Wertes. Auch Dänemark, Schweden, Großbritannien und die Schweiz haben mehr in Pensionsfonds angelegt als ihr eigenes Bruttosozialprodukt.

Mit armseligen 3484 Euro Fondskapital pro Kopf befinden sich die Deutschen auf Rang 13 der Hitliste der »Fondsverbraucher«. Es muss also brachliegendes Kapital geben – Grund genug für die Asset-Manager-Industrie, von einer Aufholjagd zu träumen. Die Träume werden noch zusätzlich beflügelt von der Erbschaftslawine, die die Erbengeneration mit wachsenden Vermögenssummen ausstattet. Ende der Neunziger stieg die durchschnittlich pro Erbfall übertragene Summe auf fast 300 000 Euro an. Auch die »Riester-Rente« dürfte den Geldverwaltern ein einträgliches Geschäft bescheren, davon profitieren wird in erster Linie die Versicherungswirtschaft.

Lukrativer deutscher Markt

Bislang tut sich die Konkurrenz schwer. Die deutschen Fondsgesellschaften haben es geschafft, den Markt kaum mit hereindrängenden ausländischen Anbietern teilen zu müssen. Ein wesentlicher Grund dafür ist das flächendeckende Distributionsnetz der Bankfilialen. Den Amis und Briten bleibt da nur, Verkaufsbüros zu eröffnen und Salesspezialisten für den deutschsprachigen Markt anzuheuern.

Ganz vorne im deutschen Fondsmarkt kreuzt die Fondsgesellschaft der Deutschen Bank, die DWS. Im Jahr 2000 konnte das erste Fondshaus am Platz 100 Milliarden Euro verwaltetes Vermögen melden. Das entspricht einem Marktanteil von knapp 22 Prozent für die Gesellschaft, die es immer wieder verstanden hat, mit Produktinnovationen die Herzen der Anleger zu erwärmen und neue Fondskunden zu erschließen. Dabei wurde geschickt »Entgegenkommen« beim Risiko geübt. So führten die kreativen Produktstrategen bei der DWS schon 1990 die »Wertentwicklungsgarantie« im Fondsgeschäft ein. Das geschah zwar bei den ohnehin nur ein geringes Risiko aufweisenden Geldmarktfonds, was den Besitzern der Anteile solcher Fonds keine nennenswerten Vorteile brachte, aber es klang immerhin gut.

Der DWS dicht auf den Fersen ist mit 20,35 Prozent Marktanteil die Deka, die Fondsgesellschaft der Sparkassen. Die Deka kann sich ebenso wie die Union Investment der Volks- und Raiffeisenbanken, die knapp 16 Prozent Marktanteil hat, auf ein engmaschiges Filialnetz der Bankorganisation verlassen. Einen sicheren Platz am Markt erobert hat auch die Dresdner-Bank-Tochter-DIT (13,88 Prozent). Auf den Plätzen 5 und 6 folgen die zur Commerzbank gehörende Adig (6,45 Prozent) und die Activest von der Hypo-Vereinsbank mit einem Anteil von 4,65 Prozent.

Nach langen Jahren eher stockender Geschäfte läuft die Fondsindustrie inzwischen wie gut geölt. Marketing und Produktentwicklung haben den Ausstoß an neuen Produkten immer weiter erhöht und schieben reihenweise Branchenfonds, Themenfonds, Neuemissionsfonds und auch allerlei bizarre Fondskreationen wie den VMR-Fonds »Woman's World« (siehe S. 237) in den Markt. Viele dieser Produkte sind nicht von Finanzprofis, sondern von fachfremden Marketingspezialisten ersonnen worden – und das merkt man ihnen durchaus an. Es gibt Produkte darunter, die nicht nur »finanztechnisch« wenig sinnvoll, sondern sogar schädlich sind – enggefasste Themen- und Branchenfonds zum Beispiel (siehe S. 232 ff.). Fondsmarketing folgt längst denselben Regeln wie Konsumgütermarketing für Waschmittel oder Autos – auch Fondsprodukte werden mit den mehr oder weniger gleichen Methoden geschaffen und an den Markt gebracht. Entsprechend wird dafür geworben: Vor der Wettervorhersage im Fernsehen schieben die »Investmentmanager der Dresdner Bank« ihr Logo ins Bild, »Leben und Vorsorgen« mit den Fondsprodukten von DWS oder Adig wird uns werblich im Vorabendprogramm nahe gelegt. In den Wirtschaftsmagazinen hagelt es redaktionelle Empfehlungen für Fondsprodukte, die von bunt bedruckten Werbeseiten der Fondswirtschaft, einem zunehmend wichtig gewordenen Anzeigenkunden, unterbrochen werden.

Fondskäufer sollten den Glauben fahren lassen, die Finanzprofis hätten in den Fondsgesellschaften das Sagen. Tatsache ist, dass sich viele Fondsmanager mit falsch zugeschnittenen Produkten und fehlkonstruierten Fondsprodukten abmühen, für die sie nicht die Verantwortung tragen. Schlecht und fehlerhaft konzipierte Fondsmonster mögen für alles Mögliche gut sein, aber nicht für langfristige Gewinne.

Politiker für Aktien

Während sich in den Vereinigten Staaten das Volumen der »Mutual Funds«, der dortigen Investmentfonds, zwischen 1988 und 1998 »nur« annähernd verdoppelte, verdreifachten sich auf dem alten Kontinent die angelegten Mittel im selben Zeitraum. Die zunehmende Verbreitung der Fonds gefällt der Politik, die sich anschickt, auf dem Gebiet der staatlichen Altersvorsorge – wegen der ungünstigen demographischen Gegebenheiten und der Kinderarmut – das Feld zu räumen. Die Investmentfonds sind längst dazu auserkoren, dass die Menschen selbst Vorsorge treffen, und die Investmentunternehmen bestellen das Feld, um den Boom der Altersvorsorge nicht zu verpassen. Gebetsmühlenartig wiederholen Finanzdienstleister, Fondsberater und Verkäufer aller Couleur die stets gleichen Argumente von der Unzuverlässigkeit der staatlichen Renten. Und in großformatigen Anzeigen werben Versicherer für die »Förderrente«: »Vater Staat schenkt Ihnen für die Altersversorgung einen dicken Batzen dazu.« Doch nicht so sehr der einzelne Bürger wird hier gefördert, vielmehr ist die nicht endende Debatte um die staatlich garantierte Altersvorsorge und die steuerliche Begünstigung der privaten Vorsorge ein gigantisches Förderprogramm für die Finanzdienstleister und Fondsgesellschaften. Der Staat verweist inzwischen selbst auf die private Vorsorge und die Möglichkeiten der Fonds. Aber ob sich der Börsenboom wohl als verlässlicher erweisen wird als die staatliche Rente?

Gebührensegen

Hat der um seine Alterssicherung besorgte Kunde sich für eine Fondsgesellschaft entschieden, fallen Gebühren in beträchtlichem Ausmaß an. Beim Kauf sind »Ausgabeaufschläge« auf den Wert der Fondsanteile in Höhe von etwa 5 Prozent zu entrichten. Auch bei Rentenfonds ist mit einer Verkaufsgebühr zu rechnen, die 3 Prozent, manchmal sogar 4 Prozent und mehr erreichen kann. Nach dem Kauf der Anteile werden weitere Gebühren erhoben. So sind bei einem normalen Aktienfonds jährlich 1 bis 1,5 Prozent für die Verwaltung der Fondsmittel zu entrichten. Bei den Rentenfonds liegt die Managementgebühr mit 0,5 bis 1 Prozent pro Jahr zwar etwas tiefer, dafür ist jedoch auch die zu erwartende Performance deutlich niedriger.

Das sind keineswegs schon alle Kosten, die von den Investoren zu tragen sind. Die von den Fondsgesellschaften ausgegebenen Kostensätze stimmen nämlich meistens nicht, die echte Kostenbelastung ist höher als kundgetan (vergleiche auch S. 108 ff.). Eine Folge davon ist, dass nach nur einem Jahr Haltefrist dem Anleger bereits ein guter Teil seines Geldes fehlt. Beim Aktienfonds bleiben ihm – sofern keine Kurssteigerungen zu verzeichnen gewesen waren – im ersten Jahr von hundert angelegten nur noch ungefähr dreiundneunzig Euro. Die Börsenentwicklung muss diesen Schwund erst einmal ausgleichen, bevor auch nur der erste Euro Gewinn für den Kunden herausspringt.

Unter dem Banktresen oder Die dunklen Fonds

Geht der Fondskunde zu seiner Hausbank, fällt der Ausgabeaufschlag in voller Höhe an die Bank. Das ist ein beträchtlicher Anreiz, dem Kunden in erster Linie die hauseigenen Fonds anzudienen, selbst wenn er Präferenzen für die Fonds anderer Anbieter äußert. Banken, die damit werben, fremde Fondsanbieter zu berücksichtigen und leistungsbezogen bei der Fondsauswahl vorzugehen, erfüllen solche Versprechungen überwiegend nicht, wie

Tests von Finanzmagazinen erwiesen haben. Fondsunternehmen gehören schließlich zu den besonders lukrativen Geschäftsbereichen einer Bank. Wie lukrativ sie sind, ist nur schwer herauszufinden. Neben den saftigen Ausgabeaufschlägen gibt es weitere gute Gründe, fremde Fondsprodukte vom Banktresen fernzuhalten. Weil die Verwaltung und Durchführung von Transaktionen natürlich der Mutterbank obliegt, entsteht reichlich Spielraum für die Erzeugung weiterer Gebühren. Davon ist für Außenstehende so gut wie nichts zu erkennen, im Dickicht der Verbindungen zwischen Fondsunternehmen und Bankhaus herrscht weitgehend obskures Dunkel.

Die Fondsunternehmen sind zwar klar vom übrigen Bankgeschäft abgegrenzte Geschäftsbereiche und könnten als solche leicht selbst zur Börse geführt werden. Aber während Investmentbanker den von ihnen beratenen Unternehmen gern eine Loslösung und Börsennotierung separater Geschäftseinheiten vorschlagen, kommen sie in eigener Sache offenbar nicht auf die Idee. Seltsamerweise ist keine einzige Fondstocher einer der Großbanken in Deutschland an der Börse gelistet – was wohl daran liegt, dass die Fondsunternehmen in der Vergangenheit so lukrativ waren. Beim Gewinnscheffeln bleibt man eben gerne unter sich – da stört die Teilhabe außenstehender Aktionäre nur, und der Einblick in die Bilanzen ist nicht erwünscht.

Während die Banken als Eigentümer der deutschen Fondsgesellschaften ihren Besitz wie ihren Augapfel hüten, gehören die Aktien von Fondsgesellschaften andernorts zu den lukrativsten Anlagen überhaupt. Börsennotierte amerikanische Fondsgesellschaften wie Franklin Resources Inc. und T. Rowe Price Associates Inc. verzeichneten in der Vergangenheit deutlich höhere Kursgewinne als die von denselben Unternehmen angebotenen Aktienfonds. Deutsche Fondsunternehmen wie Adig oder Activest dagegen haben bislang noch nicht den Weg zum Börsenmarkt gefunden.

Teure Fonds

Ihr Erfolg macht Fondsunternehmen für potenzielle Käufer attraktiv. Ende der Neunziger wechselten zahlreiche Fondsunternehmen den Besitzer. Das Interesse insbesondere an amerikanischen Vermögensverwaltungsfabriken ist groß und treibt die Preise in die Höhe. So verstärkte die Commerzbank mit der Übernahme von Montgomery Asset Management ihre Aktivitäten im Fondsgeschäft. Die italienische Bank Unicredito legte sich ebenfalls einen US-Fondsverwalter zu und bezahlte im Jahr 2000 für Pioneer Funds 1,2 Milliarden Dollar. Auf Übernahmetour im Asset-Management war auch Merrill Lynch, die 5,2 Milliarden Dollar für Mercury Asset Management auslegte und damit eine ausgeprägte Wertschätzung für die Fondsunternehmen erkennen ließ.

Auch auf der Wunschliste der großen Versicherungsunternehmen steht das provisionsträchtige Fondsgeschäft ganz oben. Das trifft ganz besonders auf die Allianz zu, die verstärkt auf den Fondsvertrieb und das Vermögensmanagement setzt. Dem Ausbau dieser Bereiche diente die Übernahme der vor allem im Management von Rentenfonds aktiven Pimco an der amerikanischen Westküste, die ein Volumen von gut 260 Milliarden Dollar verwaltet und als erste Adresse beim Asset-Management von Bonds gilt. Zusätzlich hat der Versicherer Nicholas Applegate erworben. Immerhin rund 6 Milliarden Dollar waren der Allianz diese beiden Neuerwerbungen wert. Nicht zuletzt durch die Übernahme der Dresdner Bank im Frühjahr 2001 hat sie ihre Stellung im Vermögensmanagement weiter gestärkt: Die Fondstochter der Dresdner Bank, DIT, bringt ein verwaltetes Vermögen von 50 Milliarden Euro in den gemeinsamen Hausstand ein.

Wie immer, wenn irgendwo prächtig verdient wird, ist neue Konkurrenz bald zur Stelle. Nicht anders im Fondsgeschäft, wo eine überraschende Konkurrenz die Fondskonsorten beim Geldzählen aufschrecken ließ: Von den besonderen Möglichkeiten im Geschäft mit der privaten Altersvorsorge angetan zeigten sich die deutschen Gewerkschaften, die Überlegungen anstellten, im großen Stil in das Fondsgeschäft einzusteigen. Das Management sollten beauftragte Fondsmanager übernehmen, während sich die Gewerkschaften auf die Vermittlung und auf die Kontrolle der Anlage beschränken würden. Die Begründung für diesen Vorstoß ist einleuchtend: Nach der »Demontage« der gesetzlichen Altersvorsorge wäre ein Mitspracherecht der Versicherten bei den künftigen Institutionen wünschenswert, argumentierte die Deutsche Angestellten Gewerkschaft (DAG).

Die Überlegungen der Gewerkschaftsvertreter genügten schon, um den BVI, den Bundesverband Deutscher Investment-Gesellschaften, erbost zum Frontalangriff übergehen zu lassen. Der Lobbyistenverband der Fondsindustrie ging sogar so weit, der Möchtegernkonkurrenz eine missbräuchliche Verwendung von Geldern zu unterstellen – eine kühne Behauptung aus dem Munde von Vertretern einer Branche, die es gewohnt ist, ihre Kunden über Gebühr zur Kasse zu bitten.

2 Tatort Telekom

Wenn Finanzjongleure und Regierungen zusammenwirken, wird es für Anleger teuer. So mancher Staatslenker und Minister spannt die Künste von Finanzfreaks und Aktienalchemisten gerne für seine Zwecke ein. Das hat den italienischen Soziologen Vilfredo Pareto (1848–1923) umgetrieben, den ärgerte, dass der Sparer erstes und vornehmstes Opfer einer vom Staat gezielt betriebenen Ausplünderung ist. Dabei entdeckte er überraschende Parallelen zum Waidwerk: »Die einfachste Form besteht in der direkten und heftigen Ausplünderung einer bestimmten Anzahl, häufig aufs Geratewohl, lediglich um ihres Reichtums willen herausgegriffener Sparer. Diese Methode entspricht in gewisser Weise der Jagd aufs Wild.« Nur muss in diesem Fall das Wild dazu gebracht werden, an der Börse sein Glück zu suchen, bevor es als Beute auf dem Tisch landen kann, an dem die Bankiers und der Finanzminister auf ihre Mahlzeit warten.

Wie das seit den Zeiten von John Law funktioniert, zeigt die Geschichte der Privatisierung der Deutschen Telekom. Nicht nur die Südseegesellschaft, auch Ron Sommer hatte eine Werbekampagne gestartet, um seine Aktien abzusetzen. Nie zuvor war in Deutschland für eine Aktienemission so laut getrommelt worden wie für die »T-Aktie« anno 1996. Die Kampagne kostete annähernd 51 Millionen Euro – ein für eine Aktienemission gewaltiger

Etat. Doch der Aufwand schien nötig, denn Deutschlands Sparer gelten als risikoscheu und konservativ.

Als die Kultur ins Geldfach wechselte

Zahlreiche Finanzexperten tauchten im Fernsehen auf, um die Vorteile der Aktie im Allgemeinen und die Vorzüge des neuen Börsenpapiers im Besonderen zu loben. Die Kampagne zeigte Wirkung: Einst der Literatur, dem Schauspiel und der Musik vorbehalten, wechselte die »Kultur« plötzlich ins Geldfach, und »Aktienkultur« war das Schlagwort der Stunde, als massenhaft Anleger der Werbung erlagen und die Aktien des Telekommunikationsunternehmens zu zeichnen begannen.

Keiner war mehr begeistert von der »Aktienkultur« als die Fondsbranche, die das Wasser geschickt auf ihre Mühlen leitete. Die auf neue Anlagemöglichkeiten stets versessenen Aktienfonds stiegen bereitwillig bei der Deutschen Telekom ins Boot. Das ist kaum verwunderlich, saßen doch viele Mutterbanken der Fonds mit in dem Konsortium, welches den Börsengang vorbereitete. Deren Analysten verfertigten nun eifrig positive Gutachten. Der Erfolg bleibt nicht aus: Während mehrere Wirtschaftsprüfungsgesellschaften dem einstigen Bundesunternehmen im Jahr des Börsengangs gerade mal einen Gesamtwert von gut 30 Milliarden Euro bescheinigten, lag der Börsenwert der Deutschen Telekom im März 2000 mit 320 Milliarden Euro bereits bei mehr als dem Zehnfachen. Bei so abgehobenen Kursen, die mit den wirtschaftlichen Realitäten wenig zu tun haben, rückte der Zeitpunkt für eine weitere Partie Börsenschach näher.

Tieftauchen mit T-Online

Der Frühling 2000 brachte neben lauen Lüften vielen Börsianern die Aktie von T-Online, der Internet-Tochter der Telekom, ins Depot. Noch im April 2000 wurden die Geschäftsmöglichkeiten für Internetunternehmen euphorisch beurteilt. So war es kein Problem für die Deutsche Telekom, die Aktien ihrer Tochter unterzubringen, Deutschland befand sich in einem wahren Neuemissionsrausch. Die Finanzpresse bejubelte das kommende »Highlight«, Analysten der Vereins- und Westbank meinten sogar, dass T-Online einen Wert von 50 Milliarden Euro darstelle – eine waghalsige Berechnung, die den Wert eines Kunden des Unternehmens mit unglaublichen 10 000 Euro veranschlagt. Auch die Fonds kaufen ein, um an den Dienstanbieter heranzukommen, der doch so ein zukunftsträchtiges Geschäft im Internet betreibt und der einen gewichtigen Platz im Index beansprucht.

Doch der Kursauftrieb von T-Online war vor allem beflügelt von viel heißer Luft und Versprechungen. Das Unternehmen, das den Marktführer AOL in nur fünf Jahren überholen und zum weltweit führenden Internetprovider aufsteigen wollte, produzierte in den Depots horrende Verluste. Schon ein Dreivierteljahr nach dem Börsengang sind »T-Onlines Probleme Legion«, schreibt die deutsche Ausgabe der *Financial Times*. Der Kurs der Aktie stürzte ab.

Die Aktionäre der Deutschen Telekom waren kaum besser dran. Schon Mitte des Jahres 2000 drängte die zweite T-Tranche von 230 Millionen Aktien heran, die auch beim Anleger und den Fonds untergebracht werden wollten. Im Sommer 2000 noch mit gut 70 Euro Kurswert gestartet, notierte der T-Kurs Ende des Jahres um die 33 Euro. Mitschuld an der Misere trug die Versteigerung der Lizenzen für das so genannte UMTS – die todsichere Systemwette der Bundesfinanzkasse.

Erstklassige Schulden mit der dritten Generation

Das »Universale Mobile Telekommunikations System« UMTS soll die Handys zu einer Art mobilem Fernseher machen, der mobilen Kommunikation neue Perspektiven und den Betreibern der Mobilfunknetze neue Verdienstmöglichkeiten erschließen. Doch nicht jeder kann mitmachen, die Frequenzen sind begrenzt und die Lizenzen kostspielig. Geschickt fädelte der Finanzminister – der längst die Einnahmen zur Verringerung der Schulden des Staatshaushalts eingeplant hat – eine Versteigerung ein. Als schließlich sechs Unternehmen aus der Telekommunikationsbranche den Zuschlag erhielten, war die Bundeskasse um 50,6 Milliarden Euro reicher. Die Telekommunikationsunternehmen aber ächzten Anfang des Jahres 2001 unter einer hohen Schuldenlast.

So führte UMTS im Herbst 2000 zu einer Anleihenschwemme von Europas Telekommunikationsindustrie, die den Markt schwer belastete. Nach Angaben des Finanzkonzerns Morgan Stanley Dean Witter haben sich die Telekomunternehmen 1999 40 Milliarden Dollar am Anleihemarkt beschafft. Im Jahr 2000 besorgten sich die Unternehmen sogar 70 Milliarden Dollar über die Emission von Bonds und standen überdies bei ihren Banken mit 150 Milliarden Dollar in der Kreide. Geld für die UMTS-Lizenzen wurde der produktiven Verwendung in der Wirtschaft entzogen – UMTS wurde zum Schaden der Wirtschaft als Finanzierungsinstrument des Staates missbraucht. Im Mai 2001 wurde bekannt, dass die infolge der UMTS-Erlöse eingesparten Zinszahlungen nicht, wie zunächst angegeben, 2,55 Milliarden Euro betragen, sondern bei 3,32 Milliarden liegen – dem *Spiegel* zufolge soll das Finanzministerium schon frühzeitig davon gewusst haben.

Die »Zukunftsindustrie« sah Mitte 2001 einer schweren Zukunft entgegen. British Telecom, France Télécom, Sonera, KPN und Telefónica drückten hohe Schulden – und die Rechnung für den Einstieg in den Supermobilfunk der dritten Generation war noch nicht einmal komplett bezahlt.

Die einstürzenden Neubauten der Telekommunikationsindustrie

UMTS hatte die einstige Hoffnungsbranche in ein blutiges Schlachtfeld verwandelt. Aus den Hoffnungen und Renditen der

Anleger waren tiefrote Zahlen geworden. Ob und wann die dritte Mobilfunkgeneration in Betrieb gehen wird, stand Anfang 2001 noch in den Sternen. Fraglich ist auch, ob eine ausreichende Anzahl von Kunden bereit sein wird, für die teuren Dienste zu zahlen. Sicher ist nur, dass die Telekommunikation schon jetzt Gegenstand eines unerbittlichen Preiskampfs wurde, der zum Preisverfall bei den angebotenen Diensten und zu den ersten Pleiten führte.

Selbst die amerikanische WorldCom, der Gorilla des Sektors, war angeschlagen. Der Aktienkurs des Unternehmens, das zuvor noch die Telefonriesen MCI und Sprint übernommen hatte und über eine starke Stellung im Festnetzbereich verfügte, brach ein. Im März 2001 gab WorldCom die Entlassung von sechstausend Mitarbeitern bekannt.

Die Deutsche Telekom plagten da längst neue Probleme. Denn Anfang 2001 berichtete die Presse über den Verdacht, die fünfunddreißigtausend Immobilien der Telekom seien vor dem Börsengang zu hoch bewertet worden, um das Unternehmen »börsenfit« zu machen. Gegen die verantwortlichen Vorstände und Aufsichtsräte ermittelt die Staatsanwaltschaft Bonn wegen des Verdachts auf Betrug und Untreue. Und dem ARD-Magazin *Plusminus* zufolge muss die Bundesregierung über ihre Vertreterin im Aufsichtsrat der Telekom-Tochterfirma DeTe-Immobilien von dieser Fehlbewertung Kenntnis gehabt haben und die Aktionäre dennoch beim Börsengang ins offene Messer haben laufen lassen, um die Platzierung der Aktien nicht zu gefährden.

Gaunerstück oder Drahtseilakt? Anteilseigner an entsprechenden Aktienfonds und viele Aktionäre sitzen inmitten der einstürzenden Neubauten der Telekommunikationsbranche. Auch wer sein Geld in entsprechenden Rentenpapieren oder in manche Hochzins-Rentenfonds angelegt hat, hat die falsche Nummer gewählt: Unter dieser Nummer kein Anschluss an Gewinne …

Überflüssige Telekommunikationsfonds

Es war ein rauer Herbst für die zahlreichen auf die Telekommunikationsbranche spezialisierten Fonds. Viele Depots enthielten im Jahr 2000 spezielle Fonds, die einzig in der Absicht ins Leben gerufen wurden, am Boom in der Telekommunikation mitzuverdienen. Das macht auf den ersten Blick wenig Sinn. In den klassischen Investmentfonds, wie etwa den meisten Europafonds oder einzelnen Länderfonds, ja selbst in den Emerging Markets Fonds sind nämlich reichlich Telekompapiere enthalten, denn die stellen an den Börsen vieler Länder die Indexschwergewichte. Nur wenige Fondsgesellschaften von Rang haben keinen speziellen Investmentfonds im Angebot, der sich nicht auf die heiklen Telekommunikationspapiere verlässt.

Das Geburtsdatum der in Deutschland angebotenen, auf die Kommunikationsbranche spezialisierten Fondsprodukte verrät, was dahinter steckt: 1996 war der Börsengang der Deutschen Telekom. Schon ein Jahr später nahm das Angebot an spezifischen Telekom-Fonds sprunghaft zu – die Produktentwickler der Fonds hatten sich an die Fersen auch dieses Trends geheftet.

Schmale Bretter im Börsensturm

Die Fondsbranche war im Windschatten der Börsenemission der Deutschen Telekom gesegelt und hatte die günstige Stimmung für ihre Zwecke ausgenutzt. Trotz des schmalen Investmentansatzes dieser Branchenfonds konnten die Anleger aus den früh gestarteten Fondsprodukten noch guten Gewinn ziehen. Den Investoren der erst 1999 aufgelegten Fonds gelang das nicht mehr. In diesem Jahr kamen – ein untrügliches Zeichen für das Ende des Telekommunikationsbooms – so viele neue Fonds auf den Markt wie in den Jahren 1996 und 1997 zusammen. Vor 1996 hatte es nur eine verschwindend geringe Zahl solcher Fonds gegeben.

In der ersten Staffel 1996 kam der Deka Telemedien Fonds auf den Markt. Beim Einsammeln von Anlegergeldern war dieser

Fonds ungewöhnlich erfolgreich – ein Volumen von 6 Milliarden Euro machte ihn zum Sumo-Ringer unter den Branchenfonds. Doch der Erfolg des »Riesen mit den prall gefüllten Geldtaschen«, wie ihn das Magazin *Die Telebörse* Ende 2000 nennt, blieb zumindest bislang eher auf das Einsammeln von Anlegergeldern beschränkt. Denn der Schwerathlet, ist ein »Minimalist in der Wertentwicklung«.

Gefährliche Unternehmensanleihen

Wenn es den Aktien nicht gut geht, strahlen die Inhaber von Anleihen. Vielleicht. Denn die Flut der Bonds von – hoch verschuldeten – Unternehmen aus dem Telekommunikationssektor sind alles andere als eine gute Nachricht. Die Anleihen werden nämlich kritisch begutachtet – und von jenen en gros verkauft, die erste Qualität suchen. Die ist bei den Schuldtiteln der Telekoms nicht mehr zu finden, zumal da die Angst vor einer Rezession schlechtere Geschäfte befürchten lässt und die Investoren in dieser Situation ganz besonders auf die Sicherheit ihrer Anlagen bedacht sind.

Die Deutsche Telekom drücken Schulden in Höhe von fast 60 Milliarden Euro. Wir erinnern uns: Beim Börsengang wurde der Wert des Unternehmens mit 30 Milliarden Euro angesetzt, besser meinende Wirtschaftsprüfer billigten dem »Ruf doch mal an«-Unternehmen gerade mal 40,9 Milliarden Euro zu. Kein Wunder, dass die Ratingagenturen angesichts der Schulden der Telekom die Bonitätseinstufung reduzierten.

Der Rückgang der Anleihekurse blieb nicht ohne Auswirkung auf die Rentenfonds. Fonds, die Anleihen vermeintlich »solider« Unternehmen beigemischt hatten, um ihre Rendite aufzupeppen, sitzen jetzt bei der Schussfahrt der Telekommunikations-Bonds in der ersten Reihe.

Modetrend für Nervenstarke: Hochzinsfonds

Fast alle der modischen Europa High-Yield-Fonds, die Hochzinsfonds, erblickten im Jahr 1999 das Licht der Fondswelt. Massive Werbung half nach, zahlreiche Anleger für die vermeintlich lukrativen Produkte zu begeistern. Doch schon im ersten Jahr seines Daseins legte manches der neuen Hochzinsprodukte eine Performance an den Tag, die bestenfalls grauer Renditealltag war.

Wenn leicht verderbliche High-Yield-Bonds in einer scharfen Rezession ihr Verfallsdatum gleich reihenweise überschreiten und zu »Junk«, Schrottanleihen, degenerieren – dann ist es zu spät. Einer der erfahrensten Rentenspezialisten, William H. Gross, der für Pacific Investment Management (Pimco) das weltweit wohl größte Rentenportfolio verwaltet, erklärte in der *Business Week*, dass er »um jeden Preis« Unternehmensanleihen vermeiden würde, denn eine Verschlechterung der Kreditqualität werde in Zukunft zu vermehrten Ausfällen bei der Bedienung der Schulden führen. Das trifft natürlich erst recht auf den Telekommunikationssektor zu, wo sich Staaten durch teure Lizenzverkäufe an der Verschrottungsaktion von Bonds beteiligt und den Unternehmen und der Wirtschaft Lebensblut abgesaugt haben.

Dass es auch anders geht, demonstriert das Beispiel von Schweden. Dort beschritt die Regierung einen anderen Weg: Die Vergabe der Lizenzen für die dritte Mobilfunkgeneration wurde an die Erfüllung eines bestimmten Kriterienkatalogs geknüpft. Wer die flächendeckende Versorgung der ländlichen Gebiete garantierte und ein überzeugendes Finanzierungskonzept vorweisen konnte, der durfte Mitglied im schwedischen UMTS-Club werden. (Die Deutsche Telekom wurde es nicht.) Die schwedischen Clubmitglieder erhielten die begehrten Lizenzen so gut wie kostenfrei, während sich in der Bundesrepublik der Staat auf Kosten von Aktionären und Fondssparern bereicherte.

3 Der Wert eines Shareholders

Kaum ein Managementkonzept hat die Wirtschaft in den letzten Jahren so bewegt wie das des Shareholder Value. Ersonnen wurde es von Alfred Rappaport, einem Unternehmensberater und ehemaligen Hochschullehrer, der in seinem Buch *Shareholder Value – Wertsteigerung als Maßstab für die Unternehmensführung* die konsequente Orientierung des Managements an der Wertsteigerung einforderte. Das war leichter gesagt als getan, denn die Chefs der Unternehmen verfolgen eigene Interessen, und die der Aktionäre müssen hintenan stehen. In Deutschland sind die Chefetagen wie die Burgen am Rhein, die Manager gebärden sich wie Könige. Es brauchte eine Revolution, um dem Volk der Aktionäre Gehör zu verschaffen, es brauchte das Shareholder-Value-Konzept, um die Bastionen des Managements zu schleifen. Der Trick: Ist erst die Entwicklung des Aktienkurses zum verbindlichen Maßstab für den Erfolg des Unternehmens erklärt worden, dann, so meinen die begeisterten Vertreter des Konzepts in der Finanzwelt, können die Anteilseigner tagtäglich im Kursteil der Zeitung verfolgen, wie es um die Arbeit der Unternehmenslenker bestellt ist. Das segensreiche Wirken der Werkzeuge der »neuen Supermacht Börse« fasst Andreas Nölting in einem Satz zusammen: »Shareholder Value bewirkt auch so etwas wie Glasnost in der Informationspolitik von Unternehmen«.

Zu den Herolden des Shareholder Value gehört DaimlerChrysler. Nach der Fusion von Daimler-Benz mit dem amerikanischen Automobilunternehmen Chrysler, die im Sternzeichen des Shareholder Value stand, blieben die erhofften Wertsteigerungen für die Aktionäre jedoch aus. Im Gegenteil: Daimler plus Chrysler stellte sich als tödlicher Cocktail für das Geld der Aktionäre heraus, der Milliarden Euro an Börsenwert wegspülte – ein wahres Debakel für die Aktionäre und für viele Fonds, die auf die Shareholder-Value-Orientierung des Autoherstellers gesetzt hatten.

Der Shareholder Value verpflichtete viele Unternehmen zu lang andauernden, oft äußerst radikalen Umstrukturierungen und brachte zahlreiche Unternehmensübernahmen und Fusionen auf den Weg. Alles zum Wohl und Nutzen der Aktionäre, wie es hieß. Besonders eifrig begrüßten die Fondsmanager die Fusionswelle in der Wirtschaft. Sie wurden nicht müde zu betonen, wie lukrativ gerade die vielen Zusammenschlüsse im Hinblick auf die Marktanteile der Unternehmen und – natürlich – für die Rendite der Investoren sein würden. Die Wirtschaftspresse war ebenfalls begeistert, denn endlich hatte sie den Stoff für die ganz großen Geschichten vor der Haustür. Dummerweise waren es nur oft die falschen Geschichten – jedenfalls aus dem Blickwinkel der Aktionäre und Fondsanteilsbesitzer.

Selbst in den Zeiten des Shareholder Value, das erwies sich jetzt, zählten die Interessen der Kapitaleigner bei Licht besehen nicht allzu viel. »Macht und Ansehen sind für so manchen Chef die Triebfeder für eine Übernahme«, schrieb Gottfried Heller, Chef der Fiduka Vermögensverwaltung, in *Börse Online*. Und eine Studie zeigt, dass die Wertentwicklung von Unternehmen, die andere Unternehmen aufkaufen, dem Index des Marktes seit 1997 um durchschnittlich 14 Prozent hinterherhinkt.

Ob mit oder ohne Fusion – die Flops des Shareholder Value sind zahlreich, obwohl immer so getan wird, als ob der Erfolg des Konzepts sozusagen feststehe. Das ist nicht der Fall. Tatsächlich wissen bereits Börsenanfänger, dass der Aktienkurs eines Unternehmens mehr oder weniger starke Kapriolen schlägt, die mit seinem »wahren« Wert gar nichts zu tun haben. Theoretisch sollte der aktuelle Börsenkurs eines Unternehmens sein Zukunftspotenzial korrekt widerspiegeln. Doch, so schreibt Günther H. Roth, Professor für Handelsrecht an der Universität Innsbruck, »die Realität der Börsenkursentwicklung, empirisch beobachtet, scheint immer noch ziemlich weit davon entfernt, diesen Anspruch einzulösen«.

Wenn die Börse die Umsetzung von Maßnahmen zur Steigerung des Shareholder Value nicht mit Kurssteigerungen belohnt, dann greift auch das Mittel einer leistungsabhängigen Vergütung des Managements nicht, das über Aktienoptionen dazu verpflichtet werden soll, im Interesse der Anleger zu handeln. Aktienoptionen führen in der Praxis oft dazu, dass der Reichtum der Manager nach dem Prinzip Zufall wächst, nicht aber, weil sie im Sinne der Aktionäre besonders zur Steigerung des Unternehmenswerts beigetragen hätten.

Was haben Fondsanleger vom Shareholder Value?

Die Fondstochter der Deutschen Bank, die DWS, darf in Sachen Shareholder Value als einer der Vorreiter in Deutschland gelten. Die DWS hatte seinerzeit einen Kriterienkatalog erarbeitet, anhand dessen Unternehmen in Bezug auf die Umsetzung des Shareholder-Value-Prinzips bewertet werden können. Seitdem ist Shareholder Value ein viel bemühtes Schlagwort, wenn es darum geht, potenziellen Anlegern den Kauf von Aktienfonds schmackhaft zu machen. Die Union Investment etwa hat ihn zu einem wichtigen Kriterium bei der Aktienauswahl vieler ihrer Fonds gemacht und zeigt auch auf Hauptversammlungen in diesem Sinne Präsenz.

Weil er sich so gut als Verkaufsbotschaft eignet, wurden paradoxerweise nur wenige Themenprodukte zum Shareholder Value aufgelegt. Stattdessen beseelten die Fondsgesellschaften die gesamte Bandbreite ihres Angebots mit dem Geist des Shareholder Value. Einer der wenigen Fonds, die sich erklärterweise bei der Anlageauswahl am Konzept der wertorientierten Unternehmensführung orientieren, ist der DWS Top 50 Europa. Seit 1995 sucht der Fonds nach europäischen Unternehmen, die sich dem Shareholder Value verschrieben haben und deren Aktien ihm überdurchschnittliche Renditen bringen – und er sucht noch immer. Zwar erzielte der »Top«-Fonds über einen Zeitraum von drei Jahren einen Zuwachs von 67,61 Prozent und schien damit nicht schlecht in Form zu sein. Der MSCI Index Europa jedoch schnitt im selben Zeitraum mit 85,2 Prozent signifikant besser ab.

Zwischenzeitlich sorgen neue Trends wie der »Bondholder Value« für Abwechslung. Auch der »Jobholder Value« wird bereits proklamiert. Dahinter steht die Erkenntnis, dass es letztlich die Beschäftigten in den Unternehmen sind, die als »Ruderer« für den Antrieb in der Wirtschaft sorgen und für den Erfolg eines Unternehmens die Verantwortung tragen. Eine ganz neue Zielgruppe hat Hugh Young, der geschäftsführende Direktor von Aberdeen Asset Management in Singapur, im Blick: Bei der Auswahl von Aktien für die Aberdeen-Fonds legt er Wert auf »ehrliche und aufrichtige« Menschen an der Spitze des Unternehmens.

Teil II: Wie alles begann – Das Glasperlenspiel des Geldes

4 Neuer Markt am Mississippi

Heute würden wir den jungen Studenten John Law als High-Potential bezeichnen. Früh schon von der Ökonomie begeistert, erschien 1705 sein Traktat *Gedanken zum Waren- und Geldhandel* mit dem überaus interessanten Untertitel *Ein Vorschlag, wie die Nation mit Geld versorgt werden kann.* Die Volkswirtschaft mit Geld aus Papier zu fluten, das sei geeignet, eine produktive wirtschaftliche Entwicklung zu bewerkstelligen. Die umlaufenden Papiergelder könnten, präzisierte Law, durch Kredite und Grundbesitz gedeckt werden, genug, um der schottischen Volkswirtschaft neuen Schwung und gute Beschäftigung verschaffen. Der Gedanke war nicht nur fortschrittlich, sondern so modern, dass er für seine Zeitgenossen, die vom glänzenden Golde und von ihren Münzen nur ungern lassen wollten, völlig unakzeptabel war.

Dass Law in seiner Heimat Schottland erfolglos blieb, hatte möglicherweise viel damit zu tun, dass Propheten im eigenen Land bekanntlich wenig gelten. Dass aber sogar das schottische Parlament die Vorschläge als untauglich und schädlich verurteilte, daran mag die nicht ganz tadellose Vita des jungen Nationalökonomen mitgewirkt haben. Seine unglückliche Verwicklung in ein Duell war allgemein bekannt und hatte ihn einst bei Nacht und Nebel außer Landes gezwungen. Das niederländische Exil nutzte er, um das weit fortentwickelte Bankwesen am Finanzplatz Amsterdam zu studieren, wo mit allem gehandelt wurde, was der Spekulanten Herz begehrte. Selbst so bizarre wie zugleich äußerst spekulative Finanzinstrumente wie Optionen auf Tulpenzwiebeln sind dort einmal in Mode gewesen – zumindest so lange, bis die gigantische Fieberkurve der Spekulation in den Blumenknollen 1637 implodierte und sich manches stattliche Vermögen in Luft auflöste.

Die blumige Leidenschaft der Spekulanten jener Tage wird immer wieder als Beispiel dafür angeführt, dass eine exzessive Finanzmarktspekulation keineswegs nur eine Laune unserer Zeit ist. Damals hatten die Niederlande eine Stellung inne, wie sie heute die Wall Street genießt: Das Finanzwesen war weiter fortentwickelt als anderswo, und ein Theoretiker wie Law war genau am richtigen Ort, um seine Überlegungen mit praktischen Erfahrungen zu unterfüttern. Die sollten ihm im Lauf seiner weiteren Karriere noch unschätzbare Dienste leisten.

Mit Feder und Stempelkissen

Als Law in Frankreich eintraf, war die Situation im Lande alles andere als rosig. Ein den unruhigen Zeitumständen angepasstes, aufgeblähtes Militärwesen war zu unterhalten. Eine wuchernde Bürokratie sorgte, mit Feder und Stempelkissen bewaffnet, für die Eintreibung der hohen Steuern und für Kahlfraß vor allem in der siechen Landwirtschaft, die ganz besonders unter der Steuerlast litt, weil die Abgaben in bar zu leisten waren. Was des Königs Steuereintreiber zu leisten verstanden, zeigt das Beispiel der Salzsteuer. Die war schon unter Heinrich IV. kräftig gestiegen und hatte sich in den Jahren 1589 bis 1643 sogar verfünffacht – und das war noch keineswegs das Ende der Fahnenstange. Wo derart ungezügelt besteuert wird, leidet die Wirtschaft, und die Bauern erheben sich. Immer wieder machte sich die Wut der Steuerbürger in Unruhen und Aufständen Luft, die in vielen Landstrichen aufflackerten. Da der Weinanbau weite Teile der Anbaufläche blockierte, kam es in den Städten zu Beeinträchtigungen der Grundversorgung der Bevölkerung mit Nahrungsmitteln. Die Grundversorgung des Hofes mit Wein dagegen war gesichert – und dessen Weinverbrauch war nicht anders als maßlos zu bezeichnen.

Katastrophal zu nennen war die Kassenlage des Staates. 1715, im Todesjahr des Sonnenkönigs Ludwigs der XIV., waren die Finanzen völlig ruiniert, die Kassen vom Wohlleben geplündert, obwohl sich die vielen Steuerbeamten nach Kräften bemühten, neue Abgaben zu erheben und einzutreiben. »Sparen« indessen war eines jener Worte, die am Hofe wenig Anklang fanden. Die Probleme in Frankreich waren dermaßen verzwickt, dass das Land gut und gerne ein Fall für die Sanierer von McKinsey gewesen wäre, wenn es das Beratungsunternehmen damals schon gegeben hätte.

Sanierer unterwegs

Unter der Regentschaft des Herzogs von Orléans, Philipps II. (der eigentliche Monarch Ludwig XV. war 1715 erst fünf Jahre alt), änderte sich an der misslichen Lage Frankreichs wenig – kaum verwunderlich angesichts der öffentlichen Meinung gegenüber dem Herzog, von dem seine Zeitgenossen sagten, dass er alle Talente besitze, außer dem einen, sie zu benutzen. Immerhin war der Herzog interessiert, als ein »Consultant« und Wirtschaftswissenschaftler aus Schottland bei Hofe vorstellig wurde. John betrat die höfische Bühne, und er scheint als der rechte Mann zur richtigen Stunde am passenden Ort erschienen zu sein, zumal er die Patentlösung für die französische Malaise gleich im Reisegepäck hatte: Voilà! Die Schulden seien pari, im Verhältnis eins zu eins, zu verbriefen, also in papierne Titel umzuwandeln. Dieses Papiergeld in Form von Anteilsscheinen an diversen Unternehmen sollte selbstverständlich unverzinst bleiben – schließlich hatte man sparsam zu sein.

Kein Wunder, dass der Consultant bei solchen Ratschlägen, die sich bald vorteilhaft auf die Staatsfinanzen auswirkten, rasch reüssierte und mit weitreichenden Befugnissen ausgestattet wurde. Law kannte die Wünsche der Spekulanten und wusste mit den Anteilsscheinen an den ins Leben gerufenen Aktiengesellschaften den Börsenhandel in Gang zu bringen und die Phantasie des Anlegerpublikums anzufachen. Was in unseren Tagen der Neue Markt und die Chancen der Internetaktien sind, waren damals die neuen Territorien und Besitzungen, etwa im Süden Nordamerikas, die Reichtum versprachen und den Taumel der Spekulation anheizten. Dabei war der finanzgewandte Schotte stets darauf bedacht, als Regisseur die Fäden in der Hand zu behalten.

Frühe Investor-Relations

Die Gründung der Banque Générale – die im Prinzip eine in Privatbesitz befindliche Zentralbank war – war das passende Instrument für seine Finanzmanöver. Was dann folgte, lässt sich gut und gerne unter der Rubrik »frühneuzeitliche New Economy« verbuchen, illustriert es doch, dass gewagte Finanzmanöver beileibe keine moderne Erfindung sind, sondern zum klassischen Repertoire der Börsen gehören. John Law verstand sich nicht nur bestens auf Merger & Acquisitions, auf Fusionen und Übernahmen. Auch in Sachen Investor-Relations kann ihm frühe Reife bescheinigt werden, denn stets hatte er die passende »Investmentstory« an der Hand, und die wusste er auch werblich mittels Handzetteln und professioneller Öffentlichkeitsarbeit bestens zu verkaufen. Die Träume, mit denen er handelte, führten das Anlegerpublikum nach Louisiana am Delta des Mississippi. Dort wurden die Handelslizenzen gleich für zweihundertfünfzig Jahre eingekauft.

Gelddrucken mit der Indiengesellschaft

Im Jahr 1719 inszenierte Law die Fusion der börsennotierten Compagnie des Occidents mit der Banque Royal, die aus der

Banque Générale hervorgegangen war. Es entstand ein Finanzkoloss, an dem selbst die Deutsche Bank ihre wahre Freude gehabt hätte: die Indiengesellschaft. Diese Compagnie des Indes verfügte über das Generalsteuerprivileg für Frankreich und konnte wie eine Finanzbehörde Steuern eintreiben, was einer Erlaubnis zum Gelddrucken gleichkam und fast ebenso lukrativ war wie heutzutage des Investmentbanking. Wie ein moderner global agierender Konzern ging die Compagnie ihrerseits wieder auf Übernahmekurs und schluckte weitere Handelsgesellschaften.

Das Börsengeschehen jener Zeit trug unverkennbar rauschhafte Züge. Rund um den Erdball wurden Lizenzen und Rechte angehäuft, auf reichlich Aktienpapier verteilt, wieder zusammengelegt und zügig neu kombiniert – die Finanzmärkte gaben sich dem Übernahmepoker und dem Emissionswahn hin, wie wir ihn heute vom Neuen Markt kennen. Dass die Karriere des Investmentbankers und Nationalökonomen John Law von der Ernennung zum Staatsrat und Generalinspektor der Finanzen gekrönt wurde, war da nur konsequent.

Kurssteigerungen wie eine Internetaktie

Kaum war amtlich bestätigt, wer federführender Gestalter der Finanzarchitektur Frankreichs war, drehte der früh berufene Investmentbanker Law erst so richtig auf und brachte die Geldproduktion auf Hochtouren. Genau wie zweihundertachtzig Jahre später Siemens seine Chip-Tochter Infineon aus dem Konzern herauslöste und diese dann solo an der Börse versilberte, löste auch Law einzelne Unternehmensteile aus dem Ganzen heraus. 1720 gingen die Mississippi-Interessen separat an die Börse. Der Erfolg ließ nicht auf sich warten: Ausgegeben zum Preis von 500 Livres, hob der Anteilspreis mit der Leichtigkeit einer Internetaktie ab und erreichte in der Spitze 10 000 Livres.

Die Preissteigerung wusste Law mit geeigneten Maßnahmen noch zusätzlich anzuheizen. Dazu zählte nicht nur die Möglichkeit, Aktien per Teilzahlung auf Kredit zu erwerben, eine bereits in frühen Börsentagen beliebte Methode, um neue Aktionäre aufzutun und die Spekulation weiter anzuheizen. Daneben konnte das Publikum auch Optionen erwerben. Somit war die gesamte Hexenküche des Finanzwesens – Kredite und Optionsgeschäft – auf dem französischen Parkett versammelt.

Das konnte nicht gutgehen. Der Papierberg geriet ins Wanken, als die Lawschen Banknoten als Zahlungsmittel nicht mehr akzeptiert wurden – die erste Papiergeldinflation der Geschichte zwang ihren Urheber, die Lynchjustiz des Volkes fürchtend, bei Nacht und Nebel das Land zu verlassen.

Die Südseegesellschaft: Spekulationsexzesse und Sklavenhandel

Da Lehrbücher gerne mit einem geschichtlichen Rückblick eröffnen, sind vor allem die Professoren der Volkswirtschaftslehre John Law verbunden – vielleicht weil er einer der wenigen Kollegen ist, dem es je vergönnt war, seine theoretischen Erkenntnisse in die Praxis auszuprobieren. Wenn es um die spekulativen Exzesse der Börse geht, wird gern ein anderes historisches Beispiel zitiert: der Wahn um die Anteilsscheine der Südseegesellschaft, die sich auch dem Sklavenhandel widmete. Dreißig Jahre lang, das sah der 1713 zwischen Spanien und Großbritannien geschlossene Vertrag von Utrecht vor, sollten 4800 Sklaven per anno zu den spanischen Besitzungen in Amerika verschifft werden. Manch geschäftstüchtiger Zeitgenosse witterte im Logistik-Geschäft und im Menschenhandel außergewöhnliche Gewinnchancen – auch der Komponist Georg Friedrich Händel soll sich in den Aktien der Südseegesellschaft versucht haben. Anders als die von John Law ins Leben gerufenen Unternehmen bestand die South Sea Company hundertdreiunddreißig Jahre. Statt dem Sklavenhandel, der weit weniger abwarf als vermutet, widmete sie sich später dem Harpunieren von Grönlandwalen.

Wie so oft beim Börsenfieber waren der Staat und seine Finanzbeamten gern mit von der Partie. So auch bei der exzessiven Spekulation um die Aktien der Gesellschaft der Südmeere. Die kuriose Kolonialgesellschaft, bemerkte dazu der Ökonom Joseph A. Schumpeter, »war praktisch nichts anderes als ein Finanzierungsinstrument der Regierung« – die hatten die Blütenträume der Börsianer benutzt, um Schulden zu »privatisieren«. »Es war das leere Nichts, das aufgeteilt ward auf Aktien«, beschrieb Daniel Defoe (1660–1731), Schöpfer von *Robinson Crusoe*, der in seinem zweiten Leben ebenfalls verwegenen Börsengeschäften zugeneigt war, das Geschehen, das die englische Wirtschaft noch jahrelang lähmte. Auch Goethe faszinierten die Geschichten rund um die Spekulation und das schnelle Geld. Im zweiten Teil seines *Faust* setzte er John Law ein literarisches Denkmal.

5 Vom Segen des gebündelten Geldes

Als Königin Victoria England regierte, hockte 1873 ein Journalist im verregneten Londoner Exil über seinen Büchern, der aus Preußen wegen politischer Unbotmäßigkeit ausgewiesen worden war. Karl Marx war zu dieser Zeit eifrig bemüht, sein Hauptwerk fertigzustellen, dessen erster Band unter dem Titel *Das Kapital* sechs Jahre zuvor in Berlin erschienen war.

Auf ganz andere Art und Weise beschäftigte sich damals auch ein gewisser Robert Fleming mit dem Kapital und dessen erstaunlichen Fähigkeiten. Fleming lag Kritik am kapitalistischen System fern, was daran liegen mag, dass er, nicht anders als John Law und der berühmte Ökonom Adam Smith, ein Schotte war mit Interesse an Ökonomie und Vermögensbildung. Die Marxsche These, dass »lebendige« Arbeit Mehrwert erzeugen kann, dürfte Fleming, wenn er sie kannte, zumindest interessant gefunden haben, auch wenn er selbst es vorzog, seinen Mehrwert aus blitzsauberen Finanzgeschäften und einem tüchtigen Schuss Spekulation zu ziehen – eine Kunst, die wiederum Karl Marx interessierte: »Hätte ich während der letzten 10 Tage das Geld gehabt, so hätte ich viel Geld auf der hiesigen Börse gewonnen«, schrieb er am 4. Juli 1864 an Friedrich Engels.

Eintopf mit den besten Zutaten

Besonders clever erschien Fleming die Idee mit dem Trust, eine Art Eintopf, in dem aus den besten Zutaten von allen Börsenplätzen der Welt eine ordentliche Renditesuppe gekocht werden sollte, die nicht zuletzt für ihn selbst und seine Teilhaber gute Gewinne abwerfen sollte. Zugegeben, das Konzept war nicht eben neu. Dem Flemingschen Trust vergleichbare Anlagevehikel gab es bereits in Belgien, wo William I. der Niederlande im Jahr 1822 für dergleichen einmal sein fürstliches D'accord gegeben hatte.

Reichlich »Kleingeld« bündeln und an die Börse bringen – das erforderte einen Mann mit Organisationstalent und Gespür für Finanzgeschäfte, vor allem wenn im Ergebnis hinten richtig »großes Geld« herauskommen sollte. Flemings war ein solcher Mann. Da war die Zahlung eines bescheidenen Entgelts für die Verwaltung der Anlagen doch durchaus vertretbar.

Die Überzeugungskraft des großen Geldes

Jetzt konnten die Investoren mit ihren britischen Pfunden wuchern, die im Paket doppelt gewonnen hatten: Nicht nur hatte sich ihr Wirkradius erweitert, sondern gebündelt wohnte ihnen sozusagen eine besondere »Überzeugungskraft« inne, die wir heutzutage als Marktmacht bezeichnen würden. Der Kleinanleger und Privatier, dem nur bescheidene Anlagemittel zur Verfügung standen, trat mit den Trusts und ihren wunderbaren Möglichkeiten in eine neue Ära ein. Das klassenlose Anlagekollektiv der Trusts – bedeutete es nicht den Sprung in die Welt des großen Geldes und der märchenhaften Geldvermehrung?

Vielleicht. Mit der Verheißung von neuer Größe und goldenem Gewinn hielten sich die Geldkollektoren – einstweilen – zurück. Ein beträchtlicher Vorteil lag indessen in der Streuung der Anlagemittel. Sie konnten nun über eine große Zahl von verschiedenen Investmentprojekten verteilt werden. Sollte einmal etwas schiefgehen und eine Investition sich anders als erhofft entwickeln, dann war das nicht dramatisch. Im Gegenteil: Die Entwicklung der anderen Projekte konnte, wenn alles gut ging, für einen Ausgleich sorgen, so dass das Anlagekapital insgesamt einem geringeren Risiko ausgesetzt war. Das war ein Vorteil, den bis dato nur die ganz großen Vermögen genießen durften. Jetzt konnten auch der kleinere Investor und der börsenunerfahrene Amateur auf dem glanzvollen Parkett der Hochfinanz dabei sein und ihren Einsatz wagen – bestens betreut und von wirklichen Finanzprofis beschützt. Doch die Manager und Geldprofis waren nicht ihre besten Freunde ...

Hochzinssparen mit Mister Fleming

Das kapitalistische Mannschaftsspiel begann in Schottland, als Robert Fleming gemeinsam mit vier Kompagnons in Dundee einen Trust ins Leben rief, der den Namen »Scottish American Investment Trust« trug. Der Namensbestandteil »Trust« sollte dem potenziellen Anleger Vertrauen und Zuversicht einflößen. Aus der Sicht der Investoren war beides in reichlichem Maße nötig, denn der unbedingte Glaube an die Rechtschaffenheit des Managers eines solchen Trusts war essenziell. Der besaß nämlich so weitreichende Handlungsvollmacht, dass er die verfügbaren Gelder nach eigenem Gutdünken dort investieren konnte, wo er es für richtig hielt.

Noch in einem anderen Punkt mussten die Trust-Investoren auf die Seriosität des Verwalters bauen, wenn sie nicht wollten, dass er sich an den zur Verfügung gestellten Kapitalien persönlich bereicherte. Er könnte auch jederzeit die ihm anvertrauten Gelder in wertlosen Aktien anlegen, die zu überhöhten Preisen angekauft wurden, was sich für einen Dritten oder den Fondsmanager selbst nutzenstiftend auswirkte. Derlei geschieht, wie wir noch sehen werden, bis in unsere Tage noch dann und wann.

Vertrauen in Geldangelegenheiten ist eben zu allen Zeiten eine diffizile Angelegenheit. Noch mehr als heute war das allerdings im 19. Jahrhundert der Fall, als Bankenzusammenbrüche und Finanzskandale beinahe zum Alltag gehörten und es weder eine Einlagensicherung noch eine funktionierende Bankenaufsicht gab.

Krisen und Bankenzusammenbrüche

Krisen gab es in der zweiten Hälfte des 19. Jahrhunderts mehr als genug. Die große Hausse der Eisenbahnwerte endete 1857 im Zusammenbruch – schon damals nahm das Ende seinen Anfang an der New Yorker Wall Street, von wo der Crash nach London übersprang. Nach dem Tod ihres Gatten Albert 1861 war Königin Victoria in tiefe Depression gefallen. Nicht besser war die Stimmung im englischen Finanzwesen. Der Elan des wirtschaftlichen Aufbruchs schien erlahmt, und die englische Wirtschaft ließ den festen Tritt und die Dynamik, die ihr noch einige Jahrzehnte zuvor innewohnte, schmerzlich vermissen. Überaus problematisch war das auf wackligen Füßen stehende englische Bankwesen. Immer wieder kam es zu Bankpleiten. So erregte beispielsweise 1878 der Bankrott der City of Glasgow Bank die Gemüter. Zweihundert ältere Jungfern, die eine Beteiligung von durchschnittlich 240 Pfund an dem vermeintlich grundsoliden Bankhaus gezeichnet hatten, mussten teuer dafür bezahlen: Exorbitante 6610 Pfund Schulden pro Kopf waren das Ergebnis ihrer Investition.

Anleger in sicherer Depotverwahrung

Heute erscheint es schwer vorstellbar, dass es damals keine Haftungsbegrenzung gab, die verhinderte, dass Anleger für die Schulden ihres Unternehmens in die Pflicht genommen wurden und letztlich sogar Gefahr liefen, in sicherer »Depotverwahrung« zu landen. Der beste Tipp für Investoren jener Tage lautete: Finger weg von Unternehmensbeteiligungen – ganz besonders an Banken –, es sei denn, man war mit dem Management des Unternehmens persönlich bekannt und in der Lage, eine direkte Kontrolle auszuüben. Denn an der Börse tummelten sich keineswegs nur Aristokraten und Mitglieder der königlichen Familie, die sich gerne im Börsengeschäft betätigten und auch als Broker fungierten, sondern auch manche Glücksritter. Die Strukturen des Börsengeschäfts waren noch weit undurchsichtiger als am Neuen Markt heutzutage, die Risiken überwogen die Chancen.

Aktienkultur »Made in USA«

In den USA war man klüger: Nachdem schon 1811 in New York mit einer Art Haftungsbeschränkung für Manufakturen gute Erfahrungen gemacht wurden, erinnerten sich später auch andere Bundesstaaten der Vorzüge der so genannten »limited liability« und gossen diese zügig in Gesetzesform, um nicht Kapitalabflüsse in Nachbarstaaten hinnehmen zu müssen.

Die Haftungsbeschränkung erwies sich in mehrfacher Hinsicht als nützlich. Sie war nicht nur für den Kapitalmarkt vorteilhaft, der nun stärkere Zuflüsse zu verzeichnen begann, die von der kapitalhungrigen, rasch nach Westen expandierenden Wirtschaft des aufstrebenden Kontinents begierig aufgesogen wurden. Auch für die Aktie als Anlageinstrument war sie förderlich, und auch die Unternehmen finanzierten sich vermehrt mittels Aktien. So viel Kapital der Westen der USA auch benötigte – über die Anleihenmärkte, dann über die Aktienbörse stand es zur Verfügung.

Der passende Rahmen für Expansion war gesteckt: Ein Sicherheitsnetz – weitmaschig genug, nicht jedes Risiko abzufedern, und zugleich den maximalen Verlust begrenzend –, das war die Wachstumsformel zum Erfolg. Eine zur richtigen Zeit geschaffene kluge »Grenzziehung« der Gesetzgebung wies der Aktienkultur »Made in USA« letztlich den Weg westwärts und ebnete dem Aufstieg des Landes zur dominierenden wirtschaftlichen und politischen Macht den Weg. Bald fanden an der Wall Street in bisher nie gekanntem Umfang Handelsaktivitäten in Chemie-, Stahl- und Eisenbahnaktien statt, die London als führenden Finanzplatz deklassierten.

Geldschränke, Whisky & andere hochprozentige Getränke

Die britische Regierung hinkte beim Unternehmensrecht hinterher und nahm die Verbesserung der Rahmenbedingungen spät in Angriff. Erst ein Gesetz zur Haftungsbeschränkung, das unter anderem besagte, dass der Name einer Firma mit dem Wort »Limited« enden muss, legte schließlich 1856 den Sockel für ein modernes Unternehmensrecht. Von dieser Zeit an war es endlich einfacher und billiger, Firmen mit begrenzter Haftung zu gründen.

An der Londoner Börse kamen die Geschäfte indes kaum in Fahrt. Statt Aktien schoben sich die Händler lieber Staatsanleihen zu, die noch 1860 die Hälfte der Marktkapitalisierung des Londoner Aktienmarkts ausmachten. Als es schließlich doch noch zum Aufschwung beim Aktienhandel kam, näherte sich 1873 von der Wiener Börse aus bereits der Gründerkrach, der den Finanzplatz London mit voller Wucht traf. Die Ereignisse legten die Schwächen des englischen Bankwesens gnadenlos offen. Die Zeit der als Partnerships organisierten, unterkapitalisierten Banken, die im Prinzip nichts anderes als Clubs von Gentlemen waren, in denen (bis zu sechs) befrackte Herren die Verfügungsgewalt über Geldschränke, Whisky und andere hochprozentige Getränke ausübten, war abgelaufen. Die Zukunft gehörte den Aktienbanken in der Londoner City. Jetzt durfte auch der private Investor seine Einlagen tätigen und sich dabei ein wenig sicherer fühlen. Der Weg war bereitet für moderne und innovative Kollektivanlagen wie die Trusts.

Eine Idee macht Karriere

Als Flemings Scottish American Investment Trust im Februar 1873 seine Geschäfte aufnahm, interessierte sich außerhalb Englands und Schottlands noch kaum jemand für dieses Konzept. Erst in den neunziger Jahren ging die Idee auf große Fahrt und schien um 1890 etwa dutzendfach kopiert worden zu sein.

Eine Gemeinsamkeit der Anlagetrusts war die ausgesprochen starke Streuung der Anlagemittel, die sich nicht nur über verschiedene Märkte und Industrien, sondern über viele geographische Regionen erstreckte, die einem einzelnen Anleger nicht zugänglich waren. Das Fondskapital floss so bis in die »Emerging Markets« der damaligen Zeit in Indien, Singapur, Südafrika oder Amerika. Der für diese Epoche typische Investment Trust hielt Wertpapiere von nicht weniger als fünfhundert verschiedenen Unternehmen, in manchen Fällen sogar von bis zu tausend. Die Risikostreuung der Trusts war damit sehr ausgeprägt, um nicht zu sagen übertrieben. Denn selbst einem hart arbeitenden Management war es kaum möglich, so viele verschiedene Wertpapiere zu analysieren, geschweige denn zu überwachen.

Fondsexperten wissen, dass der Wertzuwachs bei einer zu starken Diversifikation von Anlagen leidet, sich sogar völlig verflüchtigen kann. Die große Streuung der ersten Trusts reflektierte daher vor allem die stürmische Zeit mit ihren zahlreichen Krisen. In den damals schwankungsanfälligen Märkten einen sicheren Kurs zu steuern überforderte sicher das Können vieler Trust-Verwalter.

Bubble-Economy

Die Vorsicht hatte also Vorrang gegenüber der Performance. Beruhigt konnten die Anleger der Trusts sich im Sessel zurücklehnen und die Kapitäne des Kapitals ihre Arbeit tun lassen.

Aber weit gefehlt. Als 1895 der ganz große Nervenkitzel begann, waren die Trusts zur Stelle. Das »Coronation Syndicate« entfachte das Spekulationsfieber. Dieses Syndikat, das die Aktiencharts am Parkett stürmte, war nach heutigen Maßstäben eine hochprozentige Venture-Kapitalgesellschaft beziehungsweise ein Seed-Capital-Fonds, der die Finanzierung und Förderung neuer Unternehmungen bezweckte. Das traf den Nerv der Zeit kurz vor der Jahrhundertwende. An der Aktie dieser ebenso dynamischen wie windigen Finanzgesellschaft entzündete sich eine solch exzessive Spekulation, dass ihr Wert binnen weniger Monate von 10 auf 2000 Pfund anstieg. Selbst die Kurssteigerung mancher Aktien von Internetunternehmen im Jahr 1998 nimmt sich dagegen wie eine Kaugummiblase aus.

Das Grundmuster, dem eine solch exzessive Spekulationswut folgt, ist immer das gleiche: Heere von Spätberufenen, die auch noch etwas von dem schnellen Reichtum abhaben wollen, werden an die Börse gelockt und zahlen jenes Geld in den Markt ein, das die Blase immer noch weiter aufpumpt und sich als Allererstes in Luft auflöst, wenn die Spekulationsblase implodiert. Nicht anders war es bei dem Coronation Venture.

Mit Kapitänspatent an die Börse

Das Börsengeschehen ist, so wurde dem Privatanleger schon damals klar, ebenso tückisch wie manche mit Riffs gespickten Küstengewässer für die Seefahrt, die nicht wenige Dampfer auf Grund gehen ließen. Und wie die Seefahrt den Profis mit Kapitänspatent vorbehalten ist, sollte der meist unerfahrene Kleinsparer seine Ersparnisse eben auch besser erfahrenen Steuerleuten anvertrauen, statt den direkten Weg zur Aktienbörse zu nehmen – und viel Geld zu verlieren. Wozu gab es denn die schlauen Trusts? Für die Investmenttrusts sprach schließlich neben der vermeintlichen Expertise ihrer Verwalter auch die weitgespreizte Anlage der gepoolten Mittel und das geringere Anlagerisiko. Aber funktionierte auch ganz praktisch, was in der Theorie so bestechend klang?

Streuung ist gut, Performance ist besser

Als 1890 die Börsen in ganz Europa auf Talfahrt gingen, weil Baring Bros. & Co in finanziellen Schwierigkeiten steckten, gerieten die Investmenttrusts schon bei ihrer ersten Bewährungsprobe mit in den Strudel: Die Spreizung der Anlagemittel erwies sich als nicht sonderlich effektiv. Von den fünfundfünfzig Trusts, an denen die Börsenpanik des Jahres rüttelte, wurden einige sogar vorzeitig liquidiert. Investoren, die mit einer gekürzten oder gestrichenen Dividende davonkamen, konnten sich glücklich schätzen. Zumindest vorerst. Der weitere Gang der Ereignisse zeigte, dass die Investmenttrusts und ihre Steuerleute von den turbulenten Börsen nicht mehr und nicht weniger überfordert wurden als andere Börsianer auch. Von einem professionellen Anlagemanagement konnte kaum die Rede sein.

1893 waren viele der britischen Trusts an den US-Börsen investiert. Was als Diversifikation gut gemeint war, erwies sich als echter Rohrkrepierer. In diesem Jahr legte die amerikanische Wirtschaft nämlich eine so ruckartige Vollbremsung hin, dass der US-Aktienmarkt ins Trudeln geriet. Die wirtschaftlichen Probleme der USA hatten die Trustmanager so wenig vorausgesehen wie deren Folgen für die Börse.

Falsche Prinzipien

Das Versagen der ersten Fondsmanager war offensichtlich, die neuartigen Investmenttrusts gerieten in Misskredit und geharnischte Kritik kam auf: »Augenscheinlich lassen die Manager der Trusts zu einem nicht unbeträchtlichen Teil ihre Operationen auf den falschen Prinzipien beruhen«, merkte am 4. Februar 1893 *The Economist* an.

Viel mehr ist aus der Anfangszeit der Trusts nicht überliefert. Das könnte durchaus seinen Grund haben, denn dem gut entwickelten Erwerbssinn der Trust-Dirigenten späterer Jahrzehnte wäre das eher abträglich. Aber es ist nicht nur die fehlende Erfolgsgeschichte, die sie uns nicht erzählen dürfen, auch andere Nachrichten aus der Vergangenheit könnten das Bild stören. Beispielsweise ein Bericht aus dem Jahre 1927, wonach schon die frühen Trustverwalter das Gebührenschneiden beherrscht haben sollen. Tatsächlich laden Investmentfonds und Trusts zum kräftigen und vom Anleger oft unbemerkten Dreh an der Gebührenschraube geradezu ein. Nichts leichter, als Gebühren vom Fondskapital abzuzwacken.

Die neue Ära der Finanzbarone

Die Rothschilds bewiesen, was im Finanzgeschäft alles drin ist. Einer der Sprösslinge der einflussreichen Familie, Baron Ferdinand von Rothschild, war nach England umgesiedelt. »Ferdys« Landsitz Waddesdon Manor war im französischen Chateau-Stil gehalten und machte den Residenzen und Schlössern des alteingesessenen Adels heftig Konkurrenz. Schon die Anlage des Parks ließ erkennen, wessen Zeit gekommen war: Das neue Geld des »Finanzadels« und der Industriellen setzte Maßstäbe und bestimmte das soziale Prestige.

Ferdy betrieb mit seinem Kapital Landschaftspflege im wahrsten Sinn des Wortes. Komplette Hügel wurden abgetragen und an anderer Stelle wieder aufgeschüttet. Die Landschaft um Waddesdon Manor wurde dem Willen und der Phantasie des Finanzmagnaten unterworfen, ganz so, wie Bankiers durch »Kurspflege« den Wert eines Börsenpapiers zum eigenen Nutzen zu steuern wussten. Um den Eindruck einer gewachsenen Parkanlage zu erwecken, wurden Hunderte mächtiger, ausgewachsener Bäume verpflanzt. Zur Speisung der Teiche und Springbrunnen war Wasser über eine Entfernung von vierzehn Meilen herangeführt worden. Unweit des Haupthauses wurde schließlich ein ganzes Musterdorf gebaut, mit Kirche, Schule und »echten« Leuten, die zum Landsitz gehörten. Verkehrstechnisch brach in Waddesdon Manor die Moderne an. Ein eigener privater Eisenbahnstrang verband dieses Phantasialand des Finanzrokokos mit dem britischen Streckennetz. Selbst Queen Victoria fand sich 1890 zu Besuch ein und geriet ins Träumen.

Die Steuerschrauben der Trustees

Die Herren im Börsen- und Trustgeschäft jener Tage mögen Waddesdon Manor vor Augen gehabt haben, als sie die Depots ein ums andere Mal umschichteten: Die Gebühren werden stets zu ihrem eigenen Nutzen geflossen sein. Doch die Portfolios der Anleger sind nicht nur dreist geplündert worden, sondern wurden bisweilen auch mit Schrottpapieren – erstanden zu weit überhöhten Preisen – gefüttert. Mancher Trust stand eben klammheimlich im Dienst der Mehrung des privaten Reichtums seiner Manager.

Stockende Karriere der Trusts

Diese Vorgeschichte mag erklären, warum die Verbreitung der intelligenten Investmentvehikel nur stockend voranging. Einstweilen reichte sie kaum über das Geburtsland der Trusts, Schottland und England, hinaus. Zwar sollte die entscheidende Innovation im Bereich der kollektiven Investments aus den Vereinigten Staaten kommen, doch auch dort kam die Sache zunächst nur mühsam in Fahrt. Obwohl der Anlagefonds, den ein gewisser W. Wallace Alexander 1907 in Philadelphia auflegte, sogar die moderne Möglichkeit bot, zu jedem Zeitpunkt Auszahlungen aus dem Fondsvermögen zu erhalten, machte er nicht weiter von sich reden. Erst die leicht modifizierten Trusts nach britischem Strickmuster eroberten gut zwei Jahrzehnte später die neue Welt. Allerdings verpatzten sie ihr Debüt auf dem großen Parkett der Wall Street so gründlich, dass nicht nur den Anlegern Hören und Sehen verging, sondern den smarten Investmentvehikeln auf Anhieb der Sprung in die Räuberchronik des Finanzwesens gelang.

6 Radio Days

Um 1920 gab es in den Vereinigten Staaten nur wenige »Investmentgesellschaften«, die sich die Investition in die Aktien anderer Unternehmen zur Aufgabe gemacht hatten. Das änderte sich, als eine Anzahl von US-Wirtschaftspublikationen die britische Investmentszene und die dortigen Investmenttrusts beleuchtet. Anfangs zögerten die Trusts amerikanischer Prägung noch, sich – so wie die britischen Vorbilder dies gewöhnlich taten – von den Anlegern unbegrenzte Vollmacht bei der Verwaltung des Geldes geben zu lassen. US-Trusts setzten lieber auf freiwillige Begrenzung des Ermessensspielraums durch eine Investmentcharta, die festlegte, welche Wertpapiere gekauft, wie diese verwahrt und nach welcher Strategie verfahren werden sollte. Doch diese Selbstbeschränkung hielt nicht lange vor. Bald glaubten die Trusts, auf Anlagebeschränkungen und Reglements verzichten zu können. Vor allem in der Spätphase des Bullenmarkts, des Börsenaufschwungs im Jahr 1928, kamen mehr und mehr Anbieter auf den Geschmack: Investmentbanken und Brokerhäuser brachten immer neue Trusts hervor. Am größten war der Andrang im letzten Jahr des Börsenbooms: 1929 wurden zweihundertfünfundsechzig Trusts geschaffen, die eine Marktkapitalisierung von 3 Milliarden Dollar auf die Waage brachten, und das zu einem verhängnisvollen Zeitpunkt.

Nicht zu investieren gefährdet die Gesundheit

Im Sommer 1929 waren die Titelseiten der Zeitungen voll mit Meldungen über die Börse. Jahr für Jahr war der Dow-Jones-Index gestiegen, und es schien, als könnte jeder Mensch mit Fortuna den Bund fürs Leben schließen und an dem boomenden Aktienmarkt ein Vermögen machen. 1921 stand der Dow Jones noch bei 64 und kletterte von da an unaufhörlich bis zum Höchststand mit 386 Punkten am 3. September 1929. 1927, in der Spätphase des Haussemarkts, entdeckten all jene das Börsengeschäft für sich, die sich zu kurz gekommen glaubten, und sorgten dafür, dass der Boom noch einen zusätzlichen Schub erhielt.

Zeit, für die Trusts, ihre Einladung zu machen! Jeder wollte Aktien, in die neumodischen Trusts einsteigen – wer möchte seinem Glück schon hinterherschauen, statt beherzt danach zu greifen? »Nicht in unsere Investmentfonds zu investieren gefährdet die Gesundheit Ihres Depots« – dieser Werbeslogan einer luxemburgischen Bank im Jahr 2000 trifft genau die Anlegerstimmung in den zwanziger Jahren kurz vor dem Gipfel des Booms. Wer keine Mittel mehr verfügbar hatte, dem halfen die Broker gerne mit einem großzügig bemessenen Spekulationskredit aus der Patsche. »Buy on margin« heißt das an der Wall Street, wenn Kredite die Börsenpotenz verlängern. Von diesem Angebot machten viele nur zu gern Gebrauch. Es schien ja so leicht, den Einsatz zu verdoppeln und später die Zinsen zurückzuzahlen.

Besonders an den Aktien der Radio Corporation entzündete sich die Phantasie. Von Dividenden war natürlich keine Rede. Das schien unwichtig, läuteten die neuen technischen Möglichkeiten des Radios doch ein neues Zeitalter der grenzenlosen Information ein. Wem das bekannt vorkommt, der fühlt sich vielleicht an den Höhepunkt der Interneteuphorie im März 2000 erinnert. Auch die Finanzexperten des 21. Jahrhunderts wussten sich wie Jürg de Vries-Hüppen vom DIT »in einer technischen Revolution«. Und heute wie damals ermunterten Börsenexperten und Finanzjournalisten das Publikum immer wieder zum Einstieg in den Boom.

Wenn Börsenträume platzen

1929 war das Jahr der Bankenfusionen, schreibt John Kenneth Galbraith über das Jahr, in dem der Boom am Aktienmarkt auf seinen Siedepunkt zusteuerte und Ende Oktober schließlich überkochte. Der Börsenschluss am 25. Oktober 1929 ging als »Schwarzer Freitag« in die Geschichte ein – Menetekel des Unterganges und Gruß aus einer bösen, längst vergangenen Zeit.

Am Montag, dem 21. Oktober, war der Markt bei dramatisch hohen Umsätzen von über sechs Millionen Aktien gesunken – damals der dritthöchste je an der Wall Street gemessene Umsatz. Die Kursverluste hielten an und waren am Mittwoch, dem 23. Oktober, so schwer, dass die gesamten Gewinne seit Ende Juni 1929 an diesem einzigen Handelstag vernichtet wurden. Auch am Tag danach ging der Kurssturz bei Furcht erregenden Umsätzen von fast dreizehn Millionen Aktien weiter und läutete eine neue Runde der Vermögensvernichtung ein.

Von kurzen Zwischenerholungen unterbrochen, setzte der Markt über Jahre seinen Abstieg fort. Die Kapitalanleger mussten den Glauben an das von Börsenexperten und Trustmanagern propagierte neue Zeitalter teuer bezahlen. Die Empfehlung mancher Experten in der »New Economy« der wilden Zwanziger, die Anlage in Aktien sei so sicher wie Rentenpapiere, hatte ruinöse Folgen. Denn als amerikanische Kredite abgezogen wurden, weitete sich die Krise nach Europa, auch nach Deutschland, aus. Reihenweise brachen Firmen zusammen; die Folge waren Massenentlassungen und eine hohe Arbeitslosigkeit.

Nur wenige an der Börse hatten beizeiten erkannt, dass der Boom in den späten Zwanzigern nicht auf solidem Fundament stand. Der wirtschaftlichen Realität entsprachen die überhöhten Preise der Aktien und Trustpapiere längst nicht mehr. Dass alle spekulative Übertreibung jedoch nicht nur auf Normalmaß zurechtgestutzt wurde, sondern in eine Weltwirtschaftskrise führte, ist der Politik und der US-Notenbank anzulasten, die beide durch schwerwiegende Fehler die große Inflation anheizten – die in letzter Konsequenz zur Hitlerdiktatur in Deutschland und in den Zweiten Weltkrieg führte.

Als die Börsenträume platzten, begann das Rätselraten der Finanzexperten. Was genau diese Ereignisse im Oktober ausgelöst hatte, darüber erzielten sie keine Einigkeit. Klar ist jedoch: Der Börsenboom musste enden, weil jede Überspekulation irgendwann an ihre Grenzen stößt und jede Übertreibung wieder auf ein normales Maß zurückgeführt wird. Aber was den großen Krach wirklich ausgelöst hat, ist durchaus nicht die entscheidende Frage. Die wesentliche Frage ist, warum die Folgen des Crashs so dramatisch waren.

Das Kartenhaus der Trusts

Warum der große Crash des Jahres 1929 zum Desaster geriet – der Dow-Jones-Index benötigte siebenundzwanzig Jahre, bis der Rückschlag aufgeholt war –, darüber besteht weitgehende Einigkeit unter Ökonomen: Einerseits führten die kreditfinanzierten Aktienkäufe zur Überdehnung der spekulativen Blase, andererseits ließen die Investmenttrusts, die in hohem Ausmaß fremdfinanziert und mit Krediten stark »gehebelt« waren, den Börsentraum zum Albtraum werden. Denn als der Dow-Jones-Index ins Bodenlose fiel und auf seine drei Jahre dauernde Talfahrt ging, war es um die kreditfinanzierten Aktienkäufe und die aufgeblähten Portfolios der Investmenttrusts geschehen, und die »Hebelwirkung« der Kredite wurde in ihr böses Gegenteil verkehrt.

Ein Investmenttrust englischen Zuschnitts hat große Ähnlichkeit mit einem geschlossenen Fonds. Wie eine börsennotierte Aktiengesellschaft nimmt auch der Investmenttrust durch Ausgabe von neuen Aktien beziehungsweise mittels des Verkaufs von Bonds frisches Kapital auf. Ist das Anlagevehikel »vollgetankt«, sucht es um Anlage in anderen Effekten nach oder handelt mit Aktien und anderen Wertpapieren. Um die Einflussnahme von Aktionären der Trusts auf Managemententscheidungen von vornherein auszuschließen, werden bevorzugt stimmrechtslose Aktien ausgegeben oder das Stimmrecht in einem eigenen »Voting-Trust« dem Trustmanagement übereignet – was nichts anderes als eine völlige Entmündigung der Anleger bedeutete. Die haben bei den heutigen Investmentfonds übrigens nicht viel mehr zu melden.

Anfangs wurden noch Investmentrichtlinien oder ein Prospekt beachtet, doch als der Dow Jones dann auf Höhenflug war, galten sie als überflüssiger Luxus. Die Trustmanager investierten lieber drauflos. Eine Kontrolle ihrer Aktivitäten fand so gut wie nicht statt. Auch die gesetzlichen Regelungen etwa in Sachen Insidergeschäften oder zur Verhinderung von Kursmanipulationen waren lax und entsprachen keineswegs dem heutigen, sehr strengen Standard der Vereinigten Staaten. Eher fühlt man sich an hiesige Verhältnisse erinnert, wo Banken und Fonds die Szene bestimmen und Kleinanleger und Fondsinvestoren wenig Schutz genießen.

Risiko satt für deutsche Anleger

Das liegt nicht nur an der zersplitterten, in Deutschland über viele verschiedene Behörden verteilten Aufsicht, die bestenfalls ein Papiertiger ist. Auch das maßgebliche Gesetz über Kapitalanlagegesellschaften (KAGG) ist dafür verantwortlich. In seiner ersten Fassung von 1957 noch am Schutz des Kleinsparers orientiert, ist es im Lauf der Jahrzehnte bis zur Unkenntlichkeit erweitert und ergänzt worden – bis es seine ursprüngliche Funktion fast eingebüßt hatte. Professor Eberhard Schwark, Direktor des Instituts für Bank- und Kapitalmarktrecht an der Humboldt-Universität Berlin, zufolge wurde die ursprüngliche Beschränkung der zulässigen Anlagegegenstände, die der Risikovermeidung im Interesse der Anleger diente, durchlöchert. Gleichzeitig mit der Erweiterung der Anlagepalette seien die ursprünglichen Prinzipien des Investmentsparens, wie die jederzeitige objektive Bewertbarkeit der Anlagegegenstände und der Rückgabeanspruch des Anteilsinhabers, gelockert worden. Die Folge: mehr Freiräume für die Fonds.

Zu diesen Freiräumen gehört der Einsatz von Derivaten. Doch gerade die derivativen Finanzinstrumente gelten als besonders große Gefahren an den Finanzmärkten und sorgen für ein beträchtliches Crashpotenzial, weil sie extrem schwankungsanfällig sind (vgl. S. 142 ff.). Trusts, deren Vermögen unter ihrem Börsenwert lag und die ihrerseits wieder in andere Trusts investiert hatten, waren 1929 einer der maßgeblichen Gründe für das Ausmaß der Katastrophe an der Wall Street. Das Börsenfass war damals wie heute mit Pulver gefüllt. Heute sorgen die Derivate für genügend Zündstoff.

Milchglasscheiben & Spiegelglas

Anderen Einblick in ihre Geschäfte zu geben, daran hatten die »Treuhänder« kein Interesse. War es schon um die Kontrollmöglichkeiten seitens der Aktionäre schlecht bestellt, so galt dies erst recht für die Transparenz der Trusts und ihre Vermögenspositionen. Da die Anteilsscheine der Trusts meist an der Börse gelistet sind, kann die Börsenbewertung unter Umständen stark von den vom Trust gehaltenen Vermögenswerten abweichen. Damit das nicht allzu offensichtlich wurde, suchten die Trusts nach Wegen, um die – ohnehin minimalen – Anforderungen der New Yorker Börse an Transparenz zu umgehen. Häufig wurden die Anteile an anderen, kleineren Finanzplätzen und im Freiverkehr gehandelt. Oft fand eine faire Preisfindung nicht statt, Kursmanipulation und Schiebung war – ganz wie am Neuen Markt heutzutage – Tür und Tor geöffnet. So entstanden die phantasievollen Kurse, die sich in der allgemeinen Euphorie der Jahre 1928 und 1929 sehr weit von den wesentlich niedrigeren, im Trust gehaltenen Vermögenswerten entfernten – Werte, die sie im Kurssturz natürlich schnell wiederfanden und sogar unterschritten. Für Interessenten und Käufer war es also kaum möglich, die Trusts zu bewerten.

Ein weiterer Nachteil der Trustkonstruktion lag darin, dass beim Verkauf der Anteile – der ja über die Börse abzuwickeln war – zahlungsbereite Käufer gefunden werden mussten, was gerade an den kleineren Börsenplätzen nach dem großen Kurssturz nicht immer möglich war. Die niedrigen Umsätze und das geringe Handelsvolumen an jenen Börsenplätzen führten dazu, dass der Markt in der Krise »ausgetrocknet« war. Eine verzweifelte Situation für die Besitzer solcher Papiere, denen zu guten Börsenzeiten der Handel durchaus noch »flüssig« erschienen war. Wenn überhaupt, konnten die Anteile nur unter Inkaufnahme eines beträchtlichen Preisnachlasses auf den vom Crash ohnehin schon weitestgehend vernichteten Wert veräußert werden.

Die Besitzer von Anteilen der Trusts waren auch deswegen so hart betroffen, weil sie überwiegend erst spät ins Börsenspiel eingestiegen waren und zuvor noch keine Kursgewinne erzielt, also nicht an dem gewaltigen Börsenboom der Vor-Crash-Epoche mitverdient hatten.

Die Initiatoren der Investmenttrusts – Investmentbanken, andere Investmenttrusts und Brokerhäuser – profitierten dagegen reichlich von dem Geld ihrer Anleger. Der Nutzen der Investmenttrusts lag ganz auf ihrer Seite: Kräftig wurden aus dem Kapital der Anleger Gebühren entnommen, wobei dem freien Gestaltungsspielraum keine Grenzen gesetzt waren. In erster Linie waren das Verwaltungsgebühren – auch bei den heutigen offenen Fondsmodellen kein unbedeutender Kostenposten.

Kernschmelze im Depot

»Manchmal lässt sich beim Geldverdienen nicht vermeiden, dass die Hände dabei schmutzig werden – aber damit ist durchaus nicht gesagt, dass das verdiente Geld auch schmutzig wäre«, so beschrieb der Schriftsteller Bouck White die Einstellung der Zeit. Nirgendwo waren Gebührenschneiderei und Betrug besser zu kaschieren, nirgendwo fielen sie leichter als innerhalb eines Trusts oder Fonds. Einen Trust zu gründen war kein großes Problem. Die Investoren standen Schlange, um ihr Vermögen in den Anlagefonds fließen zu lassen. Was die Trustchefs mit dem Geld dann taten, war den Anlegern egal – meist wussten sie es ohnehin nicht.

Ähnlich weitgehende Möglichkeiten der Gebührenschöpfung finden sich heute bei den zunehmend beliebter werdenden Private-Equity-Anlagemodellen. Diese Anlagevehikel für Besserverdienende sind ein wahres Paradies für die Spesenritter unter den Managern. Das war bei den Trusts nicht anders und trifft im Wesentlichen auch auf die heutigen Investmentfonds zu. »Hin und her macht Taschen leer«, diese Börsenweisheit gilt auch, wenn der eigene Vermögensverwalter verfährt und für die »Kernschmelze« beim Vermögen seiner Klienten sorgt.

Neben unnötigen, permanenten Handelsaktivitäten, dem so genannten Burning der Klienten, sowie dem Schinden von Provisionen mittels des so genannten Churning bringt noch ein anderer Evergreen des Finanzwesens den Gebührenpropeller auf Touren und verleiht der eigenen Geschäftsbilanz reichlich Glanz: Fonds, die Anlagen in Fondsprodukte aus dem eigenen Haus vornehmen und auf diese Weise die Managementgebühren zu Lasten ihrer Kunden steigern.

Softdollars – die Nassrasur der Klienten

Wenn es darum geht, den Kunden in die Tasche zu greifen, ist die Geldbranche damals wie heute äußerst erfindungsreich. »Kickback«-Vereinbarungen für die »Nassrasur« des nichtsahnenden Klienten (dergleichen gibt es auch heute noch): Der Broker, der im Auftrag des Fondsmanagers tätig wurde, berechnete eine überhöhte Provision für das getätigte Geschäft, als so genannte Softdollars zum Teil auf Umwegen an den Finanzdienstleister zurückflossen.

In den Vereinigten Staaten sorgte diese Art der Gewinnmaximierung zu Lasten der Anleger nicht nur in den goldenen Zwanzigern für reichlich Ärger. Auch heute kämpft die amerikanische Wertpapierbehörde unablässig gegen die verbotenen Rückvergütungen. Das amerikanische Finanzberatungsunternehmen Greenwich Associates schätzte das Volumen der Softdollars für das Jahr 1995 auf etwa eine Milliarde Dollar.

Investmentbanken, die im lukrativen Trustgeschäft aktiv waren, verfügten über besonders gute Möglichkeiten, die von ihnen gelenkten Trusts zu melken, und machten davon großzügig Gebrauch. Der Ankauf der vom eigenen Trust ausgegebenen Anteile und deren anschließende Börsenplatzierung zum höheren Preis verschaffte ihnen einen hübschen Zwischengewinn, bevor sie die im Trust befindlichen Beteiligungen, über die die Investmentbanken in der Regel selbst die Kontrolle ausübten, miteinander fusionierten oder Übernahmen inszenierten, um neues Geld in ihre Kassen zu spülen.

Neue Mitspieler im Trustgeschäft

In der späten Phase des Wall-Street-Booms, ab dem Jahr 1927, breitete sich die Trust-Manie mit ungeheurer Geschwindigkeit aus. Am Ende des Jahres waren dreihundert Investmenttrusts an den US-Börsen gelistet, 1928 kamen einhundertsechsundachtzig neue hinzu, 1929 waren es schon zweihundertfünfundsechzig. Damit war der Keim für die Infektion gelegt, die sich in der Blutbahn der Börse ausbreitete und zwei Jahre später zum Tod des Patienten führte. Kurz bevor es zum großen Knall kam, wurde durchschnittlich an jedem Tag ein neuer Trust »eröffnet«. Im Endstadium betrat noch ein neuer, mächtiger Akteur die Bühne. Die renommierteste Adresse der Wall Street meldete sich zu Wort: Auch Goldman Sachs machte, der Verlockung hoher Gewinne erliegend, »in Trusts«.

Auch weiße Hühner legen schwarze Eier

Der Duft des Bären, wie fallende Kurse in der Börsensprache genannt werden, lag im Dezember 1928 schon in der Luft, als Goldman Sachs in den Ring stieg. Der erste Akt im Trustgeschäft der Goldmänner war ein Fest für die Käufer. Die Aktien der Goldman Sachs Trading Corporation (GSTC) fanden sofort nach der Börsennotierung das Interesse der Anleger. Doch erst einmal dachte Goldman Sachs an sich selbst. Die sechs Millionen zu 100 Dollar emittierten Aktien wurden von der GSTC an Goldman Sachs weitergereicht, die ihrerseits 90 Prozent dieser Aktien an die breite Öffentlichkeit weitergab – der Preis lag jetzt allerdings schon bei 104 Dollar, ein überaus stattlicher Gewinn.

Der Erfolg der GSTC-Aktien war keine Überraschung. Vielmehr schien er schon deshalb garantiert, weil die renommierteste Adresse des Finanzplatzes hinter GSTC stand. Auch andere große Wall-Street-Banken waren erfolgreich im Trust-Geschäft tätig. J. P. Morgan and Company hatten sogar noch später als Goldman Sachs – im Januar 1929 – mit der United Corporation den Kapitalsauger angeworfen – und waren nach der ersten Pirouette auf dem Parkett mitsamt dem Geld ihrer Anleger ein Jahr später im Nirgendwo gelandet.

Familienzuwachs bei Goldman Sachs

Die Aktie von Spätankömmling GSTC hob ab – wer keins der wertvollen Stücke abbekommen hatte, musste zusehen, wie der Kurs am 2. Februar 1929 auf 136,5 Dollar stieg, um fünf Tage später dann auf 222,5 Dollar katapultiert zu werden. Wen interessierte jetzt noch, dass GSTC doppelt so hoch bewertet wurde, wie es ihrem eigentlichen Inhalt an Cash und Wertpapieren entsprochen hätte? Gegen Gier ist bekanntlich niemand gefeit, auch die eher konservativ agierenden und vornehme Zurückhaltung pflegenden Goldman-Sachs-Bankiers nicht.

Dann eröffnete GS-Chef Waddill Catchings die nächste Runde

im Trustspiel: Die Goldman Sachs Trading Corporation stieg ihrerseits ins Trustgeschäft ein und bot dem Publikum Endc Juli 1929 die Aktien der Shenandoah Corporation an. Selbst der neue Trust war siebenfach überzeichnet, die Shenandoah-Aktie flog am ersten Tag von 17,5 Dollar Ausgabepreis auf 36 Dollar. Im August war es schon wieder so weit und Blue Ridge, ein weiteres Trust-Baby aus dem Goldman-Sachs-Labor, eine Tochter von Shenandoah, erblickte das Licht der völlig aus den Fugen geratenen Börsenwelt. Blue Ridge sollte das Volumen der Muttergesellschaft noch deutlich übertreffen. Goldman Sachs, damals eine Partnerschaft mit einem voll haftenden Kapital von 20 Millionen Dollar, kontrollierte zu diesem Zeitpunkt ein aufgeblähtes Trust-Volumen von über einer halben Milliarde Dollar, was jeder finanzwirtschaftlichen Vernunft widersprach. Als Walter Sachs den selbstherrlichen Catchings zur Rede stellte, beschied der dem Spross der Gründerfamilie: »Walter, dein Problem ist die mangelnde Vorstellungskraft!«

Wechsel ins Lager der Pennystocks

Für das, was kurze Zeit später geschah, sollte in der Tat alle Vorstellungskraft nicht ausreichen. Denn der »Hebel« des vielen fremden Kapitals in den Investmenttrusts, der in der Hausse den Rendite-Turbolader zünden sollte, wirkte nun – allerdings in eine andere Richtung als gedacht. Anleihen, aber auch stimmrechtslose Vorzugsaktien hatten die Volumen der Trustportefeuilles gewaltig aufgeblasen. Im Abschwung am Markt wurden die Werte der Trustanteile der gewöhnlichen (Stamm-)Aktionäre nun in umso stärkerem Tempo nach unten »gehebelt«. Die Trusts ähnelten in ihrer Kursentwicklung eher Optionsscheinen als einem Fondsanteil und erwiesen sich als tödliche Falle für das Geld vieler Anleger. Blue-Ridge-Aktien, im September 1929 noch zu 24 Dollar gehandelt, sackten Ende Oktober erst auf 10 Dollar, um dann in den freien Fall überzugehen. Mitte 1932 betrug der Kurs dieses »Langfristinvestments« gerade noch 63 Cent. Aufgrund der engen Verflechtung mit Blue Ridge erging es Shenandoah nicht besser, die mit einem Wert von nur noch 50 Cent ebenfalls ins Lager der Pennystocks wechselten. Und wer sich auf dem Höchststand von 326 Dollar noch bei der Goldman Sachs Trading Corporation einkaufte, landete im Frühjahr 1932 unsanft bei 1,75 Dollar. Nicht viel anders erging es knapp siebzig Jahre später den Aktionären des gescheiterten Puppen- und Filmdosenimperiums EM.TV.

Der Name Goldman Sachs war nach diesen Vorfällen so schwer beschädigt, dass es fraglich war, ob sich die Bank je wieder davon würde erholen können. Nachdem Catchings 1930 von seinem Posten als Vorsitzender der Geschäftsleitung abgetreten war, begann für seinen Nachfolger Sidney Weinberg das Aufräumen – eine echte Herkulesarbeit. Tatsächlich gelang es ihm, Goldmans guten Ruf wiederherzustellen, so dass Goldman Sachs seinen alten Rangplatz an der Wall Street wieder einnehmen konnte. Kein Happyend gab es indessen für die Trustanleger von GSTC, Shenandoah und Blue Ridge. Dem Drama um die Goldman Sachs Trading Corporation setzte der Verkauf an ein auf Sanierungsfälle und die Verwertung von Finanzschrott spezialisiertes Unternehmen ein billiges Ende. Auch Shenandoah und Blue Ridge Corporation verschwanden von der Bildfläche. Das Ende eines amerikanischen Traums.

Strom der Spätankömmlinge

Das Geschehen an der Wall Street vor dem großen Börsenkrach führte zu umfangreichen Untersuchungen durch die US-Regierung. Diese begannen 1932 mit Senatsanhörungen. Einer offiziellen Schätzung zufolge sind zwischen dem Ersten Weltkrieg und dem Jahr 1929 25 Milliarden Dollar angeblicher »Wertpapiere« kreiert und ans Börsenpublikum verkauft worden, die sich später als wertlos herausstellten.

Präsident Franklin D. Roosevelt fand, es sei höchste Zeit zu handeln. Der Kongress verabschiedete 1933 und 1934 den so genannten Securities Act, ein um weitgehende strafrechtliche Bestimmungen ergänztes Gesetz, das den Grundstein zu einer strengen Regulierung der Finanzmärkte legte. Was fehlte, war ein Wachhund, der das Treiben an der Wall Street mit wachem Blick beobachtete. Die Gründung einer eigenen Behörde zur Wertpapieraufsicht, der Securities Exchange Commission (SEC) – von Wall Street erbittert, aber erfolglos bekämpft –, war ein weiterer Schritt, der Ausplünderung der Anleger durch unseriöse Praktiken und den allfälligen Insiderhandel zu begegnen. »Die Leute dort sind begierig darauf, den Schmetterling zu fangen, um ihm dann die Flügel auszurupfen«, beschrieb der Chef eines Trusts einmal seinen Erstkontakt mit der SEC. Das große Aufräumen an der Wall Street konnte beginnen.

Die Polizei an der Wall Street

Die Säuberung zog sich über mehrere Jahre hin. Die Reputation der Trusts war zerstört. Mancher »Insider« von der Wall Street erhielt Besuch von Polizei und Staatsanwaltschaft. Selbst wenn die Sache für ihn strafrechtlich gut ausging, blieben immer noch die »Hearings«, wo er Rede und Antwort zu stehen hatte und die bohrenden Fragen peinliche Details und zahlreiche unsaubere Geschäfte der Schreibtischtäter zutage brachten, die genussvoll von der Presse ausgebreitet wurden. Die Tricks und Gaunereien hatten es aber auch in sich: Schamlose Kursmanipulation und krumme Steuertricks waren an der Tagesordnung gewesen, hinzu kam ein schwunghafter Insiderhandel. Ein bewährtes Instrument, um noch mehr Geld aus dem Boom zu ziehen, funktionierte wie folgt: Konzerne gründeten immer neue Tochtergesellschaften, die wiederum per Aktienkauf eine Beteiligung an dem Mutterunternehmen eingingen, Kapitalerhöhungen durchführten und unablässig neue Aktien und Rentenpapiere emittierten. Es gab auch Syndikate, die den Kurs eines Wertpapiers so lange anschoben, bis es die Aufmerksamkeit der Masse fand (heutzutage kennen wir das aus den »Message Boards« und den zahlreichen Börsenforen des Internets, wo sich Teilnehmer immer wieder in der Manipulation von Kursen versuchen). Kam der Kurs dann ins Laufen, suchte der Syndikatsspekulant mit vollen Taschen das Weite.

Letztlich war alles Psychologie. Hauptsache, die Kurse stiegen. Um das Pyramidenspiel in Gang zu halten, war jedes Mittel recht: Die kunstvolle Frisur von Bilanzen mit optisch auf Hochglanz gebrachten Zahlen zählte zum Standardrepertoire. Beliebt war auch das Anschieben von Aktien oder Trustanteilen durch gekaufte Finanzjournalisten, die ihre »Tipps« gezielt unter ein gieriges Lesepublikum streuten.

Marktschreierische Werbung mit geschönten Prognosen und vermeintlich seriöse Studien von Börsenexperten, die sich heute auf ihren Visitenkarten sicher als »Analysten« präsentieren würden, taten ein Übriges.

Die leeren Taschen der Trusts

Die Untersuchung gegen das »Unwesen« der Trusts dauerte vier Jahre lang.

Der lange zeitliche Abstand führte zu Komplikationen und Verzögerungen: Untersuchungsbeamte wurden ausgewechselt oder verstarben, Zeugen standen nicht mehr zur Verfügung, die Erinnerung an das Geschehene begann zu verwischen. Zudem machte Präsident Roosevelt und seinen Reformen der politische Gegenwind zu schaffen. Eine wachsende Opposition ließ den »New Deal« ins Stocken geraten

Während der Impuls zur rückhaltlosen Aufklärung an Wirkung verlor, organisierte die Lobby der Investmentgesellschaften den Widerstand gegen eine allzu weit gehende Regulierung ihrer Geschäfte. Das Lager der Investmentgesellschaften teilte sich in die (geschlossenen) Trusts und die (offenen) Mutual Funds. Die Trusts, die im Zentrum der Regierungsoffensive standen, hatten nicht viel zu ihrer Verteidigung vorzubringen – zu bitter war ihre Bilanz nach 1929. Noch Jahre später war die Trustindustrie ein Trümmerfeld. Viele Trusts wurden jetzt wegen ihrer verheerenden Verluste geschlossen. Wie bei den Internetfonds unserer Tage betrug der Kurs mancher Papiere nur noch ein Zehntel ihres ursprünglichen Werts oder weniger. In den Vereinigten Staaten wurde »Trust« zum Unwort, und das hat sich bis heute nicht geändert. Der Untergang der Trusts war die Geburtsstunde der Mutual Funds.

Neuer Stern am Börsenhimmel: Die Mutual Funds

Frühe Vorläufer des offenen Fondstyps tauchten in den Jahren 1924 und 1925 in Boston auf – weshalb diese »Mutual Funds« auch als Fonds des Bostoner Typs bekannt wurden. In einigen wesentlichen Punkten sollten sie sich von den Trusts nach englisch-schottischem Zuschnitt unterscheiden: Sie verzichteten von vornherein auf die Ausgabe von Bonds und nahmen keine Kredite auf – sie hielten also das Vermögen weitgehend von Verpflichtungen frei. Die revolutionäre Neuerung aber war etwas, das bereits der Fonds von W. Wallace Alexander 1907 in Philadelphia vorgemacht hatte: Die Anleger hatten die Möglichkeit, zu jedem Zeitpunkt Vermögensentnahmen vorzunehmen. Zugleich konnten jederzeit Neuinvestoren zu den bereits am Fonds beteiligten Anteilseignern hinzutreten.

Die wohl interessanteste Neuerung betraf die Ermittlung der von Neueinsteigern und Verkaufswilligen zu zahlenden Preise. Bei der Abwicklung der Anteilskäufe und -verkäufe sollte die Börse nämlich keine Rolle mehr spielen. Stattdessen trat die Investmentgesellschaft selbst an die Stelle der Börse und »stellte« den Preis, zu dem die Ausgabe oder Rücknahme von Anteilen des Fonds erfolgte. Anders als bei dem freien Spiel von Angebot und Nachfrage an der Börse wurde der Zufall bei der Preisfindung ausgeschaltet. Jetzt bestimmten die spitzen Bleistifte der Fondsbuchhalter über den zu entrichtenden Preis, der sich aus der einfachen Kalkulation des tatsächlich im Fond vorhandenen, tagesaktuell ermittelten Nettoinventarwerts (des so genannten NAV = Net Asset Value) ergibt. Dieser Wert wird im Regelfall täglich ermittelt und pro Anteil ausgedrückt. So entsteht der Preis für Transaktionen zwischen dem Fond und seinen Anlegern. Die übertriebenen Bewertungen und der Zuschlag eines stattlichen Aufgeldes auf den »inneren Wert« eines Fondsvermögens, wie sie in den wilden Zwanzigern für die exzessive Spekulation in die Aktien der Trusts typisch waren, wurden so ausgeschlossen.

Ein gravierender Geburtsfehler der offenen Investmentfonds, wie sie in Boston entstanden waren, sollte sich noch als ernstes Problem erweisen.

Inzestuöser Charakter

Schon in den frühen Tagen der Fonds hatte sich ein Trennung zwischen dem eigentlichen Fonds, der das Vermögen, die »Assets«, beinhaltet, und der so genannten Managementgesellschaft eingebürgert. Aber ist es nicht gerade die ureigene Aufgabe des Fonds, das Management der in ihm enthaltenen Vermögensbestandteile durchzuführen? Dazu zählen wichtige Aufgaben wie die Vorbereitung der Entscheidungsfindung durch die Analyse von Märkten und Wertpapieren sowie der An- und Verkauf von Effekten selbst. Wenn alle mit der Verwaltung des Wertpapierportfolios des Fonds zusammenhängenden Maßnahmen durch die Managementgesellschaft durchgeführt werden, bleibt für den Fonds selbst nur wenig zu tun. Management(gesellschaft) und Fonds gehören daher per se zueinander.

Die im Mutual Funds des Bostoner Typs vorgenommene Trennung zwischen Management und Vermögen hat einen künstlichen Charakter, aber natürlich ist sie profitabel. Denn als Entgelt für die im Auftrag des Fonds erbrachten Leistungen fließen der Verwaltungsgesellschaft Gebühren zu, die – ohne weitere Nachricht an die Investoren – einfach aus dem Vermögen des Fonds, also der Anleger, entnommen und an dic Managementgesellschaft weitergeleitet werden. Personell sind Managementgesellschaft und Fonds natürlich miteinander verwoben – schließlich sind die beiden separierten Einheiten durch dieselben Interessen verbunden. Der Vorteil dieser Konstruktion liegt also ganz auf der Seite der Fondsbetreiber.

Das ist das Grundproblem der Mutual Funds: Ihr inzestuöser Charakter macht sie zu einer reich sprudelnden Quelle zahlreicher Interessengegensätze. Dass deren Auflösung regelmäßig nicht zu Gunsten der Fondsinvestoren erfolgt, sollte zu einem beachtlichen Sündenregister der Fonds führen. »Lacht der Fondsmanager, dann weinen die Kunden«, urteilte Börsen-Altmeister André Kostolany über die Mutual Funds und zeigte sich insgesamt wenig begeistert von Fondsanlagen.

Die Kettensäge im Aktienwald

Die konzeptionellen Vorteile der offenen Investmentfonds – Anteilsrückgaben und der jederzeitige Rückerhalt des angelegten Geldes – sind andererseits auch mit Nachteilen verbunden: In einem Marktabschwung können verstärkte Anteilsrückgaben das Fondsmanagement unter Druck setzen und in größerem Umfang zur Auflösung von Wertpapierpositionen zwingen. Das kann die Börsenkurse weiter sinken lassen – besonders die großen offenen Fonds mit ihrer Anlagemacht schweben wie Damoklesschwerter über dem Börsenmarkt und strahlen mit ihrer latent stets präsenten Rückzugsdrohung eine negative Wirkung auf die Märkte aus. Ein solcher Kettensägeneffekt war beispielsweise im Crashmonat Oktober 1987 zu beobachten, als nicht nur der computerisierte Programmhandel der institutionellen Großanleger Aktienpakete en gros auf den Markt warf, sondern Verkäufe von Publikumsfonds den Flächenbrand erst so richtig entfachten. Der Börse und den dort angelegten Geldern bekam das nicht.

7 Vom Fondsvermögen und vom Volksvermögen

Horst Wolter, Torwart von Eintracht Braunschweig und Nationalspieler, konnte auf eine beachtliche Karriere zurückblicken: Der gelernte Bäcker hatte erst eine Banklehre nachgeholt, um dann Profifußballer zu werden. Der Rasen, der die Welt bedeutet, war aber auch das Spielfeld einer anderen Branche, die üblicherweise nicht mit Trikot und Lederball in Verbindung gebracht wird: Der Versicherungs- und Finanzvertrieb tummelte sich hier ebenfalls, denn die Sportler verdienten gut und waren dankbar für Anlagetipps. Auch die IOS (Investors Overseas Services) kickte 1969 mit – ein Finanzunternehmen, das sich auf ausländische Investmentfonds spezialisiert hatte und stets auf der Suche nach Talenten war, die nicht nur mit dem Ball, sondern auch mit Zahlen zu dribbeln wussten. Der Investors Overseas Services und Wolter kamen zusammen. Und der Torwart hielt, was sich die IOS von ihm versprach – die Mindestabschlusssumme von 50 000 Dollar war in nur drei Monaten im Netz und Wolter machte einen Karrieresprung zum Zweigstellenmanager und sorgte für das Training der Untervertreter. Finanzielle Sorgen hatte er von da an nicht mehr, sein Bankkonto füllte sich spielend. Er konnte es sich sogar leisten, ein gutdotiertes Angebot von Borussia Dortmund abzulehnen und sich stattdessen vertraglich bis zum Jahr 1974 an Eintracht Braunschweig zu binden.

Die IOS beschäftigte sich mit dem Vertrieb von Investmentfonds wie dem IIT, des International Investment Trust. Dieser Fonds zeichnete sich durch einige der schlechtesten Charaktereigenschaften aus, die Fonds haben können. Im International Investment Trust konnte die Gebührenschere unbeobachtet und lautlos ihrer Arbeit nachgehen. Das war auch erforderlich – die IOS war schließlich keine normale Finanzgesellschaft, in der gutbezahlte Geldmanager in edelholzvertäfelten Büros auf Kunden warteten.

Ein Heer von 25 000 Investmentagenten

Die IOS war ein hungriger, leistungsabhängig belohnter Vertrieb, der Ähnlichkeiten mit der gierigen Steuerbürokratie im Frankreich des 17. Jahrhunderts hatte. Gegründet hatte ihn Bernie Cornfeld, ein ehemaliger Sozialpfleger und Taxifahrer aus New York, der sich kurioserweise, dem Zeitgeist Rechnung tragend, gerne zum Proletariat rechnete. Cornfelds Luxusleben finanzierte die Investmentfondsmanie seiner Anleger, sie machten ihn zum mehrfachen Schlossbesitzer – und die Öffentlichkeit bewunderte ihn noch für sein Playboy- und Jet-Set-Dasein. Seinen Mitarbeitern und der Vertriebsmannschaft seiner Fonds war dieses glamouröse Leben Ansporn genug, es ihm gleichzutun und für satten Absatz der diversen Produkte zu sorgen. Konnte nicht jeder reich und berühmt, konnte nicht jeder ein zweiter Cornfeld werden?

Zeitweise machten bis zu 25 000 Vertreter der Investors Overseas Services Jagd auf neue Kunden. In erster Linie hatten es die IOS-Vertreter auf das Geld der fleißigen und sparsamen Deutschen abgesehen. Bei denen gab es damals weder einen vernünftigen Verbraucherschutz noch kümmerte sich jemand um das obskure Treiben der IOS. Das lag nicht zuletzt daran, dass deutsche Ex-Politiker, Ex-Regierungssprecher und andere höhere Diener unseres Staates sich nach ihrer aktiven Tätigkeit im Dienst des Steuerzahlers ausgesprochen gerne noch ein wenig dem Wind der freien Wirtschaft aussetzen. Angetan hatte es ihnen seinerzeit insbesondere der farbig schillernde Finanzvertrieb, wo repräsentative Büros den Ruheständlern Gelegenheit zu leichter Tätigkeit boten. So sorgten sie für ein wenig Respektabilität und das so aufgewertete Geschäft der Finanzdienstleister tat sich entsprechend leichter, das Vertrauen der Kunden zu erwerben und in neue Vertragsabschlüsse umzumünzen. Der IOS diente der einstige FDP-Politiker und Vizekanzler Erich Mende als Türöffner – ein bekanntes und Vertrauen erweckendes Gesicht. Mende war der Chef einer Vertriebstruppe, die in manchen Allfinanzvertrieben bis heute als leuchtendes Vorbild dafür gilt, wie man Kunden »keilt«: Jeder Einwand, jedes Zögern des Kunden fand sogleich die passende, vom Vertriebstrainer »programmierte« Gegenantwort. Das ging so lange hin und her, bis die Unterschrift unter dem Kaufvertrag stand. Nach und nach zählte nicht nur die halbe Fußball-Nationalelf zu den Kunden, auch Sänger, Schauspieler und andere Promis wurden IOS-Anleger.

Fonds im Abonnement

Besonders gerne werden den Kunden Fondssparpläne angeboten. Die haben den Vorteil, dass die Abschlusssumme hoch ausfällt und der Vermittler seine Provision gleich für die gesamte Laufzeit kassieren kann. Auch die »Organisation« ist auf der sicheren Seite, denn nach Vertragsabschluss fließen kontinuierlich neue Gelder. Das erkannte auch die IOS. Zusätzlich legte sie neben dem International Investment Trust einen Dachfonds auf, den so genannten Fund of Funds (FoF), der einen Großteil der ihm zufließenden Gelder in amerikanische Mutual Funds verschiedener Fondsunternehmen investierte, die auf diese Weise bald in eine zunehmende Abhängigkeit von der IOS gerieten.

Bewusst hatte Bernie Cornfeld den Fund of Funds außerhalb des Wirkungsbereichs der amerikanischen Wertpapieraufsicht Securities Exchange Commission (SEC) installiert. Anfang 1966 eskalierte der Konflikt zwischen der IOS und der SEC. Letztere hatte bereits zuvor schwerwiegende Vorwürfe wegen Verletzung amerikanischer Wertpapiergesetze erhoben und ermittelte intensiv in Sachen IOS. Zu diesem Zeitpunkt war der Dachfonds, der Fund of Funds, mit 350 Millionen Dollar ein Fonds von für damalige Verhältnisse außerordentlicher Größe. Immer neue Mittelzuflüsse ließen das Fondsvermögen bis 1969 auf insgesamt 2 Milliarden Dollar anwachsen – eine ungewöhnliche Macht für eine Organisation, die es vorzog, aus dem Schatten von Offshore-Börsenplätzen heraus zu operieren, auf die die SEC keinen Zugriff hatte.

Dichtes Netz von Abhängigkeiten

Die SEC befürchtete, dass die IOS und die von ihr kontrollierten Mutual Funds den amerikanischen Markt dominieren und die Wertpapierkurse manipulieren könnten. Es gab hinreichend Grund zur Sorge: Dem FoF »gehörten« schon Mitte 1965 28 Prozent des Value Line Special Situations Fund, den die IOS damit kontrollierte. Aber auch Fonds anderer Gesellschaften, etwa von Fidelity, Keystone oder John Templeton's Research Investing Corporation, gerieten zunehmend unter die Kontrolle der vertriebsstarken IOS. Das stellte einen klaren Verstoß gegen den »Investment Company Act« dar, der Mutual Funds und selbst Dachfonds den Besitz von mehr als 3 Prozent eines anderen Fonds sowie die Ausübung jeglicher Kontrolle über andere Fonds verbot. Dieses Gesetz war 1940 geschaffen worden und sollte verhindern, dass die Trusts sich jemals wieder so sehr ineinander verweben, dass einer dem anderen in den Abgrund folgt.

Doch die IOS hatte nicht nur faktischen Einfluss auf andere Mutual Fonds. Auch andere Finanzdienstleister gerieten in arge Abhängigkeit. Bei den mit der IOS zusammenarbeitenden Brokern und Unternehmen war man zu allerhand Entgegenkommen bereit, um mit der IOS ins Geschäft zu kommen. Diese Machtballung machte der SEC Sorge. Schon 1945 hatte die Aufsichtsbehörde ihre Entschlossenheit demonstriert und den Aldred Investment Trust of Massachusetts aus dem Verkehr gezogen, weil sich ein Broker in den Trust eingekauft hatte, der das Fondsvermögen auszuplündern begann, nachdem er das Fondsmanagement unter seine Kontrolle gebracht hatte. Während die SEC solchen Übeltätern auf amerikanischem Territorium leicht das Handwerk legen konnte, stahl sich die Investors Overseas Services aus dem Geltungsbereich der US-Jurisdiktion davon. Die Kunden der IOS sollte das teuer zu stehen kommen.

Kreative Gebührenschöpfung

In dem labyrinthartigen Fondsgeflecht der IOS versickerten die Gebühren, um schließlich in den Taschen von Bernie Cornfeld und seiner durstigen Vertriebsmannschaft zu landen. Es gab nicht nur die übliche Provision beim Kauf von Fondsanteilen, sondern schon beim Eintritt erster zaghafter Wertsteigerungen wurde dem Fondsvermögen eine »Erfolgsbeteiligung« entnommen. Auch beim Brokeragegeschäft waren die Anleger leicht zu scheren, denn die unter der Kontrolle der IOS und ihres Dachfonds stehenden Fonds wickelten ihre Aktienkäufe und -verkäufe regelmäßig über der IOS gehörende Banken oder über befreundete Brokerage-Unternehmen ab. Ob die in diesem Zusammenhang gezahlten Provisionen zum Teil wieder an die IOS zurückflossen, konnte nie vollständig aufgeklärt werden, obwohl die SEC in diese Richtung ermittelte.

Als die Securities Exchange Commission – mangels direkten Zugriffs auf die IOS – die amerikanischen Fondsgesellschaften unter Druck setzte, sahen die sich genötigt, die Gelder der IOS aus ihren Fonds hinauszudrängen. Doch die IOS gab sich nicht geschlagen. Flugs gründete sie eigene Investmentfonds, die eine besondere Eigenschaft hatten: Sie waren nicht jedermann zugänglich, sondern es handelte sich um Anlagefonds, die ihre Anteile lediglich an den Funds of Funds, den IOS-Dachfonds, vertrieben.

Damit verbunden waren reiche Möglichkeiten zur kreativen Gebührengestaltung. Die IOS hielt jetzt natürlich auch bei den Managementgesellschaften der Fonds alle Fäden – und damit den Gebührenzapfhahn – in der Hand.

Öl in der Arktis

1970 machte der Börsenmarkt erst eine Kniebeuge, dann eine Bauchlandung. Darauf waren die am spekulativen Ende des Marktes agierenden Fonds der IOS und ihre Fondsmanager nicht vorbereitet. Die Anteilswerte der Fonds, die durch die überreichlich entnommenen Gebühren ohnehin schon blutarm geworden waren, kamen ins Rutschen. Von hohen Erfolgshonoraren und satten Leistungsprämien verführt, hatten die Fondsmanager in riskante Aktien investiert und die sicheren Blue Chips links liegen lassen. Das rächte sich nun.

Die rapide Verschlechterung der Fondsperformance blieb nicht ohne Folgen für das Image des Finanzmagiers Cornfeld und für den Absatz der Fondsanteile. Angesichts der ersten Risse in der IOS-Erfolgsgeschichte sollte die flaue Performance über besonders riskante Engagements wieder in Fahrt kommen: Die IOS kaufte Rechte zur Ölexploration in der Arktis. Das war der Beginn vom Ende der IOS. Der Vollstrecker ihres Untergangs war – passenderweise – ein der Unterwelt nahestehender, vornehm gewandeter Herr, Robert Lee Vesco. Er hatte den maroden Finanzriesen erworben, ihn ausgeplündert und machte sich schließlich mit 224 Millionen Dollar in die Karibik davon.

Das Wiegenlied der Allfinanz

Nach diesem wenig rühmlichen Ende des Fondsverteilers boten die Vertriebsspezialisten der IOS ihre Talente allerorten in der Finanzdienstleistungsbranche an – und stießen auf begeisterte Nachfrage. Die Motivationskünste und harten Verkaufsmethoden der IOS machten rasch Schule und brachten den Allfinanzvertrieb in Deutschland voran. Mancher machte dabei Karriere.

Einer von ihnen war Reinfried Pohl. Der ehemalige Assistent des IOS-Deutschland-Chefs Erich Mende verschrieb sich dem Allfinanzvertrieb schrankfertiger Produkte und stieg mit seiner Deutschen Vermögensberatung AG an die Spitze der Finanzvertriebe auf. Für seine Verdienste wurde er sogar von Bundeskanzler Helmut Kohl mit dem Bundesverdienstkreuz der 1. Klasse geehrt.

Seine IOS-Vergangenheit hat auch Klaus Dieter Trayser nicht geschadet, der als Gründer und geschäftsführender Gesellschafter mit einer eigenen Vertriebsunternehmung, der Plansecur KG, im Allfinanzmarkt vor Anker ging. In den Mittelpunkt seines Finanzvertriebs stellt Trayser die »vom Christentum geprägte humane Ethik«.

Auch die einst inkrimierten Dachfonds wagen ein Comeback und sind heute unter dem Motto »die erfolgreichen Fonds in einem Fonds« erneut zu den Geldanlegern unterwegs. Für die Fondsindustrie verspricht das, ein gutes Geschäft zu werden, denn die Dachfonds sind bereits für höhere Weihen in der Altersvorsorge auserkoren: »Vor allem Pensionsfonds werden Dachfonds zur Altersvorsorge stark nachfragen«, sagte der Leiter des Fondsmanagements der Activest, Thomas Meyer zu Drewer, gegenüber *Euro am Sonntag*. Auf den Dachfonds noch einen Fonds draufsetzen – Bernie Cornfeld, wäre er noch unter uns, würden so grandiose Ideen sicherlich begeistern.

8 Pfeffergürkchen für die Deutsche Bank

Vom Einkaufstrip in Londons Finanzmeile war die Deutsche Bank mit einer kompletten britischen Investmentbank zurückgekehrt. Morgan Grenfell sollte dem Frankfurter Institut einen stärkeren Auftritt im Investmentbanking verschaffen. Deren Fondstochter, die Morgan Grenfell Asset Management, war der Deutschen Bank bei den 1,38 Milliarden Euro teuren Deal gleich mitgeliefert worden. Und die schien kein schlechter Griff zu sein. Die Performance der Produkte konnte sich im Vergleich zur Konkurrenz – selbst zur hauseigenen DWS – sehen lassen. Auch das Standing des Unternehmens in der Londoner City war attraktiv – hier sind Geldmanager von Welt zu Hause.

Zur Erweiterung des Fondsmanagements wurden Mitarbeiter der Konkurrenz abgeworben. Bereits 1994 war Peter Young von Mercury zu Morgan Grenfell gewechselt, wo er den voluminösen European Growth Fond übernahm. Innerhalb der Morgan Grenfell Asset Management nahm Young damit eine Schlüsselrolle ein, denn Europafonds waren Mitte der Neunziger groß im Kommen. Die Vorbereitung auf den Euro lief auf Hochtouren, einzelne Länderfonds waren nicht mehr »up to date« – smarte Investoren griffen da lieber gleich zu den zukunftssicheren Europafonds. Die hatten bei ihrer Aktienauswahl viel Spielraum, denn sie konnten über das gesamte künftige Euroland hinweg die besten Unternehmen jeder Branche ins Portfolio aufnehmen und waren nicht an ein Land gebunden. So wurden die europäischen Investmentfonds zum Aushängeschild der Fondsgesellschaften, und auf diesem Gebiet stand Morgan Grenfell gut da, denn neben dem European Growth hatte die Bank noch weitere europäische Fondsflaggschiffe im Angebot, die erfolgreich um neue Anleger warben.

Die Beliebtheit der europäischen Fonds bei den Investoren hatte jedoch auch ihre Schattenseite: Die exponierte Lage dieser Fonds als Blickfang im Performanceschaufenster der Fondsunternehmen setzte die Manager einem hohen Leistungsdruck aus. Schließlich waren es die Europafonds, die neue Kunden anzogen – wenn die Wertentwicklung stimmte.

Brillanz im Blick

Ehrgeizige Fondsmanager, die ihre Jetons an der richtigen Stelle platzierten, hatten eine viel versprechende Zukunft. Eine Chance, die der Oxford-Mathematiker Peter Young zu nutzen entschlossen war. Die von ihm verantworteten Fonds legten eine beeindruckende Performance an den Tag. Sie ließen nicht nur sämtliche europäische Aktienindizes, sondern auch viele Fonds der Konkurrenz weit abgeschlagen hinter sich. Der Ex-Mercury-Mann wurde sogar zum Fondsmanager des Jahres gekürt. Mit seinem zurückhaltenden intellektuellen Auftreten, das immer ein wenig Brillanz und Genialität verströmte, brachte Young alle auf seine Seite. Manche meinten in ihm schon den Nachfolger des legendären Fondsmanagers Peter Lynch zu sehen – eine Ikone, die in den USA wie ein Popstar verehrt wird.

Fondsmanager, die groß rauskommen wollen, geben sich mit langweiligen Blue Chips wie British Petroleum oder soliden Werten wie der Allianz-Aktie nur ungern ab. Young setzte bei seinem milliardenschweren Fondsportfolio auf Hightech-Unternehmen, darunter auch solche aus der Biotechnologie wie British Biotech, das in der Entwicklung von Krebsmedikamenten aktiv war. Dieses Unternehmen hatte es Peter Young besonders angetan. Er wettete mit hohem Einsatz auf British Biotech. Eine verhängnisvolle Investmentidee des Fondsspezialisten, aber es war ja schließlich nicht sein eigenes Geld, das er aufs Spiel setzte. Denn British Biotech kam wegen der Manipulation von Forschungsergebnissen und Managementquerelen in Verruf – von der Zulassung eines Krebsmedikaments war bald keine Rede mehr.

Im Land der Trolle und Elfen

Weitere Investmentabenteuer warteten im hohen Norden. Die skandinavischen Länder hatten Handys und Software zu bieten und lagen damit voll im Trend. Besonders Finnland, die Heimat von Nokia, dem Weltmarktführer bei den Mobilfunkgeräten, klingelte die Börsianer aus den Betten. Aber auch in den anderen Ländern Skandinaviens waren die Unternehmen auf Draht und setzten auf drahtlose Kommunikation. Smarte junge Fondsmanager wie Peter Young und seine Kollegen waren rasch zur Stelle und machten sich angesichts des Handybooms auf die Suche nach den Nokias oder Ericssons von morgen.

Bei Morgan Grenfell kam niemand auf die Idee, dass Peter Young auch ganz egoistische Motive beim Kauf von Aktien aus dem Land der Trolle und Elfen haben könnte. Niemand fragte sich, was sich hinter den »Schwedenhappen« und der norwegischen Technologieholding verbarg, die der Computerbildschirm anzeigte, wenn man den umfangreichen Wertpapierbestand des Fonds abrief. Zum Teil handelte es sich dabei um die Hüllen von nicht börsennotierten Unternehmen und um Briefkastenfirmen.

Umso größer war die Bestürzung, als 1996 herauskam, was hinter Youngs phantastischen Erfolgen steckte: Das Investmentgenie arbeitete ganz »unkonventionell« mit schmutzigen Tricks. Er verstieß gezielt gegen britische Investmentgesetze, indem er Investmentbeschränkungen in einzelne Werte unterlief, und setzte so das Geld seiner Anleger aufs Spiel. Aus dem nobelpreisverdächtigen Superhirn war ein ordinärer Kleinkrimineller im Maßanzug geworden, der den großen Coup landen will.

Investments am Rande der Illiquidität

In vielen Investmentfonds stecken die Aktien kleinerer Werte, die nur in geringem Umfang an der Börse gehandelt werden. Wenn Fonds in nicht börsennotierte oder in nur wenig liquide Werte anlegen, die in einer Marktkrise kaum mehr zu verkaufen sind, besteht die Gefahr, dass der Fonds nicht mehr durch jenes Nadelöhr zurückkommt, durch das er in den Markt hineingekommen war – der Fonds ist gefangen und bleibt auf seinen Positionen sitzen.

Das ist häufiger der Fall, als man glaubt. Auch in Deutschland wurde es für Fonds schon eng, die allzu große Geldmittel in kleinen Werten des Aktienmarktes platziert hatten. So erging es zum Beispiel dem SMH-Spezial-Fonds I, der in kleine Werte investierte und Ende der achtziger Jahre zu den erfolgreichsten Fonds gehörte. Als der Markt 1992 einbrach und Nebenwerte kaum mehr gefragt waren, lagen viele Positionen des Fonds wie Wale auf der Sandbank und waren nicht mehr flottzubekommen. Obwohl sich der Fonds aus eigener Kraft aus dieser misslichen Lage nicht mehr befreien konnte, blieb der Aktienakrobat Kurt Ochner ungeschoren.

Wiederholung ausgeschlossen? Keineswegs. Denn Fondssteuermann Ochner bekam eine neue Chance bei der Fondsgesellschaft der Julius-Bär-Bank in Frankfurt. Und wieder ließen die Vorgesetzten des Nebenwertespezialisten zu, dass er viele Millionen Euro in Small Caps und riskante Technologiewerte des Neuen Marktes dirigierte. Als er damit erneut auf Grund lief, wurde er am 30. März 2001 »freigestellt« (siehe auch S. 217 ff.). Zurück bleiben berechtigte Zweifel an der Lernfähigkeit der Fondsbranche.

Scheuklappen für Fondsmanager

Die Suche nach Spitzenleistungen im Assetmanagement und der hohe Performencedruck, der auf kurzfristige Investments und den schnellen Erfolg setzt statt auf langfristige Strategien, haben schon viele Opfer gefordert. Manche Fondsmanager verlieren angesichts der hohen Summen, mit denen sie tagtäglich umgehen, und des Erfolgsdrucks immer mehr den Sinn für die Realität. Nicht alle sind der Dauerbelastung gewachsen. »Sie drehen förmlich ab, wie etwa der britische Geldmanager Nick Leeson, der Mitte der neunziger Jahre die ehrwürdige Barings-Bank in den Untergang trieb«, beschreibt Andreas Nölting, Redakteur beim *manager-magazin*, die professionelle Deformation der Fondsmanager.

Bei der Einschätzung von Menschen vertut man sich hin und wieder. Das sollte einem bei Fondsmanagern besser nicht passieren. Peter Young hatten alle falsch eingeschätzt, nicht zuletzt die Deutsche Bank, die es an Kontrolle hat fehlen lassen. Der Fondsmanager muss sich verändert haben, nachdem er den Europafonds übernommen hatte. Menschen, die kontinuierlich hohem Leistungsdruck ausgesetzt sind, werden von Versagensängsten heimgesucht. Wenn sie dann noch mit großen Geldsummen hantieren, können sich die Beurteilungsmaßstäbe verschieben beziehungsweise ein Maß an Realitätsverlust eintreten, das ausreicht, die Grenzen zwischen legalem und illegalem Handeln zu verwischen. Am Ende hatte der Mann, dem so viele Anleger ihr Vertrauen schenkten, die Bodenhaftung verloren. Einmal brachte er seiner Frau vom Einkaufen dreißig Gläser Pfeffergürkchen mit.

Selbst nach seiner fristlosen Entlassung mangelte es dem früheren Managerstar an jeder Einsicht in begangene Fehler. Darin offenbart sich eine gefährliche extreme Fixierung auf den Erfolg – die aber ist geradezu Eingangsvoraussetzung für den Beruf des Fondsmanagers. Rechtfertigt nicht der Erfolg alle Mittel? Geradezu zwanghaft wird das ganze Dasein diesem einen Ziel untergeordnet. Solche Zwangscharaktere sind häufig in der Branche. All ihre Aufmerksamkeit ist nur noch auf einen bestimmten Aspekt der Wirklichkeit gerichtet – die Welt wird wie durch den Sehschlitz einer Ritterrüstung wahrgenommen, der Blick fürs Ganze geht verloren, ein wahres, authentisches Erleben ist nicht mehr gegeben.

Gier ist gut

Zwanghafte Charaktereigenschaften gedeihen unter den Bedingungen der angelsächsisch dominierten Finanzwelt besonders gut. Erfolg wird hier viel unkritischer gesehen als in unseren Breiten und gilt ganz selbstverständlich als Wert an sich. Während in Deutschland hohe Einkommen und eine unverhohlene Geldgier misstrauisch beäugt, ja geradezu als unmoralisch verpönt sind, darf ein zum Extrem getriebenes Erwerbsstreben an Wall Street oder in London mit Bewunderung und Anerkennung rechnen. Dort wo die »Masters of the Universe«, wie der *Spiegel* einmal schrieb, »Geldmengen in fast kosmischen Dimensionen bewegen«, gilt die Devise »Greed ist good« – Gier ist gut. Alle Aufmerksamkeit gilt dem nächsten Deal, Messlatte des Erfolgs ist das Gehalt. Noch wichtiger sind die Bonuszahlungen am Jahresende, die das gezahlte Gehalt mitunter spielend übertreffen. Peter Young zum Beispiel bekam ein Jahresgehalt in Höhe von 117 000 Euro, das am Jahresende durch ein Viertelmillion Euro aufgestockt wurde.

Gegenüber dem Normalverdiener gelten im Fondsbereich also andere Maßstäbe, selbst »Richtig« oder »Falsch« haben in der Welt des großen Geldes und der engen Sehschlitze einen etwas »anderen« Stellenwert. Obwohl die Spitzeneinkommen, die in den Jahren des Börsenbooms im Finanzmanagement gezahlt wurden, astronomische Höhen erreichen, dürfte sich der Engländer Young gegenüber manchen seiner US-Kollegen fast schon unterbezahlt vorgekommen sein. Nach seinem unehrenhaften Abgang blähte der Nachfrageboom nach Investmentfonds die Lohntüten seiner Berufskollegen sogar noch weiter auf. Eine Assistentin des Portfoliomanagements bei der US-Gesellschaft Janus Capital beispielsweise brachte 1999 im Alter von dreiunddreißig Jahren 4,8 Millionen Dollar nach Hause.

Ein Ausscheren aus der Welt der Traumgagen und des verengten Blicks auf Zinssatz, Einkaufsmanagerindex, Analystenschätzungen und Gewinnwarnungen ist auf freiwilligem Wege kaum denkbar. Es sei denn, der Manager eines Aktienfonds wechselt hinüber in die goldschillernde Welt der Hedgefonds, wo es noch mehr zu verdienen gibt.

Biedermänner von der Stange

Die gutbezahlten Funktionäre, die im Dienste der Vermehrung des Kapitals unermüdlichen Einsatz bringen, bleiben seltsam blass. Fondsmanager sind eher langweilige Biedermänner. Sie leisten sich – wohl aus Zeitmangel – keine Marotten, Verrücktheiten oder Skandale, nicht einmal vom »Rockefeller-Syndrom«, das regelmäßig zum Mammon drängende Charaktere und Inhaber von millionenschweren Vermögen befällt, scheinen sie betroffen zu sein. Entdeckt hat es der amerikanische Autor Ferdinand Lundberg bei dem Ölmagnaten John Rockefeller. Dieses Syndrom äußert sich darin, dass bestimmte Tätigkeiten zu exakt vorbestimmten Zeitpunkten durchgeführt werden müssen. Zum Beispiel gibt es einen festen Termin fürs Golfspiel, und das wird bei jedem Wind und Wetter durchgezogen. Nach Sinn, Spaß und Freude wird nicht mehr gefragt, der eigentliche Charakter des Spiels tritt in den Hintergrund. Was ein Spiel sein sollte, wird zum Ringen um Dominanz und Kontrolle, zum Ausspielen der Macht – sei es auch nur gegenüber dem regnerischen Wetter!

Ein solch zwanghaftes Verhalten ist bei den Apparatschiks der Fondsindustrie kaum jemals zu beobachten. Sie erscheinen als uniformierte Masse, echte Biedermänner von der Stange, die sich wie Beamte des Kapitalmarkts gebärden und verstummen, wenn man sie nach ihrer (kursbewegenden) Macht befragt. Vor Gericht sorgte Peter Young dann doch einmal für bunte Akzente im monotonen Einerlei des Fondspersonals und erschien im engen Cocktailkleid und mit roter Schminke.

Fälle für das Betrugsdezernat

Als Anfang September 1996 der Skandal die 1,4 Milliarden Pfund schweren Fonds der Morgan Grenfell Asset Management schüttelte, suspendierte die Finanzmarktaufsicht den Handel mit den Fondsanteilen für drei Tage. Dem Fondsmanagement wurden Bewertungsmanipulationen zur Last gelegt. Buchungen der Fonds waren über Briefkastenfirmen abgewickelt und verschleiert worden – und dabei wurden wohl auch Gelder abgezweigt. Young sowie fünf weitere Finanzmanager wurden gefeuert. Nachdem der Handel wieder aufgenommen wurde, zogen viele der um ihr Geld bangenden Anleger einen Schlussstrich unter ihr Fondsengagement und warfen gleich am ersten Tag massiv Fondsanteile aus den Depots.

Die Maßnahmen zur Schadensbegrenzung kosteten die Deutsche Bank mehr als nur einen Griff in die Portokasse. Das Dezernat für schwere Betrugsfälle schaltete sich in die Ermittlungen ein. An die 180 000 Kunden der Morgan Grenfell mussten durch die Deutsche Bank mit gut 300 Millionen Euro entschädigt werden. Das harte Durchgreifen der britischen Wertpapieraufsichtsbehörde Imro (Investment Management Regulatory Organisation) war ein Glücksfall für die Anleger, die so eine vollständige Kompensation der erlittenen Schäden erhielten. Für die Kunden ging die wilde Abenteuerreise mit den Fonds der Morgan Grenfell glimpflich aus.

1996 war ein rabenschwarzes Jahr für die Fondsbranche, denn es gab zumindest einen weiteren Betrugsfall. In Hongkong waren Unregelmäßigkeiten in den Fonds bei Jardine Flemings bemerkt worden. Colin Armstrong, ein Fondsmanager des Investmenthauses, erwies sich als recht gewöhnlicher Trickdieb, der sich der Mühe eines Peter Young gar nicht erst unterzogen hatte. Statt wie sein Kollege in London eine ganze Armada von Briefkastenunternehmen zu Wasser zu lassen und seine Aktionen trickreich zu verschleiern, griff Armstrong einfach mittels unfeiner Buchungskniffe ins Vermögen seiner Investoren hinein. Nach dem Aschenputtelprinzip »Die Schlechten ins Kröpfchen, die Guten ins Töpfchen« wurden die für den Fonds angekauften Wertpapiere regelmäßig erst mit zeitlicher Verspätung eingebucht. Zwischenzeitliche Wertsteigerungen landeten als Gewinn beim Manager – Verluste wurden aufs Fondsvermögen verbucht und den Anlegern zugeschlagen. Nachdem die Sache aufgeflogen war, wurden die Anleger mit insgesamt 12,4 Millionen Pfund entschädigt. Und für die mangelnde interne Kontrolle gab es einen Denkzettel in Form eines Bußgeldbescheides in Höhe von 700 000 Pfund.

Teil III:
Macher, Märkte und Moneten

9 Die Fondskönige

Wenn die Investmentfondsindustrie ein Gesicht hat, dann jenes von Peter Lynch. Der weißhaarige, sympathische Mann ist bekannt wie kein anderer Fondsmanager. Neben seiner Tätigkeit für Fidelity Investments – lange Jahre verwaltete Lynch den Magellan Fund – war er noch in anderer Mission unterwegs: Als Propagandist des »stock-picking« verbreitet Lynch die Botschaft, dass jeder in der Lage sei, die richtigen Aktien an der Börse auszuwählen. Die Börsenphilosophie des Peter Lynch ist in seinen Büchern, dem amerikanischen Fernsehen, den Zeitungen und vielen Finanzmagazinen millionenfach verbreitet worden. So wie Andy Warhol jedem versprach, dass er (für 15 Minuten) weltberühmt werden könne, versichert uns Peter Lynch, dass jeder von uns mit Aktien Geld verdienen kann, »wenn er seine Hausaufgaben macht«. Der Anleger als Schüler des erfolgreichen Fondsmanagers – und wer an seinen Hausaufgaben scheitert, kann seine Zuflucht ja immer noch zur Anlage in Investmentfonds nehmen.

Lynchs Mission war erfolgreich: Der Kauf von Fondsanteilen als Bausteine zum Vermögensaufbau und zur Altersvorsorge spricht inzwischen nicht nur den Amerikanern aus dem Herzen, sondern begeistert auch hierzulande mehr und mehr Menschen, die der staatlichen Rentenversorgung nicht mehr vertrauen.

Während Peter Lynch die Kunst der Aktienselektion als Breitensport anpries, praktizierte er selbst auf diesem Gebiet Spitzensport, wie die stolze Performance des von ihm einst verantworteten Magellan Fonds belegt. Ursprünglich war der Magellan Fonds die Vermögensverwaltung der Johnson-Familie, der Eigentümer Fidelity Investments, der größten Fondsgesellschaft der Welt, und einiger Manager des Unternehmens. Als dem jungen Lynch 1977 diese heikle Managementaufgabe übertragen wurde, zeigte er so viel Talent, dass die Performance des Fonds bald kontinuierlich den Marktindex hinter sich zurückließ. Lynch hielt selbst dann noch Schritt in der Performance, als die verwalteten Volumen 1981, nach der Öffnung des Fonds für die Öffentlichkeit, steil anstiegen und sich bereits ein Jahr später vervierfacht hatten. Aus 1000 Dollar, investiert im Jahr 1977, waren im Jahr 1990 erfreuliche 27 000 Dollar geworden.

An solche Erfolge hängt sich die Fondsbranche gerne an. Was Hexerei zu sein scheint, das ist an Ergebnissen mit unseren Fonds immer drin, lautet die unterschwellige Botschaft an die Anleger. Wer sich jedoch auf die Suche nach derartigen Spitzenleistungen im Fondsmanagement macht, wird enttäuscht. Denn die meisten Fondsmanager wandeln eher auf den Spuren des Marktindexes als in den Fußstapfen des zum Erfolgsgiganten herangewachsenen Peter Lynch. Wenn sie doch einmal über dem Index schweben, dann meist nur für kurze Zeit; die Schwerkraft holt sie regelmäßig wieder auf den Boden der Indextatsachen zurück.

Zu große Fußstapfen – Lynchs Erben

Der Magellan Fonds genießt in den Vereinigten Staaten das Vertrauen vieler Anleger. Zu vieler vielleicht. Denn wo es um die Ruhegelder so vieler Menschen geht, werden die Angelegenheiten des Fonds und die Person seiner Manager – ob es dem Fondsunternehmen recht ist oder nicht – zum Gegenstand öffentlichen Interesses. Mehr als auf andere Fonds konzentriert sich die Aufmerksamkeit also auf den Magellan Fonds – nicht zuletzt eine

Folge von Peter Lynchs publikumswirksamen Auftritten. Doch es hat auch seine Schwächen, wenn die Unternehmenskultur auf »Stars« zugeschnitten ist. Die wurden evident, als Lynch 1990 seinen Sessel im Fondsmanagement räumte – klugerweise, bevor das Volumen des immer riesiger werdenden Fonds doch noch auf dessen Performance hätte durchschlagen können.

Bei seinem Nachfolger stellten Beobachter dann einen »Mangel an Format und Integrität« fest, kein Wunder angesichts der hohen Erwartungen. Fidelity Investments musste schließlich jene Erfahrung machen, die ein Fondsunternehmen seiner Klasse am allermeisten hasst: in die negativen Schlagzeilen zu geraten. Schon Anfang 1995 waren die – angeblich defensiven – »Asset-Manager«-Fonds ins Gerede gekommen. Der »Ober-Asset-Manager« Robert Beckwitt war – die Kessel voll mexikanischer Wertpapiere – in die Mexikokrise gedampft und prompt in Seenot geraten.

SEC is watching

Stressfaktoren für die Manager großer Fonds in den Vereinigten Staaten gibt es viele. Einer von ihnen ist die Securities Exchange Commission (SEC). Die mit weitreichenden, manche meinen sogar: diktatorischen Befugnissen ausgestattete US-Wertpapieraufsicht begegnet den »Mutual Funds«, den offenen Investmentfonds, mit offenem Misstrauen. Der Crash von 1929 und die Ereignisse des Crashjahres 1987 sollten sich nicht wiederholen. Insbesondere den Hang der Fonds zum Gigantismus verfolgt das Aufsichtsamt mit kritischer Wachsamkeit. Und im Geschäft mit den Investmentfonds hat niemand einen größeren Finger im Markt als das Bostoner Fondsunternehmen Fidelity, dessen Flaggschiff Magellan mit seinem Volumen von gut 100 Milliarden Dollar den Markt zum Kentern bringen kann. Auch andere Aktienfonds haben sich in der Folge des lang anhaltenden Börsenaufschwungs in den neunziger Jahren zu riesigen Kapitalstaubsaugern entwickelt, und selbst Anleihenfonds wie der Pimco Total

Return Fonds von der Pacific Investment Management Company können mit einem gewaltigen Volumen von 28 Milliarden Dollar aufwarten. Das entspricht dem Bruttoinlandsprodukt des wirtschaftlich durchaus erfolgreichen Slowenien. Was ihre Macht betrifft, dürften die Fondsverwalter jedoch ungleich viel mehr Gewicht auf die Waage bringen als viele Staatschefs.

Bondmanager und Rentenhändler zählen zu den grauen Eminenzen des Kapitalmarkts, deren Einfluss auf die Höhe der Zinsen beträchtlich ist und die so letztlich über die Finanzierungskosten von Unternehmen und Staaten mit entscheiden. Dieser Umstand soll den ehemaligen US-Präsidenten Bill Clinton einmal zu einem wütenden Ausfall über die »gottverdammten Bondhändler« veranlasst haben. An der Macht und dem Einfluss der Bondbarone hat er damit wenig geändert. Seine Worte sind wirkungslos verpufft. Eine ganz andere Wirkung entfalten dagegen die Worte der »gottverdammten Bondhändler«. Zwar ist es Investmentmanagern nicht immer recht, dass öffentliche Äußerungen die Märkte bewegen können. Aber wenn sie selbst ihre Meinung einmal in manipulativer Absicht kundtun – wer wollte ihnen die Absicht beweisen.

Huckepack an die Börse

Im Herbst 1995 soll der Magellan Fonds, bei den Aktien von Micron Technology auf der Verkäuferseite gestanden haben. Ungefähr zu diesem Zeitpunkt waren positive Kommentare seitens Jeff Vinik, des Fondsmanagers von Magellan, über das Technologieunternehmen publik geworden, was den Verdacht nährte, dass Vinik einen Wert »schönredete«, den er zum Verkauf stellte. Das rief die SEC auf den Plan, die eine Kursmanipulation argwöhnte. Die Wertpapieraufsicht begann mit Ermittlungen, obwohl Fidelity einen solchen Zusammenhang in Abrede stellte. Im Zentrum der öffentlichen Aufmerksamkeit standen der Fonds selbst – der damals über ein Anlagekapital von mehr als 50 Milliarden Dollar verfügte –

und Vinik. Der handelte nämlich auch privat rege in Aktien. So gerieten die Handelsaktivitäten des Fondsmanagers in seinem privaten Wertpapierkonto ins Zwielicht. Arthur Levitt, damals Vorsitzender der Börsenaufsicht SEC, äußerte sich recht deutlich dazu, als er die grundsätzliche Frage aufwarf, ob es Fondsmanagern überhaupt erlaubt sein dürfe, neben ihrer Haupttätigkeit, dem Kauf und Verkauf von Effekten für ihren Fonds, zugleich auch noch eigenen Handelsgeschäften nachzugehen. Das ist nicht nur bei Fidelity, sondern auch bei vielen anderen Investmentgesellschaften gang und gäbe. Die »unvermeidlichen Interessenkonflikte« bei diesen privaten Handelsgeschäften sind es, die der SEC so aufstoßen.

Im Mai 1996 wurde Jeff Viniks privates Handelskonto erneut zum Gegenstand öffentlicher Erörterung, nachdem Angestellte, die firmenintern Einblick in sein Depot gewonnen hatten, per »Piggybacking«, »Huckepackreiten«, Viniks private Transaktionen kopiert hatten. Dadurch geriet der aggressive Managementstil, der sich in Viniks Privatkonto widerspiegelte, in die Schlagzeilen der Wirtschaftspresse. Wo der feinsinnige Börsenkünstler Lynch einst noch sorgfältig ausgewählt hatte, griff Vinik lieber gleich mit vollen Händen zu und lud dem Magellan Fonds Technologieaktien en masse auf, um sie kurze Zeit später blockweise wieder im Aktienmarkt »abzuladen« – mit entsprechenden Folgen für die Kurse. Die Schwankungen ohnehin schon schwankungsträchtiger Sektoren wie der Technologieaktien wurden durch solche Aktionen von wild gewordenen Fondszyklopen eher noch verstärkt.

Marktbeobachter befürchteten, dass solch ein riesiger Fonds einmal den Börsenbär in seiner Höhle wecken könnte, vor dessen Brüllen der Markt in die Knie geht. Was auch immer solche Fondsgiganten tun und lassen – für Anleger an der Wall Street ist das Grund genug, neben den Berichten der Notenbank auch die regelmäßig verteilten Verlautbarungen des Bostoner Fondsriesen genauestens zu studieren. Das gilt nicht nur für Anleger von Fidelity selbst. Auch für alle anderen ist die Meinung der großen Fondsgesellschaft von höchstem Interesse. Der Autor Albert Bruer warnt: »Die Anlagestrategie des Branchenriesen und seines Flaggschiffs schlug schon wegen des Investmentvolumens noch auf die Anleger durch, die bei Fidelity nicht investiert hatten.«

Kaffeesatzlesen an der Wall Street

Jeff Viniks Strategie gab den Beobachtern zuweilen wegen der hektischen Handelsaktivitäten des Fonds Rätsel auf. 1994 war mehr als ein Viertel des Fondsvolumens in Technologiepapieren angelegt, so dass bei dem Kurseinbruch im Spätsommer desselben Jahres 650 Millionen Dollar Verlust zu verbuchen waren. Im April 1995 lagen sogar schon 45,6 Prozent des Geldes der Magellan-Anleger auf dem Roulettetisch im Feld »Technologieaktien«. Noch gegen Ende desselben Jahres wurde diese Position erheblich heruntergefahren und teilweise in Rentenpapiere umgeschichtet, die Ende Februar 1996 immerhin 19,6 Prozent der Mittel des Magellan Fonds ausmachten. Doch die Strategie ging gleich doppelt daneben: Einmal investierte Vinik am falschen Ende des Bondmarkts, denn die lang laufenden dreißigjährigen Bonds, in die der Fonds überwiegend eingestiegen war, gingen auf Talfahrt. Zum anderen entwickelten sich die Kurse am Aktienmarkt – anders als erwartet – keineswegs rückläufig. Vielmehr gaben sie Vollgas, der Magellan Fonds musste die Konkurrenz an sich vorbeiziehen lassen und landete abgeschlagen unter ferner liefen.

Ausgerechnet jene Fondsgesellschaft, die unermüdlich betont, »Market-Timing«, also der Versuch, kurzfristige Bewegungen des Marktes in Handelsgewinne umzusetzen, sei ein aussichtsloses Unterfangen, hatte gegen ihre eigene Devise verstoßen und war folgenschwer gescheitert. Der Schätzfehler kostete Magellan wichtige Performancepunkte, Amerikas Topfonds war entzaubert. Die Investoren bestraften den glücklos agierenden Fonds mit Kapitalentzug: Im April 1996 verließen fast eine halbe Milliarde Dollar den Investmentfonds. Amerika litt mit, als der Fonds in seiner Wertentwicklung weiter zurückfiel. Auch der Rentenmarkt erbebte. Denn der Magellan Fonds hatte so mächtige Bestände an Bonds in seinem Portfolio angehäuft, dass die Marktteilnehmer dort das Schlimmste befürchten mussten. Der Magellan-Fonds wurde zum Angstfaktor. Vinik war in dem besten Job, den die Fondswelt zu vergeben hatte, nicht mehr zu halten. Der Mann, der auf den Wellen der Volatilität hatte reiten wollen – und der zugleich diese Volatilität mit verursachte –, musste absteigen. Doch auch er wird an anderer Stelle wieder in die Fondswelt zurückkehren.

Der Vinik-Effekt

Jeff Viniks Hinterlassenschaft an die Managerkollegen der Aktienfonds war ein tückischer Virus. Seine Kollegen wurden vom »Vinik-Effekt« befallen: Weil Market-Timing den Job kosten konnte, blieben viele Fondsmanager jetzt lieber voll in Aktien investiert und verzichteten darauf, bei beginnenden Marktabschwüngen ihre Bargeldpositionen zu erhöhen. Die Manager spielten im eigenen Interesse auf Sicherheit – auf Jobsicherheit. Die Interessen der Fondsanleger an einem aktiven Management hatten das Nachsehen.

Manche Beobachter der Fondsbranche sind der Meinung, eine hohe Cash-Bevorratung eines Fonds könne nicht im Sinn der Anleger sein, weil diese ja hohe Gebühren zu entrichten haben. Aber in einer längeren Baissephase kann die Bargeldposition durchaus deren Interessen entsprechen (die hohen Managementgebühren sind es, die nicht im Interesse der Anleger sind). Mit der Bargeldoption könnten Fonds mit einem aktiven Management einen Vorteil gegenüber ihren passiven Gegenspielern, den Indexprodukten, ausspielen. Stets voll investierte Fonds verhalten sich nämlich kein bisschen anders als ein Indexzertifikat, das auch in schwachen Marktphasen immer »voll investiert« ist.

Und der Magellan? Unter Viniks Nachfolger Robert Stansky konnte der Megafonds schließlich wieder die Rückkehr zur Normalität vermelden. Zwar war der Fonds nun zu groß geworden, um noch frisch zu wirken und die früheren Performancerekorde zu erreichen. Doch die kontinuierlich guten Ergebnisse des Fonds beruhigten die Investoren und anhaltend hohe Mittelzuflüsse zeugten davon, dass Magellan seinen Nimbus nicht eingebüßt hatte. Am 17. Juli 1999 überschritt das Volumen des Magellan Fonds die magische Grenze von 100 Milliarden Dollar – das entspricht der Summe fast aller Aktienanlagen im Deutschland des Jahres 1994.

Besser abzuschneiden als der Standard & Poors 500 Index ist schwer geworden – die Zeit der großen Eroberungen ist für den Magellan vorbei. Aber nicht nur für den Magellan, der zwischenzeitlich eher müde in Pantoffeln daherschlurfte, sondern auch für andere Fondsjumbos gehören die ungestümen Tage eher der Vergangenheit an – sie können kaum ihre Benchmark-Indices toppen, an denen sie ihren Erfolg ausrichten. Wenn ihnen überhaupt etwas gelingt, dann ist es mit einem erheblichen Handels- und Kostenaufwand verbunden. Viele der dicken Fonds suchen die Nähe des Vergleichsindex. Da haben es »passive« Indexfonds, die von vornherein auf ein aktives und teures Fondsmanagement verzichten, einfacher. In den Vereinigten Staaten haben Vanguard und andere Fondsunternehmen wie Barclays Global Investors seit Jahren anhaltenden Erfolg mit einfachen, passiven Produkten, die den Marktindex abbilden. Ihnen scheint die Zukunft zu gehören.

Der Angriff der Index-Maschinen

Weil viele große Investmentfonds in ihrer Wertentwicklung dem Index immer ähnlicher werden, geraten die Verwaltungsgebühren ins Blickfeld der Verbraucher. Lohnen sich die Kosten für ein aktives Management überhaupt noch, wenn das erzielte Ergebnis ja doch nicht über die Marktentwicklung hinausgeht? Der aufgeklärte US-Verbraucher wird da schon fast automatisch zu Gesellschaften mit gebührengünstigen Indexprodukten wechseln wie etwa Vanguard.

1996 gelang es Vanguard zum ersten Mal, Fidelity Investments vom Thron zu stoßen. Damals schaufelten die Anleger Vanguard eine Milliarde Dollar mehr in die Indexfonds, als Fidelity an neuen Mitteln zufloss. Das Hauptprodukt, der Vanguard 500 Index, lag im Jahr 2000 mit einem verwalteten Vermögen von 1072 Milliarden Dollar vor dem Magellan Fonds von Fidelity. Damit hat erstmals ein Indexfonds den Titel des größten Publikumsfonds der Welt errungen. Der Triumph kam zu einem Zeitpunkt, als es dem Magellan wieder gelungen war, in seiner Performance besser als der Standard & Poor's 500-Index abzuschneiden.

Fondskönige in der Gebührenzange

Der Wettbewerb auf dem amerikanischen Fondsmarkt wird mit großer Härte geführt. Dafür tragen schon die Investoren Sorge, die inzwischen über Fonds und Finanzanlagen gut Bescheid wissen. Insbesondere über die Kosten von Fonds sind sie bestens im Bilde. Viele US-Anleger wissen, dass aktiv gemanagte, also von einem Fondsmanager geführte Fonds, teuer sind. Pro tausend Dollar verwaltetes Vermögen sind ungefähr 14,10 Dollar an Managementgebühr für einen in der Regel eher durchschnittlich abschneidenden Fonds zu entrichten; bei manchen Fondsprodukten sind es effektiv gesehen noch mehr. Wesentlich günstiger dagegen sind die Gebühren eines Indexfonds, den die zweitgrößte US-Gesellschaft Vanguard anbietet: bescheidene 2 Dollar pro tausend investierten Dollar. Ähnlich günstig sind die Kosten für die so genannten Spinnen: Der »Spider« ist ein börsengehandelter Aktienindex, das »Standard & Poor's Depository Receipt« – die Abkürzung »SPDR« wird »Spider« ausgesprochen. Diese »Spinne« steht wegen der großen Anzahl der darin enthaltenen verschiedenen Aktienwerte sozusagen auf vielen Spinnenbeinen.

Dass passive Indexprodukte gegenüber den von Fondsmanagern geführten aktiven Fonds gut abschneiden, hat die Marktforschungsagentur Morningstar 1997 eindrucksvoll belegt. Die teuren Honorare der Fondsmanager verzehren immerhin so viel

Performance, fand Morningstar heraus, dass die billigen Indexfonds mit mehr als 30 Prozent jährlicher Performance im Dreijahreszeitraum den Durchschnitt der Fonds mit 23,5 Prozent deutlich auf Abstand halten. Den Anlegern der aktiv gemanagten Fonds bleibt da nur ein schwacher Trost: In schwachen Börsenphasen können die Aktiven unter den Fondsmanagern vom Gas gehen und in sichere Anlagen umschichten – eine Alternative, die Indexfonds nicht haben. In der Praxis geschieht das aber nur selten. Hier kommen der »Vinik-Effekt« (siehe Seite 99 f.) und ein ausgesprochenes Herdenverhalten zum Tragen.

Die scharfen Wettbewerbsbedingungen am US-Markt bringen die Fondsmanager und ihre Arbeitgeber in die unangenehme Situation, immer wieder die erhobenen Gebühren rechtfertigen zu müssen. Große Fondsgesellschaften argumentieren mit dem hohen Aufwand für die hauseigenen Analysten, Kosten für die Wertpapiertransaktionen und natürlich für Marketing- und Werbeausgaben – aber schon Letztere sind nicht unbedingt im Interesse des bereits investierten Kunden. »Passive« Fondsmanager üben nicht zuletzt auch bei Werbungs- und Marketingausgaben Zurückhaltung. Ein Indexfondsunternehmen kann die Zahlen für sich sprechen lassen. Zurückhaltung üben die Indexfondsanbieter auch in anderer Hinsicht: bei der Bezahlung der Manager. Das trägt ihnen den Spott der »Aktivisten« im Fondsmanagement ein. Dabei greifen die Manager aktiv geführter Fonds ganz gerne mal zu passiven Indexprodukten, um ihre Perfomance etwa von den schnellen Spinnenbeinen der günstigen SPDRs beschleunigen zu lassen.

Konzentrationstendenzen im US-Markt

Zwei Jahrzehnte lang trieb der Börsenboom die Kunden scharenweise in die Arme der US-Fondsindustrie. Reine Fondsanbieter, wie Amvescap, Capital Research, T. Rowe Price und Fidelity erzielen satte Gewinne, die sie in voller Höhe ihrem lukrativen Kerngeschäft zugute kommen lassen. So straffen sie ihren Geschäftsmuskel. Die Fondsbranche steht in voller Blüte, sie hat es weit gebracht in den Vereinigten Staaten – aber sie hat auch schon alles erreicht, was es zu erreichen gibt. Hinter den glänzenden Spiegelfassaden der Fondsindustrie zeichnen sich handfeste Probleme ab: Zwei Drittel aller neuen Investments in den USA fließen in die großen Taschen von nur drei Gesellschaften, Vanguard, Janus und Fidelity. Der kümmerliche Rest erreicht andere Fondsunternehmen, von denen einige Anfang 2000 sogar Mittelabflüsse hinnehmen mussten. Das Gerangel auf den hinteren Plätzen der US-Fondsindustrie ist beträchtlich. Ungefähr sechshundert Unternehmen und elftausend verschiedene Fonds kämpfen in der »Drittelecke« des Fondsmarkts um die Brocken, die die Großunternehmen übrig gelassen haben.

Im US-Fondsmarkt sind Sättigungstendenzen unübersehbar. Jeder Amerikaner, der für den Besitz eines Mutual Fund in Frage kommt, hat bereits Fondsanteile, schreibt der *Economist*. Der Raum für eine weitere Expansion der Fondsbranche ist beschränkt. Wer neue Fonds hinzukauft, achtet verstärkt auf die Gebühren. Das führt dazu, dass die Gebühren immer weiter abbröckeln. Barclays Global Investors (BGI) berechnet etwa für den Standard & Poors-500-Indexfonds nur noch 0,1 Prozent Gebühren – ein nicht mehr zu unterbietendes Angebot.

Der Fondskonsument US-amerikanischer Prägung ist kein einfacher Kunde – er ist kritisch, rasch mit einer juristischen Klage bei der Hand und in Finanzangelegenheiten oft gewiefter, als es den Fondsunternehmen lieb ist. Ausdruck des zunehmenden Kostenbewusstseins der amerikanischen Fondsverbraucher ist der Vormarsch der Indexfonds. So sind und bleiben die USA zwar ein Paradies für Finanzunternehmen – doch anderswo sind die Wiesen grüner und die Bedingungen besser. In dieser Situation gerät Europa in den Blick der Marktstrategen in den Fondshäusern. Vor allem im großen deutschen Markt winkt viel Gebührenfreiheit. Kontinentaleuropa wird zum Einmarschgebiet für die amerikanischen und britischen Investmentgiganten.

10 Fonds – Nichts als Gebühren, Kosten, Fußangeln?

In der *Schachnovelle* beschreibt der Schriftsteller Stefan Zweig die Vermögensverwaltung früherer Tage als eine »lautlose Tätigkeit, die uns durch dies ererbte Vertrauen zugeteilt war, eigentlich nicht viel mehr erfordernd als strengste Diskretion und Verlässlichkeit«. Zwischen den maßgeschneiderten Dienstleistungen, der diskreten und stilvollen Vermögensverwalter vom Anfang des 20. Jahrhunderts und den Investmentfonds von heute, Massenartikel aus den Fabriken des »Asset-Management«, wie »Vermögensverwaltung« heute heißt, liegen Welten. Dennoch haben das laute, vom Marketing bestimmte Fondsgeschäft – das immer neue Moden kreiert – und das diskrete Agieren der Geldverwalter in teakholzgetäfelten Kabinetten eine Gemeinsamkeit: Beide fordern von ihren Kunden keineswegs gering bemessene Gebühren ein. Das mag bei maßgeschneiderten Dienstleistungen noch verständlich sein, zumal wenn ein Teil der Vergütung an die Leistung des Verwalters geknüpft ist. Im industrialisierten Fondsgeschäft ist das jedoch die Ausnahme. Nicht nur die üppig bemessenen Ausgabeaufschläge der Aktienfonds, sondern auch die Kosten der Rentenfonds – für die beim Kauf etwa 3 Prozent Ausgabeaufschlag fällig werden – sind eine schwere Hypothek für die angestrebte Rendite. Gleich beim Kauf rutscht der Fondskunde schon in die Miesen. Die Rutschpartie geht gleich weiter, denn unabhängig von der Leistung des Fondsmanagements wird noch eine Verwaltungsgebühr in Höhe von normalerweise 1,5 Prozent jährlich fällig. »Anbieter«, die bei Aktienfonds nur 1 Prozent Verwaltungsgebühr erheben, zählen schon zu den günstigeren.

Eine leistungsabhängige Gebühr ist die Ausnahme. Doch Fondsgesellschaften, die sich nach Leistung bezahlen lassen, rücken deswegen noch lange nicht von den sonstigen fixen Kosten wie der Managementgebühr und den Ausgabeaufschlägen ab. Unter den großen Fondsgesellschaften verzichten der DIT-Aktien Deutschland AF und die Typ 0 Fonds der DWS zwar auf den Ausgabeaufschlag. Dafür bedienen sie sich aber mit einer Leistungsvergütung von 25 Prozent, die fällig wird, wenn die Performance besser ist als der Referenzindex, damit reichen sie schon an die leistungsbezogene Gebühr der Hedgefonds heran, die für einen kräftigen Schluck aus der Gebührenpulle bekannt sind. Trotz der hohen Leistungsvergütung werden bei den Deutschland Fonds der DIT-Aktien Deutschland AF und den DWS Fonds zusätzlich Managementgebühren von 1,25 Prozent pro Jahr fällig, andere Fonds wie der Typ 0 Fonds Europäische Aktien der DWS fordern sogar 1,5 Prozent an Verwaltungsgebühr ein.

Wachsamkeit der Anleger kann sich auch bei Tauschoperationen auszahlen. Nicht wenige Fondsgesellschaften lassen sich den Tausch in einen anderen Fonds durch die so genannten Switch-Gebühren vergelten. Die Gebühren bei einem Fondswechsel sowie die bei der »Lagerung« anfallenden Depotgebühren werden in ihren Auswirkungen auf die Wertentwicklung eines Fondsdepots meist unterschätzt. Das bestätigt eine Untersuchung der Stiftung Warentest, die den Anlegern rät, sich nicht nur an der Wertentwicklung der Fonds zu orientieren, sondern sich auch über die Nebenkosten der Fonds zu informieren. Bei den Depot- und Wechselkosten gibt es deutliche Unterschiede zwischen der teuersten Fondsgesellschaft und einem günstigen Anbieter. Die Finanztester ermittelten eine Differenz, die sich bei einer Anlage von

5113 Euro im Lauf von zwanzig Jahren auf 2035,45 Euro summiert.

Besonders geldgierige Fondsgesellschaften belegen sogar den Verkauf eines Fonds mit Gebühren. So hat Flemings Fund im Juni 1995 eine Verkaufsgebühr von 0,5 Prozent eingeführt. Die schlägt umso stärker zu Buche, je höher die eingetretene Wertsteigerung ausfällt. Da kommen Anleger unter Umständen mit dem beim Kauf der Anteile erhobenen Ausgabeaufschlag noch günstiger weg – doch der wird bei Flemings sowieso erhoben. Selbst bei den mit dem Referenzindex ringenden Rentenfonds des Investmenthauses kommen die Gebühren zur Anwendung. Wie Bleigewichte hängen sie an den Flügeln der Fonds und hindern ihre Wertentwicklung am Abheben.

Das Fondsanalyse- und Vermögensverwaltungsunternehmen Feri-Trust aus Bad Homburg hat die in unseren Breiten beliebten Europafonds auf den Prüfstand gestellt und fand einigermaßen Unerfreuliches: 85 Prozent der als ideale Langfristanlage gepriesenen Fonds konnten innerhalb von zehn Jahren nicht mit dem MSCI-Index Europe mithalten – wofür nicht nur die mangelhafte Leistung der Fondsmanager, sondern auch die hohen Gebühren und Verwaltungsprovisionen verantwortlich sind.

Restaurant mit zwei Speisekarten

Angenommen, es gäbe ein Restaurant mit zwei Eingängen und zwei unterschiedlichen Preisaushängen. Eines der beiden Verzeichnisse ist versteckt angebracht und weist deutlich niedrigere Menüpreise aus als die am Eingang für das breite Publikum ausgehängte Speisekarte. Günstige Menüs sind für Gäste mit großer Geldbörse reserviert – Inhaber schmaler Geldbörsen bekommen nur das Stammessen serviert und werden dafür auch noch unverhältnismäßig hoch zur Kasse gebeten. Genauso ist es bei den Fonds. Große institutionelle Anleger wie Banken und Versicherungen zahlen auch bei der Verwaltung weniger: für ein aktiv gemanagtes Portfolio europäischer Standardaktien sind zwischen 0,1 und 0,2 Prozent jährlich zu entrichten. Die von ihnen zu entrichtenden Ausgabeaufschläge sind kaum der Rede wert – wenn sie bei den Orders der großen Adressen nicht überhaupt ganz entfallen. Privatanleger dagegen müssen Ausgabeaufschläge bezahlen, sofern sie nicht Kunde einer Direktbank sind – doch auch dann kommen sie nicht immer in den Genuss von Rabatten, denn manche Fondsunternehmen geben keine.

Die Fondsgesellschaften begründen die Verkaufsgebühren, die regelmäßig 5 Prozent betragen, mit den Vertriebskosten. Im Ausgabeaufschlag enthalten ist die Vertriebsprovision, die die Kosten des Beratungsgesprächs mit dem Fondskunden decken soll. Aber auch in der Verwaltungsgebühr können Provisionen enthalten sein, die an größere Vertriebsorganisationen ausgeschüttet werden. Oft hat jedoch überhaupt keine Beratung stattgefunden, etwa wenn Käufe direkt bei den Fondsgesellschaften über das Internet getätigt werden – ein Vertriebsweg, den fast alle Fondsunternehmen mit reichlich Investitionen aufgebaut haben und jetzt stark fördern. Trotzdem fallen Ausgabeaufschläge auch beim Fondskauf via Internet an: Wenn dort überhaupt ein Rabatt eingeräumt wird, dann nur in sehr bescheidenem Umfang, fand das Wirtschaftsmagazin *DM* heraus. Der Fondskunde bezahlt also letztlich für eine nicht erbrachte Beratungsleistung. Außerdem erledigt er auf dem heimischen PC die Eingabearbeit und stellt seine Daten maschinengerecht und sofort weiterverarbeitbar zur Verfügung. Die Fondsbranche spart dabei viel Geld. Ärgerlich, dass diese Vorteile nicht an die Kunden weitergegeben werden. Und das, »obwohl derart gewonnene Kunden in der Regel auf jegliche Beratung verzichten«, schreibt *DM*. Ob der Kunde die falschen Fonds und riskante Produkte einkauft oder nicht, spielt keine Rolle – wo keine Beratung stattfindet, wird eine Falschberatung kaum nachzuweisen sein.

Stille Performance-Killer

Für eine erhaltene Dienstleistung wird dem Kunden üblicherweise eine Rechnung präsentiert, die er dann bezahlt. Nicht so in der Fondsbranche. Hier werden Entgelte für erbrachte Leistungen nach Gutsherrenart – ohne vorherigen Ausweis per Rechnung – einfach »eingezogen«. Mit dem Fondskauf stellen die Investoren den Verwaltern ihres Fonds sozusagen einen Blankoscheck (beziehungsweise eine Einzugsermächtigung) aus und gestatten ihnen den freien Zugriff auf ihr Geld. Aber nicht nur das, die Anleger werden sogar weitgehend im Unklaren darüber gelassen, wie teuer sie ihr Fonds eigentlich zu stehen kommt, denn den Fondsgesellschaften ist in diesem Punkt nicht sonderlich an der Herstellung von Transparenz gelegen. Im Gegenteil: In der Regel wird erheblich mehr kassiert, als die Preisschilder für Ausgabeaufschlag und Managementgebühr ausweisen. Neben den jährlich anfallenden Verwaltungs- und Depotgebühren wird dem Anleger der Aufwand für Marketing und Werbung, ja selbst für Registrierung, Rechtsberatung, Wirtschaftsprüfung und natürlich für den An- und Verkauf von Wertpapieren belastet.

Zahlreich und unergründlich sind die Wege, auf denen sich das Geld aus den Fonds und unserem Vermögen heimlich entfernt. Zur Ermittlung der tatsächlichen Gesamtkosten (Total Expense Ratio) unterzieht sich Fitzrovia, ein Analyseunternehmen aus London, der Mühe, sämtliche Veröffentlichungen von Fonds zu wälzen, um so, wie sich die *Telebörse* ausdrückte, »den stillen Performance-Killern, die Jahr für Jahr vom Fondsvermögen abgezogen werden«, auf die Schliche zu kommen. Das Ergebnis: Die wahren Kosten liegen im Schnitt um 25 Prozent höher als die offen deklarierte Managementgebühr. In manchen Fällen, wie beim Thieme Fonds und dem VMR Fund-Shareholder Value, lagen die Kosten jedoch weit darüber. Dort schnappte die Gebührenschere mit 8 beziehungsweise 5,3 Prozent vom Anlagevermögen kräftig zu und demonstrierte den Anlegern recht nachdrücklich, was die Fondsverwalter tatsächlich vom Shareholder-Value-Prinzip halten.

Üppig bemessene Ausgabeaufschläge reißen natürlich tiefe Löcher ins Anlegervermögen. Doch gravierender als diese wirken sich die Managementgebühr und die weiteren Kosten aus, die *während der gesamten Haltezeit* kontinuierlich am Vermögen der Anleger zehren. Geschickt nutzen die Fondsgesellschaften die Tatsache aus, dass Fondsanlagen typischerweise längere Laufzeiten haben. In den Vereinigten Staaten dagegen, wo die Anleger sehr viel kostenbewusster auftreten, sind Konzessionen und Rabatte bei den Verwaltungsgebühren längst üblich. So haben amerikanische Mutual Funds in der Regel günstigere Konditionen als die in Deutschland von ausländischen Fondsgesellschaften angebotenen Produkte.

Dass in Deutschland mehr zu verdienen ist als auf ihren hart umkämpften heimischen Märkten, haben die englischen und amerikanischen Fondsanbieter längst gemerkt. Immer neue Fondsunternehmen aus angelsächsischen Gefilden tauchen auf dem lukrativen deutschen Markt auf. Zu den Spätankömmlingen auf dem deutschen Fondsmarkt zählt Janus. Das amerikanische Unternehmen mit den zwei Gesichtern im Logo erweist in Sachen Gebühren seinem Namen alle Ehre: Der (deutsche) Global Life Sciences Fund von Janus verfolgt zwar eine ganz ähnliche Anlagepolitik wie sein amerikanischer Zwillingsbruder, unterliegt aber höheren Gebühren und Spesen, wie das Kleingedruckte in der Werbung kleinlaut ausweist.

Hohe Verwaltungsgebühren schmälern die Performance eines Fonds also nachhaltig. Anzunehmen, dass alle Fonds mit einem überdurchschnittlich hohen Verwaltungsaufwand eine ungünstige Performance hätten, wäre allerdings ein Kurzschluss – es gibt durchaus eine Reihe von Fonds mit talentierten Managern, die trotz hoher Gebühren eine gute Wertentwicklung vorzuweisen haben. Aber generell sind hohe Managementgebühren natürlich eine Belastung für die Wertentwicklung. Schon ein geringer prozentualer Unterschied bei den Managementgebühren kann langfristig darüber entscheiden, ob ein Fonds besser oder schlechter als der Markt abschneidet. Beim verfügbaren Kapital kann das am Ende des Anlagezeitraums einen erheblichen Differenzbetrag ausmachen.

Bei einer Anlage über fünfundzwanzig Jahre, wie sie etwa zum Zweck der Altersvorsorge leicht erreicht wird, ist die lähmende Wirkung der Gebühren auf die Performance und die verfügbare Endsumme besonders deutlich: Wenn 10 000 Euro in einen Fonds mit einer Managementgebühr von 0,5 Prozent fließen, kann der Investor bei einer angenommenen jährlichen Rendite von 7 Prozent einen um 5358 Euro höheren Endbetrag kassieren, als wenn er dieselbe Summe in einen Investmentfonds mit einer Verwaltungsgebühr von 1 Prozent eingezahlt hätte.

Fonds mit Drehzahlbegrenzung: Die Indexkleber

Das Gebühren-Leistungs-Verhältnis vieler der angebotenen Investmentfonds ist ungünstig. Es wird jedoch nicht nur durch die Höhe der Gebühren beeinträchtigt, sondern auch durch die abgelieferte Dienstleistung selbst, die zu vielerlei Kritik Anlass gibt. Stellvertretend für viele andere Fonds sei ein einzelner Länderfonds – der BNP France Invest – herausgegriffen, der in Frankreich ein gern gewählter Standardfonds ist. Die Performance des in den französischen Markt investierenden Fonds bot Anfang 2001 auf den ersten Blick keinen Grund zu Klage: Innerhalb von drei Jahren stellte der Fonds eine Wertentwicklung von knapp 98 Prozent zur Schau und sah damit nicht schlecht aus. Bei genauerem Hinsehen zeigte sich jedoch, dass der Fonds in dieser Zeit den marktbreiten Index SBF 120 des französischen Aktienmarkts kaum übertroffen hat, der im gleichen Zeitraum um 94,6 Prozent zulegte.

Das ist nicht erstaunlich, denn der betrachtete Fonds verfolgt, wie viele andere Fonds, den »Enhanced Index Approach«. Dieser so genannte erweiterte Indexansatz nimmt den gewählten Vergleichsindex als Ausgangspunkt für seine eigenen Anlagen. Eine vom Index entkoppelte Performance ist so schon prinzipiell nicht möglich, weil der Marktindex zwar nicht völlig, aber doch weitgehend kopiert wird. Das Management darf überhaupt nur zu einem geringen Prozentsatz des Portfolios vom Index abweichen und eigene Ideen bei seinen Anlageentscheidungen verwirklichen. Das wäre jedoch eine Grundvoraussetzung, um den Index übertreffen zu können.

Die Ankettung der Fondsmanager an den Index ist wenig motivierend. Flotte Überholvorgänge sind nicht zu erwarten, der Performancegipfel rückt in unerreichbare Ferne. Bei derart geknebelten und an der Sicherheitsleine des Marktindex geführten Fonds sind zwar einerseits spektakuläre Abstürze nicht zu erwarten – andererseits wird der indexnah daherkraxelnde Fonds bei den allfälligen Lawinenabgängen des Börsenmarkts natürlich stets zum engen Kreis der erschlagenen Opfer zählen.

Bei solchen Fonds sinken Fondsmanager, denen das von den Fondsunternehmen gern gepflegte Image des allgewaltigen Entscheiders anhaftet, zu einem Roboter der Investmentindustrie herab – sie sind als Fondsangestellte lediglich der ausführende Arm von höherenorts getroffenen Entscheidungen. Wenn also in vielen Blue-Chip-Fonds, die vor allem in Standardwerte investieren, am Markt hochkapitalisierte Aktien von Schwergewichtlern wie etwa die Telekomunternehmen an prominenter Stelle in den Portfolios rangieren, dann vor allem deshalb, weil diese auch im Referenzindex von großer Bedeutung sind – nicht aber, weil ihre zukünftige Wertentwicklung als besonders vielversprechend eingestuft würde. Bei dieser Vorgehensweise entfällt im Prinzip die Daseinsberechtigung eines »aktiven« Fondsmanagements gegenüber den passiven Indexprodukten, die weniger kosten. Warum also knapp 1,5 Prozent Gebühren im Jahr für so manchen Fonds zahlen, dessen Verwaltung sich damit zufrieden gibt, den gewählten Marktindex mehr oder weniger originalgetreu abzubilden? Die Fondsgesellschaft spart dabei ja auch noch Analysekosten und -aufwand. Für eine relativ einfache Dienstleistung entsteht so eine ziemlich gute Gewinnspanne. Und bei der Performance sind das Management und das Fondsunternehmen ganz auf der sicheren Seite. Denn das Risiko einer gravierenden Unterperformance gegenüber dem Index – und somit die Gefahr einer negativen Publicity und ihre ungünstigen Auswirkungen auf den Verkaufserfolg – ist weitestgehend ausgeschaltet. Gleichzeitig kann der Anleger aber jede Hoffnung auf eine deutliche Überperformance begraben.

Längst hat sich in manchen Fondsunternehmen herumgesprochen, dass man den Fondsmanagern gar keine allzu großen Freiheiten einzuräumen braucht. Und warum auch? Bei Licht besehen vermögen viele Manager ihren Handlungsspielraum ohnehin kaum auszufüllen, indem sie den Markt schlagen. Zahlreiche »Rennlisten« legen Zeugnis davon ab, dass Fondsmanager – wenn überhaupt – oft nur für erstaunlich kurze Zeit eine Überperformance erzielen, bevor ihre Fonds wieder in der Masse der anderen verschwinden und die Namen ihrer Manager in den Finanzmedien nicht mehr auftauchen. Wenn die großen Fondsunternehmen also den Freiraum ihrer Manager beschneiden, zeugt das von einer gehörigen Portion Realismus und von Einsicht in die drastisch eingeschränkten Möglichkeiten, den Markt zu schlagen – bloß die Gebühren und Fondskosten spiegeln diese Einsicht nicht wider.

Ob nun »Indexkleber« oder indexerweiternder »aktiver« Managementansatz – das Kopieren des Index kann der mündige Anleger durchaus selbst vornehmen, indem er indexabbildenden Produkten Vorrang bei seiner Kaufentscheidung einräumt.

Von Spinnen und Doppeldeckern

Während viele Fondsunternehmen ihre Managementteams dicht am Referenzindex oder in dessen Schlagschatten vor Anker gehen lassen, lotsen einige Fondsgesellschaften Teile des verwalteten Vermögens aus ihren gebührenträchtigen Fonds ohne weitere Umschweife direkt in die günstigen Indexprodukte. So setzt zum

Beispiel der luxemburgische BL Equities America B auf den so genannten Spider. Bei der »Spinne« handelt es sich um eine kostengünstige, maßstabgetreue Reproduktion des Standard & Poors Index, die in Aktienform als so genannter Unit Investment Trust gehandelt wird und sogar die Möglichkeit des Leerverkaufs bietet – obwohl Leerverkäufe eigentlich den Hedgefonds vorbehalten bleiben sollten. Das bedeutet, dass es möglich ist, auf den fallenden Markt zu wetten, ohne dass die Notwendigkeit besteht, Futures zu kaufen. Angesichts solcher Vorteile ist es nicht erstaunlich, dass die Spinne an der Börse Karriere macht und mittlerweile zu den am meisten gehandelten Aktien zählt. Auch in den diversen Fondsportfolios vermehren sich diese Krabbeltierchen. Der passive Index-Spider, der während der Börsenzeit kontinuierlich handelbar und damit für Tradingoperationen bestens geeignet ist, steckte Anfang 2001 mit 7 Prozent Anteil am Vermögen im BL Equities America B. Aber die kostengünstigen, passiven Indexinstrumente haben noch eine ganze Reihe anderer »aktiver« Fans: So fischt beispielsweise der Citi PF USA Earnings Growth in den seichten, da günstigen Indexgewässern, und der Julius Bär MCO-MI-Fonds Interstock widmet hochprozentige Inhalte seines Portfolios dem handelbar gemachten Nikkei-Index.

Fondsmanagern, deren Portfolios Indexprodukte zieren, kann immerhin ein gewisser Hang zur Sparsamkeit bescheinigt werden, während ihre Kollegen, die in andere, aktiv geführte Fonds investieren – die ihrerseits hohe Managementgebühren, vielleicht sogar Ausgabeaufschläge erheben –, die Anleger teuer zu stehen kommen. So entsteht teilweise im »Do-it-yourself«-Verfahren klammheimlich ein Dachfonds. Fondsmanager, die die Mühe eigener Aktienselektion scheuen und sich lieber bei anderen Fondsgesellschaften oder gar in der eigenen Fondswühlkiste bedienen, sind gar nicht so selten. Sie sind genauso in luxemburgischen Bankhäusern zu Hause, wo die Banque Générale Mitte 2000 den hauseigenen Generalinvest Emerging Markets Fonds in den Portfoliogewässern des Latin America Fund von Morgan Stanley vor

Anker gehen ließ, sondern beispielsweise auch bei Flemings. Dieses Fondsunternehmen tritt bei der Investition in andere, noch dazu eigene Produkte gleich mehrfach in Erscheinung, so dass aus den Monatsberichten des Fondsunternehmens bereits ein strenger Geruch steigt. Beim FF-Global Smaller Companies werden als größte Positionen der Jardine Flemings Unit Trust und der zur selben Unternehmensgruppe gehörende Smaller Companies Fonds ausgewiesen. Ähnlich ist die Situation beim Chase Flemings European Smaller Companies Fund, der Ende des Jahres 2000 als größte Position keine Aktie aufführte, sondern auf Platz eins in seinem Portfolio den Frontier European Discovery Fund gelistet hatte. Dieser Fonds, der in so genannte Micro Caps, also in Unternehmen mit einer sehr niedrigen freien Marktkapitalisierung von unter 150 Millionen Dollar, anlegt, stammt aus demselben Mutterhaus und braucht sich bei dieser Geschäftspolitik über mangelnde Nachfrage nach seinen Fondsanteilen keine Sorgen zu machen. Obwohl beide Fonds also aus derselben Werkstatt stammen, müssen die Anleger doppelte Gebühren entrichten – die werden nämlich nicht erstattet. (Flemings begründet diese wenig investorenfreundliche Regelung übrigens damit, dass es sich ja um verschiedene Gesellschaften handele!) Doppelt sind bei dieser Doppeldecker-Konstruktion interessanterweise auch bestimmte Aktienpositionen. In diesem Fall weisen beide Fonds unter ihren größten Positionen die überaus spekulative Aktie des französischen Telemarketingunternehmens SR Téléperformance auf – für die Investoren des European Smaller Companies Fonds von Flemings bedeutet das eine Verminderung der Risikostreuung.

Preisschilder

Neben solchen Doppeldeckern des Fondswesens, die meistens bei den Gebühren doppelt abkassieren, sollten Anleger etwaige »Preisanpassungen« genau im Auge behalten und ihre Anlageentscheidung auf den Prüfstand stellen, wenn ein Unternehmen die Verwaltungsgebühren anhebt. Preiserhöhungen wie jene der Fondsgesellschaft Activest (HypoVereinsbank), die im Rundumschlag die Gebühren bei gleich achtzehn ihrer Fonds heraufgesetzt hat, oder selektive Preisanpassungen bei einzelnen Produkten sollten den Argwohn der Investoren wecken.

Dass gerade Branchen- und Themenfonds keine billigen Produkte sind, haben zuletzt beispielsweise die Biotechnologiefonds demonstriert. Der Verkaufsprospekt des Oppenheim Pharma/wHealth etwa sieht vor, dass eine Gebühr von jährlich bis zu 2 Prozent des Nettoinventarwertes des Fondsvermögens erhoben werden kann – abzuziehen am Ende eines jeden Quartals aus dem Fondsvermögen. Noch ein Jahr zuvor gab er sich mit gut 1 Prozent zufrieden. Auf die erklecklichen Managementkosten – die den Fondsverwaltern wohl nicht Motivation genug sind – wird noch eine Erfolgsbeteiligung aufgeschlagen. Gegenüber anderen Fonds mit dem Anlagenschwerpunkt Biopharmazeutik steht der Oppenheim Pharma/wHealth sogar noch günstig da: Der Orbitex Health & Biotechnology Fund verzichtet zwar auf eine Leistungsprämie, leistete sich aber – bei einer »Total-Expense Ratio« (Gesamtkosten) von 7,89 Prozent – einen besonders tiefen Griff ins Kundenvermögen, ohne selbst eine entsprechende Leistung dafür erbracht zu haben.

Ein besonderes Husarenstück leistete sich einer der Fonds aus dem Stall des Bankhauses Berenberg. Was die Väter des Deutschen Berenberg-UI-Fonds bewogen hat, im Dezember 2000 den Ausgabeaufschlag hinaufzusetzen, als die Performanceprobleme des Fonds überhand nahmen, ist rätselhaft. Der Fonds hatte nicht nur überaus kläglich abgeschnitten, sondern auch noch einen Wechsel des Anlageschwerpunkts vollzogen: Seit dem 1. Oktober 2000 investiert der zuvor in Standardwerte anlegende Fonds auch in Nebenwerte. Ein solcher Strategiewechsel ist selbst nach dem eher laxen »Ehrenkodex« der Asset-Management-Welt einigermaßen ungewöhnlich, doch geschieht es immer wieder, dass

Fonds sich »umorientieren« und auf einer anderen Wiese zu grasen beginnen – zum Nachteil der Anleger, die sich plötzlich auf einem anderen als dem ausdrücklich vorgewählten Risikolevel und Zielmarkt wiederfinden. Resultat für den Deutschen Berenberg-UI-Fonds: ein schlechtes »D«-Rating von Feri-Trust und ein hämischer Kommentar des Magazins *Finanzen*: »Das einzig Stabile an dem Fonds ist der Tabellenplatz weit hinten.«

Auf den hinteren Rängen der Deutschlandfonds herrscht ein ausgesprochenes Gedränge. Das ist im Fondsgewerbe nicht viel anders als im Fußballstadion, wo schlechte Spiele überwiegen und Spitzenfußball rar ist. Die Spielleistung ist schlecht, die Eintrittsgelder sind hoch.

Doch das ist noch längst nicht alles, was beim Anleger rauszuholen ist. Die deutsche Fondsbranche öffnete erst unlängst die Büchse der Pandora: Heraus springen alte Bekannte, die Dachfonds – die sind erst richtig teuer.

Unter deutschen Fondsdächern

Achtung! Die Dachfonds sind unterwegs. Diese Fonds auf den Fonds verlangen den Anlegern schon fast ungehörig zu nennende Kosten ab und stellen das Gebührenaufkommen konventioneller Aktienfonds weit in den Schatten. Dafür, dass die Kostenlawine in der Fondswelt losgetreten wurde, hat der Gesetzgeber im Dritten Finanzmarktförderungsgesetz vom April 1998 selbst gesorgt. Wir kennen die »doppelt indirekte Beteiligung«, wie die *Frankfurter Allgemeine* die trickreichen Fondsdoppeldecker nennt, längst aus den Zeiten der IOS (siehe S. 74 ff.), und seit damals sind uns auch die damit verbundenen beträchtlichen Möglichkeiten der Gebührenschöpfung vertraut. Zwar sind seit der Neuzulassung dieser Fonds einige gesetzliche Einschränkungen erfolgt wie etwa jene Bestimmung, wonach bei der Investition in hauseigene Fonds Managementgebühr und Ausgabeaufschlag nicht erneut berechnet werden dürfen. Eine Regelung, die gut gemeint ist, dem Kunden aber wenig bringt – besser wäre es gewesen, wenn der Gesetzgeber überhaupt darauf verzichtet hätte, Dachfonds wieder zuzulassen.

Denn die Fondsgesellschaften sind erfinderisch und nutzen alle sich bietenden Möglichkeiten. Entweder geben sie hauseigenen Produkten den Vorzug, was zwar deren Absatz ankurbelt, aber in Sachen Performance keinesfalls optimal ist. Welche Fondsgesellschaft verfügt schon in allen Anlagekategorien über gleichmäßig ausgeprägte Stärken? Andere Dachfonds zahlen zwar das Geld ihrer Anleger in Fremdprodukte ein, doch damit erhöht sich die Verwaltungsgebühr entsprechend, und das zehrt an der Wertentwicklung, die so kaum von der Stelle kommt. Wieder andere Dachfonds sind besonders clever und investieren in Produkte aus dem eigenen Haus, die jedoch von rechtlich selbstständig firmierenden Unternehmenseinheiten angeboten werden; so kassieren sie die doppelten Gebühren.

Dachfonds sind ein ideales Instrument zur Vermögensverwaltung, säuselt die Werbung der Fondsindustrie. Die lockt mit der Verheißung, die besten Fondsprodukte zu kombinieren und eine gute Streuung und Wertentwicklung der Anlagen zu bewirken. Natürlich hüten sich die Propheten der Dachfonds, daran zu erinnern, dass die Geschichte mit den Doppeldeckerfonds schon einmal schief gegangen ist. Anleger sollten sich nicht blenden lassen. Dachfonds, das ist Vermögensanlage am Krückstock, die nicht an zu wenig Streuung leidet wie die Mehrzahl der Branchen- und Themenfonds, sondern an zu viel Diversifikation. »Die breite Streuung führt dazu, dass sich das Vermögen mancher Dachfonds wegen der vielen ›Unterfonds‹ auf über tausend Einzelwerte verteilt«, schreibt Michael Stammler, geschäftsführender Gesellschafter des Vermögensverwalters Feri-Trust. Ein Zuviel an Streuung führt zu einer Verwässerung der Wertentwicklung.

Leicht ergeben sich auf diese Weise auch Mehrfachinvestitionen in dieselben Aktien, denn die Aktien bestimmter Unternehmen – die Marktführer und Zweitplazierten beliebter Trendbranchen – tauchen epidemieartig in den Fonds auf und sind in mehreren Fondsportfolios gleichzeitig enthalten. Die Zeitschrift *Finanztest* hat im Juni 2000 die größten Positionen von einundfünfzig Aktienfonds abgefragt. Von den Fonds, die in Technologie-, Medien- und Telekommunikationswerte anlegen, wurde sechsundzwanzig Mal die Aktie von Cisco Systems aufgeführt, ein reifes Unternehmen der Datentechnologie, das seine grandiose Marktbewertung in Höhe von 500 Milliarden Euro im wesentlichen Fondskäufen verdankt (und der Hysterie des Internetbooms, der zu diesem Zeitpunkt bereits sein Leben aushauchte und damit die aufgeblähte Bewertung des Netzwerkunternehmens zumindest teilweise wieder reduzierte). Ebenso im Trend: der Handyhersteller Nokia (23), das Softwareunternehmen Oracle (17) und Vodafone (16) – allesamt etablierte »Klassiker«, die nicht nur die Portfolios der anderen Fondskategorien zieren, sondern sich in den entsprechenden amerikanischen oder europäischen Regionenfonds, den internationalen Aktienfonds und natürlich auch in den Pensionsfonds und anderen Spezialvermögen auftürmen. Das führte dazu, dass bestimmte Werte regelrecht »aufgepumpt« werden: Zwischen 1995 und Mitte 2000 erfuhren gerade einmal vier Unternehmen – Intel, Microsoft, Cisco und America Online – einen Zuwachs der Marktkapitalisierung in Höhe von 1 Billion Dollar! Die Profis an der Spitze der Fonds segeln eben am liebsten mit dem Wind – wer will sie kritisieren, wenn das schief geht? Die Fondsmanager sind also kein Deut besser als die Privatanleger. Die fallen ebenfalls herdenweise in dieselben Werte ein und lassen gerne Börsengurus voranmarschieren, weil sie selbst, wie Professor Wolfgang Gerke von der Universität Erlangen-Nürnberg erläutert, die »Einflussfaktoren des Kapitalmarkts nur teilweise durchschauen«. So werden die Luftballons am Markt aufgeblasen, indem alle in immerzu dieselben Aktien investieren. Irgendwann platzt der Ballon dann, weil die Leithammel – besonders große Fondsgesellschaften wie Fidelity oder bekannte Fondsmanager – urplötzlich den Schleudersitz betätigen und sich aus dem überbewerteten Markt herauskatapultieren. Die Herde sieht daraufhin keine andere Möglichkeit, als, von Panik getrieben, schon deshalb schnell zu verkaufen, weil einer dem anderen zuvorkommen will. Damit geht der Kurssturz in den freien Fall über, die große Anzahl von gleichzeitig verkauften Aktien macht aus dem »Klassiker« einen »Underdog«, mit dem sich niemand gerne abgibt.

»Anderssein ist unanständig. Die Masse vernichtet alles, was anders, was ausgezeichnet, persönlich, eigenbegabt und erlesen ist. Wer nicht *wie alle* denkt, läuft Gefahr, ausgeschaltet zu werden«, schreibt Ortega y Gasset. Wissenschaftliche Untersuchungen haben den Herdentrieb der Fonds analysiert – und ihn überwiegend bestätigen können. Ein Befund ergab sogar, dass selbst Fondsmanager, die es besser wussten als ihre weniger gut informierten Kollegen, sich dennoch konform verhielten! Bei institutionellen Anlegern spielen Mund-zu-Mund-Empfehlungen, wie eine Studie von Robert J. Shiller, Professor für Ökonomie an der Yale University, unlängst zeigte, eine größere Rolle als die systematische Erforschung von Werten durch Analysten.

Diversifikation leidet unter dem Herdentrieb, und Investmentfonds mit Schafscharakter bleiben auch unter dem Dachfonds, was sie sind: eine Schafherde. Dachfonds sind beim Kurssturz am Aktienmarkt genauso mit von der Partie wie alle anderen, da hilft selbst das beste Management wenig. Wenn die Talfahrt an den Börsen lange anhält, müssen die Anleger der Dachfonds noch weit mehr bluten als Anteilseigner von »normalen« Fonds, denn die hohen Gebühren der Dachfonds schlagen dann besonders zu Buche. Noch schlimmer ist es, wenn die Mittel in einen hausfremden Renditeschwächling von Rentenfonds umgeschichtet werden – Rentenfonds sind schon für sich betrachtet keine gute Anlage (siehe S. 133 f.), aber in dieser Kombination sackt die Rendite unter der Gebührenlast erst recht ins Souterrain.

Das Grundprinzip der Dachfonds, die Auswahl der angeblich besten Anlagefonds, ist höchst zweifelhaft. Robert J. Shiller, der in seinem lesenswerten Bestseller *Irrationaler Überschwang. Warum eine lange Baisse an der Börse unvermeidlich ist* der Finanzwelt den Spiegel vorhält, macht klar, dass »es nicht den leisesten Beweis dafür gibt, dass man tatsächlich mit Erfolg den richtigen Fonds heraussuchen kann«, und fragt: »Warum sollte es einfacher sein, den richtigen Investmentfondsmanager zu finden als die richtige Führungskraft eines börsennotierten Unternehmens?« Dachfonds, die in hauseigene Produkte anlegen, rauben ihren Anlegern auch noch diese Illusion. Dass sich in jedem Fall das beste verfügbare Fondsmanagement ausgerechnet im eigenen Hause befinden sollte, widerspricht jeder Erfahrung – und die Performance jener Dachfonds, die vor allem auf eigene Haus-und-Hof-Produkte setzen, legt beredt Zeugnis davon ab.

Dachfonds sind mithin ein kostspieliger Weg zum Anlageglück. Das Vermögensmanagement ist teuer. Die Vorteile der Diversifizierung sind gering, weil die Performance durch die von den Anlegern zu tragenden hohen Kosten gedrückt wird. Was Börsenprofessor Shiller mit Fug und Recht schon bei normalen Fonds kritisiert, trifft in noch stärkerem Maße auf die Dachfonds zu: »Viele Investmentfonds verlangen so hohe Gebühren, dass ein Anleger die Diversifizierung besser selbst vornähme, wenn Diversifizierung tatsächlich im Vordergrund stünde.« Nirgendwo kommt den Anleger die gewünschte Streuung seiner Anlagen teurer als bei den Dachfonds, die auf 2,5 bis 3,5 Prozent Gesamtbelastung kommen, wie das Magazin *DM* ermittelte, und als Anlegermelkmaschinen ein märchenhaftes Geschäft für die Fondsindustrie sind. Rumpelstilzchens Devise macht bei den Fondsmanagern Karriere: »Ach, wie gut, dass niemand weiß …«

In ihrer Performance erwies sich die Leistung der teuren Dachfonds zumindest in den ersten drei Jahren seit ihrer Neugründung 1998 als durchaus verzichtbar. Der Gesetzgeber hat zwar im Dritten Finanzmarktförderungsgesetz Missbrauch auszuschließen versucht, doch die Aufsichtsbehörden sind überlastet und der Fondsdschungel lädt zu Umgehung wie beispielsweise Kickback-

Vereinbarungen des Dachfondsinitiators mit anderen Fondsunternehmen geradezu ein: überhöhte Preise werden dann brüderlich geteilt. Investments in die Fonds »befreundeter« oder sonstwie verbundener Unternehmen sind aber auch ohne solche kriminellen Vereinbarungen nicht besonders fein, weil dort das gesetzliche Verbot der doppelten Berechnung von Managementgebühren nicht greift.

Ein Beispiel für die wenig kundenfreundliche Praxis der Dachfonds gibt der Gerling Dachfonds. Der schnürt eher biedere Blue-Chip-Aktienkost und Rentenfonds zum Paket – insgesamt also magenschonende Kost für die Anleger. Anfang 2001 gehörten zum Aufgebot dieses Dachfonds auch zwei Fonds der DWS, einer Tochter der Deutschen Bank. Die Deutsche Bank ist am Versicherer Gerling beteiligt – im Internetauftritt der Deutschen Bank werden die Fonds von Gerling sogar neben denjenigen der hauseigenen DWS präsentiert. Eine Rückerstattung von Gebühren an die Anleger des Dachfonds durch die DWS gibt es deshalb noch lange nicht. Obwohl beide Investmenthäuser über ihre Muttergesellschaften miteinander verbunden sind, rechnen beide eine Verwaltungsvergütung ab: zum einen die DWS (für den jeweiligen Zielfonds), zum anderen die Verwalter des Dachfonds.

Einer der beiden DWS-Fonds im Gerling Dachfonds ist übrigens der hervorragend geführte DWS-Vermögensbildungsfonds I. Der DWS-Fonds konnte bislang in allen Belangen überzeugen und besser abschneiden als das Gros der Dachfonds. Warum also nicht gleich diesen Fonds kaufen statt der teuren Dachfonds?

Die Misere der Fondsberatung ist der Boom der Dachfonds

Seit Dachfonds mit staatlicher Erlaubnis wieder auf Anlegerjagd gehen, boomt ihr Absatz und auch die Zahl der Anbieter steigt kontinuierlich. Führend im Markt der Dachfondsprodukte ist die Deka der Sparkassen, die Ende 2000 fast 12 Milliarden Euro in ihren Dachfonds verwaltete – ein so großes Volumen, wie es ein Jahr zuvor noch in deutschen Dachfonds insgesamt verwaltet wurde.

Wie kam es zu einer solchen Explosion des Volumens? Die Antwort gibt die Fondsberatung der Banken: Dachfonds sind die Lieblinge der Berater. Sie sind bequem. Bei den Dachfonds muss keine individuelle Fondsauswahl seitens des Beraters mehr erfolgen – es genügt, ein einziges Produkt »anzuberaten«, und der Kunde ist »unter Dach und Fach«. Wenn der Dachfonds noch dazu mit einem mehr oder weniger hohen Anteil an Geldmarktfonds und Rentenfonds bestückt ist – umso besser. Eine Fehlberatung nach dem Wertpapierhandelsgesetz – die mit schmerzhaften Geldbußen bedroht ist – wird dem Berater jetzt nicht mehr nachzuweisen sein. So klein wie die Risiken des Beraters sind auch die Anlagerisiken, die der Kunde mit solch einem Produkt eingeht. Dafür erfährt der Kunde aber auch nicht, dass er damit – wenn überhaupt – allenfalls Minirenditen zu erwarten hat, während der Dachfondsinitiator Maxigebühren einfährt.

Den Beratungsalltag hat die Stiftung Warentest beleuchtet, die im Mai 2000 die Anlageberatung von fünfundzwanzig Kreditinstituten untersuchte. Statt maßgeschneiderter Information gab es dort überwiegend »Beratung« von der Stange und fraglicher Qualität. Vor allem die Sparkassen boten den Testkunden eifrig den Deka Struktur Dachfonds an, der im Juni 1999 aufgelegt worden war. Das erklärt, warum die Dachfondsvolumen bei der Deka einen solch rasanten Zuwachs zu verzeichnen hatten.

Die Dachfonds und ihre Verbreitung können als Ausdruck der Beratungsmisere verstanden werden. Eine solide Anlageberatung – insbesondere, wenn sie hausfremde Produkte einschließen soll – findet kaum statt. Es überwiegt die Bequemlichkeit bei der Beratung und wohl auch der Gedanke an Absicherung gegenüber möglichen Haftungsansprüchen.

Offene Immobilienfonds

Offene Immobilienfonds sind wegen ihrer hohen Sicherheit bei deutschen Anlegern traditionell äußerst beliebt. Die Fondsklassiker konnten in den letzten dreißig Jahren im Schnitt eine Rendite von 6 Prozent erzielen. Das wird in Zukunft, wie Experten meinen, kaum mehr zu schaffen sein, denn die Immobilienmärkte insgesamt sind schwieriger geworden.

Dass die Märkte in diesem Anlagesegment als so problematisch gelten, liegt nicht zuletzt an den Operationen der Fonds selbst. In der Vergangenheit haben Phasen hoher Mittelzuflüsse dazu geführt, dass die Preise der für Fondsinvestments in Frage kommenden Objekte in die Höhe getrieben wurden. Gleichzeitig bewirkte die Geldschwemme in den Fonds, dass zahlreiche Projekte überdimensioniert und unnötig aufgeblasen wurden – was es schwerer macht, sie zu attraktiven Preisen zu verkaufen.

Nach wie vor sind die Strategen der Fonds auf der Suche nach geeigneten Objekten, um die ihnen zugeflossenen Mittel unterzubringen. Eine schwierige Aufgabe, denn interessante Anlageprojekte sind rar und ein sich rasch vollziehender, technologisch getriebener Strukturwandel in der Wirtschaft bewirkt auch schnell wechselnde Anforderungen an Gewerbeimmobilien. Die Vorstellung, Anlagen in Stein und Beton seien ein Inbegriff der Sicherheit, wird dem Immobilienmarkt in keiner Weise mehr gerecht. Das Top-Büroprojekt für die Bedürfnisse von Unternehmen der Internetbranche kann sich schon wenige Jahre später als nicht zukunftsträchtig herausstellen und eine hohe Leerstandsrate verzeichnen. Die Dynamik der Entwicklung vieler unterschiedlicher Technologiezweige und ihrer Unternehmenstypen erfordert sehr flexible, andererseits auf spezifische Anforderungen ausgerichtete Gebäude und setzt einen hohen Standard bei den Immobilien, ihrer Ausstattung, Wartung und dem Gebäudemanagement voraus. Stimmen diese Faktoren nicht, ist eine rasche Alterung – und ein hoher Wertverlust – von Gewerbeimmobilien die Folge.

Es ist keine leichte Aufgabe, unter diesen Umständen eine auskömmliche Rendite mittels Immobilien zu erwirtschaften. Die Manager der Immobilienfonds versuchen deshalb, die Rendite über eine Internationalisierung ihrer Portfolios zu steigern. Diese Strategie führte in der Vergangenheit jedoch immer wieder dazu, dass die Fonds in einem ausgeprägten Herdentrieb dieselben Zielgebiete ansteuerte, wo es dann durch die geballte Nachfrage und beträchtliche Kaufkraft der Fonds zu sprunghaften Preissteigerungen kam. Ein besonders beliebtes, renditeträchtiges Reiseziel der Fondsmanager war Ende der neunziger Jahre Holland. Ein wahrer Run deutscher Immobiliengelder führte zu so starken und abrupten Preissteigerungen bei holländischen Gewerbeimmobilien, dass die niederländische Regierung an der Steuerschraube drehte, um der Invasion Herr zu werden und den Kaufexzessen der deutschen Immobilienfonds Einhalt zu gebieten.

Fonds sind wie Lemminge. Meistens sind es eine ganze Reihe von Fonds, die zur selben Zeit unter Mittelüberschüssen leiden und angespannt nach Investitionsmöglichkeiten Ausschau halten. Das verschafft den Verkäufern von attraktiven Objekten eine gute Verhandlungsposition. Wer vor der Konkurrenz zum Zuge kommen will, muss die geforderten hohen Preise akzeptieren. So geraten offene Immobilienfonds immer wieder in die missliche Lage, gerade das nicht tun zu können, was sie eigentlich wollen: günstig einkaufen.

Offene Immobilienfonds sind – ganz ähnlich wie ihre Kollegen am Aktien- oder am Rentenmarkt – die Sklaven des Kapitalflusses, dessen An- und Abschwellen den starken Schwankungen des Anlegerinteresses folgt. Wie Imre Plansoldt in *Plan*, dem Magazin der Immobiliengesellschaft IVG, schreibt, stecken die Fonds in dem Dilemma, »je nach Kassenlage entweder kaufen zu müssen oder nicht kaufen zu können«. Häufig drängen gerade dann viele Anlagemittel in die Fonds hinein, wenn der Markt durch wenig Auswahl und hohe Preise gekennzeichnet ist. In einer solchen Situation bat die Despa, die Immobilienanlage-Gesellschaft der Sparkassen-Finanzgruppe, 1999 die Sparkassen um Zurückhaltung beim Anteilsverkauf – eine Notlösung, die damals wenig nutzte. Für zusätzlichen Druck sorgt eine gesetzliche Regelung in Deutschland, die den Fonds eine Investitionsquote vorschreibt. Das bedeutet, dass die Fonds ständig mindestens zur Hälfte in Marmor, Glas und Beton investiert sein müssen. Brancheninsider und Verkäufer am Immobilienmarkt wissen das natürlich und schrauben ihre Preisforderungen entsprechend hoch.

Die Liebe zum Betongold war zwar nicht immer ungebrochen, auch ließen die prächtigen Erträge an den Aktienbörsen manchen Anleger den Immobilienfonds untreu werden, aber immer wieder – besonders nach Kurseinbußen am Aktienmarkt – kehren Anleger trotz happiger Gebühren und niedriger Renditen zu den Immobilienfonds zurück, weil sie auf deren Solidität vertrauen. Zwischen 3 und 5,5 Prozent erhalten die Fondsverkäufer von ihren Kunden beim »indirekten Immobilienkauf« per offenem Fonds als Abschlussgebühr. Zusätzlich fallen zwischen 0,5 und 1 Prozent jährliche Verwaltungsgebühr an, die – nach bester Fondsmanier – vom Konto der Investoren abgezogen wird. Vergolten wird ihnen das mit einer müden Rendite.

Bei geschlossenen Immobilienfonds ist von Sparsamkeit bei den Gebühren natürlich genausowenig die Rede. Aber die herausragende Funktion der geschlossenen Fonds lag ja sowieso in der Steuervermeidung, und ihre »Performance« bemisst sich an dieser Absicht. Doch auch bei offenen Immobilienfonds spielen steuerliche Gesichtspunkte eine Rolle. Diese Vorzüge bieten dem Anleger Trost und helfen ihm über die eher enttäuschende Wertentwicklung hinweg – weshalb die Branche immer wieder gerne auf die Steuervorzüge verweist.

Der »Starperformer« unter allen Immobilienfonds legte im Jahr 1999 gerade einmal 5,4 Prozent zu. Schlusslicht war in diesem Jahr der DespaFonds, der gerade mal das Niveau der (risikolosen) Verzinsung eines Sparbuchs schaffte. Auch im Jahr 2000 reichte eine Rendite von 4 Prozent für eine Platzierung im Mittelfeld. Nicht viel besser schnitten die Fonds der Deutschen Gesellschaft für Immobilienfonds (DEGI) ab. Anfang 2001 gab die DEGI dann bekannt, dass der Ausgabeaufschlag um 0,5 Prozentpunkte nach unten angepasst wird. Soweit die gute Nachricht. Doch während die Verkaufsgebühren sanken, drehte die DEGI jedoch die Verwaltungsgebühr von 0,5 auf 0,65 Prozent nach oben, was langfristig orientierte Fondskunden schlechter stellt: Mit jedem Jahr, in dem sie in den Fonds investiert bleiben, werden sie umso stärker zur Kasse gebeten.

Gelegentlich werden Investments in Immobilienaktienwerte als Alternative zu den steinernen Fonds propagiert. Die Papiere von Immobilienaktiengesellschaften bieten tatsächlich einige Vorzüge gegenüber den Fonds. Dazu zählt, dass die Unternehmen ihre Investitionsentscheidungen flexibel an den Markterfordernissen ausrichten können. Obwohl diese Werte natürlich wesentlich stärkeren Kursschwankungen unterworfen sind als Fonds, können größere Immobilienunternehmen für den einen oder anderen Investor eine durchaus erwägenswerte Angelegenheit sein.

Setzen Fondsgebühren die richtigen Leistungsanreize?

Bei der Managementgebühr offener Fonds handelt es sich normalerweise um einen Fixsatz von soundso viel Prozent vom verwalteten Kapitalvolumen. Je mehr Kapital ein Fonds verwaltet, umso mehr Gebühren fließen an den »Asset-Manager«. Diese Art der Vergütung ist für die Verwalter des Fondskapitals überaus bequem – aber nicht im Interesse der Anleger, die den Fondsmanagern ihr Kapital zur Verfügung stellen. Denn kapitalbezogene Gebühren setzen falsche Anreize: Statt auf die Steigerung des Vermögenswerts konzentriert sich das Interesse des Managements darauf, die Summe des verwalteten Volumens zu steigern. Die Fondsgesellschaft trachtet danach, mehr und mehr Kapital unter Verwaltung zu nehmen, ist also in erster Linie am Absatz der Fondsanteile interessiert und erst in zweiter Linie an der im Dienst der Anleger erzielten Wertsteigerung. Ausgabeaufschläge verstärken diesen Effekt noch, indem sie vor allem zum Verkauf weiterer Fondsanteile motivieren. Es gibt zwar einige Fonds offenen Typs wie der DIT-Aktien Deutschland AF, DG Lacuna Biotech, Universal Acatis Aktien Global, Führ UI Aktien Global oder VMR Strategie Quadrat, die eine performancebezogene Gebühr erheben – doch diese Art der leistungsabhängigen Vergütung ist eher die Ausnahme (und zusätzlich wird die übliche Managementgebühr kassiert).

Aus Sicht der Anleger ist das in mehrerer Hinsicht fatal. Nicht nur Aktien- und Rentenfonds, sondern auch die Immobilienfonds ziehen große Kapitalvolumen wie Magnete an. Hohe Volumen der Fonds bringen die Einkünfte der Managementunternehmen auf Touren. Zugleich machen große Volumen es den Managern der Fonds ungleich schwerer, interessante Investmentchancen zu ergreifen, weil sie sich nicht mehr in lukrativen »Marktnischen« platzieren lassen.

Während für das Wohlergehen der Fondsgesellschaften gesorgt ist, gibt es keine Anreize zur Kostenersparnis. Von den Investoren kann das Gebaren der Fondsgesellschaft bei ihren Ausgaben kaum kontrolliert werden. In Deutschland hat sich die Position der Fondsanleger noch zusätzlich verschlechtert. Nach dem Willen des Gesetzgebers ist die Höhe der Gebühren durch eine entsprechende Änderung des Gesetzes über Kapitalanlagegesellschaften (KAGG) seit April 1998 von der Genehmigungspflicht durch die Bankaufsichtsbehörde ausgenommen worden. Erst wenn in der Fondsbranche für Transparenz bei den Kosten gesorgt wird, kann Bewegung in die Kostenstrukturen kommen, weil Kostentreiber dann befürchten müssten, sich am Pranger wiederzufinden.

Kleine Fonds, große Fonds – der Erfolg frisst seine Kinder

Ab einer gewissen Größe wird es für die Fondslenker zunehmend schwieriger, eine akzeptable Performance zu erzielen. Das ist das Dilemma der Fonds: Kleine Fonds sind leichter zu steuern. Sofern sich versierte Fondsmanager an ihrer Spitze befinden, haben sie es leichter, interessante unterbewertete Situationen aufzuspüren und zu nutzen, die von größeren Fonds kaum mehr wahrgenommen werden können. Der Pferdefuß der kleineren Fonds ist jedoch die Gebührenbelastung. Relativ zum verwalteten Vermögen schlagen die Kosten bei ihnen anteilsmäßig stärker zu Buche. Das ändert sich, sobald der Fonds volumenmäßig zu Kräften kommt, weil vielleicht Werbemaßnahmen, aber möglicherweise auch eine gute Performance ihre Lockwirkung zu entfalten beginnen. Nach dem Zufluss von reichlich frischem Kapital ändern sich die Bedingungen für die Anleger in dem Fonds allerdings grundlegend. In Sachen Kosten winkt zwar Entspannung, denn die Lasten werden auf mehr Schultern verteilt. Doch im Hinblick auf die Performance geht die zunehmende Größe typischerweise zu Lasten der frühen Anleger des Fonds. Schon volumenbedingt leidet die Wertentwicklung großer Fonds, denn den großen anlagesuchenden Kapitalsummen steht nur eine beschränkte Auswahl von guten Anlagemöglichkeiten am Markt gegenüber. Die daraufhin in der Regel nachlassende Performanceleistung des Fonds führt zu Enttäuschungen bei den früh eingestiegenen Anlegern, die ja eigentlich gerade die Vitalität und Wendigkeit eines agil und leichtfüßig am Markt operierenden Investmentfonds gesucht hatten. Jetzt finden sie sich in einem träge gewordenen Investmentkoloss wieder, der schnaufend mit dem Markt und dem Index ringt.

Steigende Volumen und rasch in den Fonds hineinfließende Gelder setzen den Fonds einem hohen Anlage- und Investitionsdruck aus. Das Resultat: Immer öfter werden auch schlechte Investitionsmöglichkeiten ergriffen, zunehmend werden am Markt bereits hoch kapitalisierte Aktien großer Unternehmen favorisiert. Diese Situation – hohe Mittelzuflüsse bei einer nur noch begrenzten Auswahl günstiger Anlagemöglichkeiten – ist kennzeichnend für die späten neunziger Jahre mit ihrem großen Fonds- und Börsenboom.

Der Gründer der US-Fondsgesellschaft Vanquard, John Bogle, sagte 1997: »Wenn ›small is beautiful‹ tatsächlich zutrifft, dann sind wir nicht mehr so schön, wie wir einmal waren.« Schön vielleicht nicht, aber lukrativ allemal, vor allem, was aktive gemanagte Fondsprodukte betrifft, das garantiert schon die am schieren Volumen festgemachte Gebührenstruktur.

Die Total Expense Ratio – total auf unsere Kosten

Fonds, die weniger kosten, leisten mehr, fand das Marktforschungsunternehmen Morningstar heraus. Da ist es nur folgerichtig, erst einmal die überteuerten Fonds zu entlarven. In diesem Punkt sind die Vereinigten Staaten wegweisend. Für Transparenz sorgt dort die so genannte Total Expense Ratio (TER), die alle Kosten der Fonds berücksichtigt und auf eine einzige Kennzahl verdichtet: das Verhältnis der Gesamtkosten eines Jahres zum durchschnittlichen Fondsvermögen. Das führt dazu, dass die einzelnen Fonds vergleichbar werden. Über das größere Maß an Transparenz bei den Fondskosten entsteht mehr Wettbewerbsdruck – und der bringt Preistreiber und Gebührenschneider zum Schwitzen.

Das ausgeprägte Kostenbewusstsein der US-Verbraucher ist nicht zuletzt Ergebnis der Hartnäckigkeit der amerikanischen Wertpapieraufsicht SEC. Unermüdlich hält sie die »Fondsverbraucher« dazu an, auf die Kosten und die TER zu achten. Das zeigt Wirkung. In den USA finden sich Fondsunternehmen inzwischen sogar bereit, den Kunden – vorläufig zeitlich begrenzte – Nachlässe auf die jährlichen Verwaltungsgebühren ihrer Fonds einzuräumen.

Ganz anders auf dem deutschen Markt. Hier sind teure Fonds, deren Performance nicht stimmt, noch immer verkäuflich, während solche Fonds in den USA kaum oder nur sehr schwer überhaupt noch Käufer finden. Selbst ein Investmentriese wie Merrill Lynch musste das zur Kenntnis nehmen. Obwohl das Investmenthaus über das größte Heer von Verkäufern verfügt, lassen die aufgeklärten Kunden die Fonds von Merrill Lynch einfach links liegen. Die Mutual Funds von Merrill Lynch verzeichneten zwischen 1998 und 2000 Nettoabflüsse in Höhe von 19 Milliarden Dollar, ein Zeichen dafür, dass Verbraucherschutz »made in USA« funktioniert.

In Deutschland hingegen können Fondsanleger bislang weder mit Nachlässen bei den Verwaltungsgebühren rechnen, noch besteht Klarheit über die Höhe der Kosten, die auf sie zukommen. Wenn Fondsgesellschaften von Transparenz sprechen, meinen sie nicht die Gebühren.

Der Darts-Fonds – Wurfpfeile gegen Fondsmanager

Ganz egal ist den Fondsgesellschaften die Leistung ihrer Produkte natürlich nicht, und so überlegen sie, wie sich die Performance der Fonds steigern lässt. Die Preisfrage lautet: Wie erkenne ich, wann und wo ich investieren muss und wann ich aus der Position wieder rausgehen sollte? Auch die Kosten für die teuren Fondsmanager würde die Branche gern senken. Vielleicht lässt sich beides miteinander verbinden?

Mit Computern hat das Fondsmanagement bereits zahlreiche Erfahrungen gesammelt. Doch auch die künstliche Intelligenz der Maschinen und lernfähige Computerarchitekturen haben die Performancenuss des Markts bis jetzt nicht geknackt. So ist die Zeit der maschinellen »Stockpicker« noch nicht angebrochen, obschon die wenig überzeugende Performance der Manager aus Fleisch und Blut den »elektronischen Kollegen« eine Steilvorlage gibt. Denn die Helden im Fondsmanagement sind leicht zu schlagen. Sogar wahllos auf die Kurslisten einer Börsenzeitung geworfene Wurfpfeile schaffen das.

Vom Zufall bestimmte Experimente genießen bei echten Börsianern, die ganz auf ihren Sachverstand setzen und viel auf Expertise und sorgfältige Analysen geben, natürlich nur wenig Sympathie. Ihre Resultate indessen müssen die »Spezialisten« beschämen: Redakteure beim *Wall Street Journal* übertrafen mit Dartpfeilen den Markt in 40 Prozent aller Fälle. Das war Anlass für das französische Wirtschaftsmagazin *L'expansion*, einen so genannten Wurfpfeil-Fonds zu kreieren. Alle fünfzehn in ihm enthaltenen Werte wurden von der Pfeilspitze selektiert. Noch ist der Ausgang des Experiments offen.

Statt zu Wurfpfeilen greifen die Fondsmanager gerne zu einem anderen Kniff, der die Wertentwicklung ihrer Fonds verbessern soll: Sie neigen dazu, ihre erfolgreicheren Kollegen zu kopieren. Diese immer wieder geübte Praxis führt dazu, dass gewisse Fondshäuser einmal als gut erkannte Aktienwerte – wie dies in den Jahren 1998 und 1999 etwa bei dem Unternehmen Cisco Informationstechnologie der Fall war – in alle hauseigenen Portfolios aufnehmen, die einander dadurch natürlich immer ähnlicher werden. Neben dem Fondsmanagement nach dem Prinzip der Kopiermaschine gibt es das beliebte, oft von den Fondsunternehmen erzwungene »Indexkuscheln«, das noch weniger Ambitionen erkennen lässt als das Kopierverfahren. Erst recht gilt das natürlich für die bereits dargestellte Indexnachbildung.

Ein so betriebenes Fondsmanagement bietet enorme Rationalisierungsmöglichkeiten. In Zukunft könnten verbesserte Computerprogramme durchaus die Fondsmanager ersetzen. Es ist auch vorstellbar, die eigentliche Kernfunktion eines Fondsunternehmens, das Management des Fonds, auszulagern und Dritten zu übertragen. In Luxemburg ist das bereits gängige Praxis. In Deutschland gibt es diesbezüglich zwar noch ein Verbot, aber das soll gelockert werden, damit Fondsgesellschaften, denen es in einem speziellen Bereich an Managementkapazität im eigenen Hause fehlt, diese anderswo einkaufen können. Es gehört beispielsweise zur Geschäftsstrategie der luxemburgischen Nestor Investment Management S.A., hausfremde Asset-Manager mit der Verwaltung ihrer Fonds zu betrauen. Die Fondsmanager werden bei Nestor nicht fest angestellt, sondern unter Vertrag genommen und nach Leistung bezahlt, wenn der Nettozuwachs des Fonds den Vergleichsindex übertrifft. Dieser Trend könnte sich in Zukunft noch verstärken.

Bislang hängen es die Fondsunternehmen allerdings meistens nicht an die große Glocke, wenn sie das Management außer Haus vergeben oder externe Berater vertraglich für die Verwaltung eines bestimmten Fonds verpflichten. Wenn das System funktioniert, kauft sich das Unternehmen damit zwar die besten Leistungen ein, aber man fürchtet offenbar doch, die Botschaft, dass man leicht auf eigene Fondsmanager verzichten kann, könnte von den Kunden falsch verstanden werden.

Größere Fondsgesellschaften experimentieren mit dem Fondsmanager auf Modulbasis, der überall dort »eingebaut« wird, wo seine Expertise benötigt wird.

Rationalisierung zu Lasten der Kunden

Da sich Branchen- und Themenfonds auf ganz bestimmte Marktsegmente konzentrieren, ist die Zahl der in diesem Bereich für eine Anlage jeweils in Frage kommenden Werte stark eingeschränkt. Das bedeutet für die Fondsgesellschaft weniger Analyse- und Selektionsaufwand – ein einseitiger Vorteil für den Fonds. Welche Branche aktuell die besten Aussichten bietet – solche Fragen spielen für das Fondsunternehmen keine Rolle mehr, wenn es verschiedene Themen und Branchen in jeweils gesonderte Produkte gepackt hat. Die Qual der richtigen Auswahl geht dann auf den Kunden über.

Die Verwaltung der Branchen- und Themenfonds bereitet kaum Probleme – innerhalb des vom jeweiligen Fonds zu beackernden kleinen Feldes ist die Arbeit rasch getan, die beschränkte Auswahl an Unternehmen, ihre Stärken und Schwächen sind schnell analysiert und bald wohl bekannt. Falls dummerweise einmal der gesamte Sektor – wie etwa der Internetbereich im Jahr 2000 – abstürzen sollte, nun, dann hat der Anleger eben in den falschen Bereich investiert. Aus dem Schneider ist die Fondsgesellschaft, die nur mehr als Anbieter vieler verschiedener Fondsprodukte auftritt – sie darf auf das Prinzip der Souveränität des Konsumenten pochen.

Vom Sinn und Unsinn der Rentenfonds

Die Renten sind sicher. Oder? Rentenpapiere sind es – entgegen landläufiger Meinung – nicht. Denn die Sache mit den Renten – das sind festverzinsliche Wertpapiere, auch »Bonds« genannt – hat einen Schönheitsfehler: In Zeiten der Inflation sind sie ein schlechtes Geschäft für ihre Eigentümer, denn die Zinsen werden von der Geldentwertung teilweise verzehrt. Dafür ist das Ausfallrisiko, also die Gefahr, dass der Emittent Pleite macht, entsprechend niedrig – zumindest wenn es sich um Staatspapiere von Industrieländern handelt.

Nur in einer ganz bestimmten wirtschaftlichen Situation können diese Schuldverschreibungen ihren Vorteil gegenüber allen anderen Anlageformen in vollem Umfang ausspielen: In einer handfesten Deflation mit einer spiralförmig sich nach unten bewegenden Preisentwicklung sind die Bondbesitzer fein raus – ihre Zinscoupons wiegen dann ungleich schwerer als die unter diesen Umständen schrumpfenden Unternehmensgewinne und die verdorrenden Aktienpreise.

Doch diese Situation ist eher selten. Da die Wirtschaft in der Vergangenheit überwiegend durch ein inflationäres Umfeld gekennzeichnet war, stellen Finanzexperten den Nutzen von Rentenpapieren und ähnlichen Anlagen immer wieder in Frage. Dieses Urteil muss in gleicher Weise für die Rentenfonds gelten, an deren Erträgen neben der Inflation auch noch Ausgabeaufschläge und Verwaltungsgebühren sowie immer wieder ein schlechtes Management nagen. So schätzt das Magazin *Finanzen*, dass die Fondsunternehmen bei einer zugrunde gelegten jährlichen Verwaltungsgebühr von 0,5 Prozent 204,5 Millionen Euro an den

Rentenfonds deutscher Anleger verdienen – die beim Kauf entrichteten Ausgabeaufschläge nicht eingerechnet.

Angesichts des hohen Rechtfertigungsbedarfs und der vielen Defizite ist Ideenreichtum gefragt, um die biederen Rentenfonds aufzupeppen. Viele Anbieter sind deshalb auf die Idee verfallen, Fonds mit reichlich Risikomaterial »anzureichern«, um die Renditen etwas »aufzubessern«. Eine riskante Strategie, auch im Hinblick auf den Wissensstand der Anleger. Denn viele Anleger, die ihr Geld in den vermeintlich sicheren Rentenfonds platzieren, wissen nicht, dass solche Fonds durchaus Sprengstoff enthalten. Selbst vor den vermeintlich konservativen Fondsmanagern von Versicherungsunternehmen hat der Drang zum Risiko nicht Halt gemacht. Da glauben sich die Sicherheitsfanatiker unter den Investoren im Schutz hoher Mauern – und täuschen sich auch hier: »Hohe Zinsen und optimale Sicherheit«, verheißt die Broschüre der Gerling Investment für ihren Rentenfonds, den Gerling Rendite Fonds. Der wird im Rechenschaftsbericht unmissverständlich als »Fonds für inländische, festverzinsliche Wertpapiere« bezeichnet, was signalisiert, dass der konservative, auf äußerste Sicherheit bedachte Investor in diesem Fonds sein Glück finden möge. Dieses Etikett hatte den Gerling-Fonds jedoch nicht davon abgehalten, Zinspapiere von Vodafone zu erwerben. »Gerling hält Verbindung zu Vodafone«, berichtete das *Handelsblatt* Ende 2000 über die Vorliebe von Gerlings Fondsmanagern an der spekulativen Unternehmensanleihe des global operierenden britischen Mobilfunkunternehmens, von dem Wirtschaftsautor Günter Ogger sagt, es sei »heute das höchst verschuldete Unternehmen der Welt«.

Rauchende Bonds

Besser als die eher langweiligen, sicherheitsorientierten Rentenfonds lassen sich die so genannten High-Yield-Bonds (das sind Hochzins-Anleihen) vermarkten. Performancetechnisch gesehen, lässt der große Durchbruch der High-Yield-Bonds allerdings noch auf sich warten, auch wenn sich einige Emerging-Market-Bondsprodukte durchaus passend in Szene setzen zu wussten. Warum »Corporate Bonds«, wie diese Schuldverschreibungen auch genannt werden, dennoch keine gute Idee für Anleger sind, ist leicht erklärt: Im »Parlament der Kapitalmärkte« sind die Corporate-Bond-Besitzer Außenseiter ohne Sitz und Stimmrecht. Daran können auch modische Schlagwörter wie der von der Fondsbranche in die Debatte geworfene »Bondholder Value« wenig ändern, wie der tiefe Fall der Anleihen der Telekommunikationsbranche zu Beginn des Jahres 2001 gezeigt hat, der aus den Haltern von Telekommunikationsbonds wahre »Aushalter« machte. Gerade auch bei Fusionen und Übernahmen haben die Bondbesitzer schlechte Karten und müssen manche Kröte schlucken.

Tückisch sind die oft einseitigen Kündigungsmöglichkeiten von Unternehmensanleihen, die dem Unternehmen die Möglichkeit einräumen, sich von den Anleihen zu trennen und andere Kapitalquellen zu nutzen. So kann die aus heiterem Himmel gekündigte Anleihe womöglich zu einem ganz unerwünschten Zeitpunkt Kapital zum Anleger zurückfließen lassen. Der steht dann vor dem Problem, das Geld zu vergleichbaren Konditionen am Markt neu anzulegen. Kosten für die Suche nach Alternativen und Transaktionskosten beim Kauf der neuen Anlagen sind in der Regel die Folge.

David F. Swensen, der den Stiftungsfonds der Yale University leitet und hier seit fünfzehn Jahren 17,3 Prozent jährliche Rendite erwirtschaften konnte, erteilt in seinem Buch *Pioneering Portfolio Management* den Unternehmensanleihen eine schroffe Absage: In den Krisenzeiten des Kapitalmarkts sucht das Kapital Zuflucht in sicheren Staatsanleihen, und Kurse der Unternehmensbonds kommen unter die Räder. In besseren Zeiten sind die Unternehmensanleihen in der Regel auch keine gute Wahl – jetzt machen eher Aktien das Rennen.

Das so genannte »Agentenproblem« (engl.: »agency issue«) bringt die Bondbesitzer immer wieder in die Bredouille. Denn die

Interessen zwischen den »Agenten« in den Unternehmen – das Top-Management –, die eine möglichst billige Finanzierung ihrer Investitionsvorhaben anstreben, und den Bondinhabern, die natürlich eine hohe Rendite im Auge haben, stehen im scharfen Widerspruch zueinander. (Auch bei Aktien gibt es ein Agentenproblem, doch ist es bei dieser Anlageform weniger ausgeprägt.) Überspitzt ausgedrückt ist der Vorteil der Bondemittenten der Nachteil der Bondinhaber – ein Interessengegensatz der unguten Art.

Verschärfend kommt hinzu, dass zwischen Management und Bondinhabern ein ausgesprochenes Machtgefälle besteht. Die Unternehmen haben subtile Möglichkeiten zur Verfügung, um eine Verschlechterung der Vermögensposition der Inhaber ihrer Anleihen zu bewerkstelligen und somit ihre Finanzierungskosten zu drücken. Nicht selten kommt es mehr oder weniger schnell zu einer Qualitätsverschlechterung der Unternehmensanleihen. Das war in der Vergangenheit nicht nur bei Anleihen von Telekommunikationsfirmen der Fall. Selbst scheinbar sichere Bonds von Unternehmen wie Xerox, dem Kopiermaschinenerfinder, sind am Corporate-Bonds-Himmel verglüht und wurden im Jahr 2000 von dem Ratingunternehmen Moody's Investors Service auf »Junk-Status« eingestuft: Schrottanleihen mit dem höchsten Risikograd.

»Horseshoe Gambling«

Das Geschäft mit Unternehmensanleihen ist für das Investmentbanking – ein Bereich, in dem auch die Bankenmütter vieler Fondsgesellschaften aktiv sind – äußerst gewinnträchtig, und zwar umso mehr, je weiter die Aktienmärkte in schwieriges Fahrwasser geraten. Innerhalb der Finanzdienstleistungskonglomerate ergeben sich aus dieser Konstellation unendlich viele Interessenkonflikte. Welcher Fondsanleger würde es schon bemerken, wenn eine Anleihenemission im Auftrag eines guten Kunden, die der Markt verschmäht hat, schließlich im Portfolio des Hochzinsfonds abgeladen wird? Die Hochzinsfonds können besonders leicht als Mülldeponien zur Ablage von Risikogut verwendet werden, schließlich ist diesen Fonds das Wort »Risiko« in die Wiege gelegt.

Manche »High Yield Funds« gehen bei ihrer Anlagestrategie hohe Risiken ein, so zum Beispiel der Pioneer High Yield Fund, der im Jahr 2000 mit 13 Prozent Zuwachs zu den Besten seiner Klasse gehörte. Statt weithin zu diversifizieren, verfolgt die Managerin des Fonds einen konzentrierten Anlagestil: Knapp die Hälfte des Fonds war Anfang 2001 in nur zehn verschiedene Anlagepositionen investiert. Der Ausfall eines einzigen Schuldners würde genügen, um ein großes Loch in das Anlageportfolio zu reißen und die gewünschte Hochzinsernte zu vernichten.

Eine Hochzinsfondsspezialität ganz anderer Art offeriert Chase Flemings mit ihrem European High Yield Bond Fund, der Anfang Oktober 1998 das Licht der Fondswelt erblickte und bis Ende des Jahres 2000 die eingegangenen Risiken kaum vergalt: Nach Angaben von Chase Flemings lag die Wertentwicklung bei minus 2,4 Prozent. Der als Vergleichsgröße deklarierte Benchmark des Fonds, der Salomon Brothers EMU Government Index, schaffte in diesem Zeitraum immerhin noch ein Plus von 6,6 Prozent. Dabei ist der Chase Flemings keineswegs ein günstiger Fonds. Zum Auflagezeitpunkt hatte die Fondsgesellschaft sogar einen fünfprozentigen Ausgabeaufschlag von ihren Anlegern kassiert – eine Gebühr, die Anfang 1999 schamhaft auf 3 Prozent reduziert wurde.

Während die Fondsanbieter unabhängig von der Performance ihrer Produkte mit den Gebühreneinnahmen auf der sicheren Seite sind, müssen die Besitzer von Produkten der »Hochzinsfraktion« aufpassen. Der Weg könnte sie genauso gut ins Spielcasino führen. Sinnigerweise sind Schulden des Spielcasinos »Horseshoe Gambling« mit rund 4,5 Prozent im Portfolio eines US-High-Yield-Bond-Fonds vertreten. Wenn dieser »Pferdeschuh« mal kein Pferdefuß ist …

Goldene Schatzbriefe

Bei den risikoarmen »normalen« Rentenfonds erwartet die Fondsunternehmen ein einträgliches Geschäft ohne Höhen und Tiefen – ganz gleich, wie kläglich die gebotene Performance auch sein mag. Die Fondsstatistiken verraten, wie es um die Rentenfonds defensiven Strickmusters bestellt ist. Die Fonds sind kaum in der Lage, den Vergleichsindizes zu folgen, geschweige denn diese zu übertreffen. Selbst hochtalentierte Bond-Strategen können den Markt – zumindest auf Dauer – nicht schlagen. Wenn sie versuchen, Zinsentwicklungen vorauszusehen, können sie nach David F. Swensen nur verlieren. So drängeln sich die Rentenfonds überwiegend mehr oder weniger dicht unterhalb der Vergleichsindizes.

Privatanleger dürften angesichts des eher bescheidenen Leistungsniveaus der Rentenfonds die Vorzüge der Schatzbriefe des Bundes schätzen lernen. Der Informationsdienst für Bundeswertpapiere (IBW) gab eine vergleichende Untersuchung zwischen Bundesschatzbriefen und Rentenfonds in Auftrag, die für reichlich Ernüchterung in Bezug auf die Leistungen der Rentenfonds gesorgt hat. Von den hundertfünfundzwanzig in den Performancevergleich einbezogenen Rentenfonds haben im Zeitraum von sieben Jahren bis zum Januar 2001 lediglich acht Fonds ein besseres Resultat als ein Bundesschatzbrief vom Typ B (mit Zinsansammlung) erzielt, die übrigen Rentenfonds konnten mit dem Schatzbrief nicht mithalten. Ein besonderer Pluspunkt der Bundeswertpapiere ist die Möglichkeit der kostenlosen Verwahrung der Titel bei der Bundesschuldenverwaltung (im Internet: www.bsv.de); für die Lagerung der Rentenfonds fallen Depotgebühren an. Auch Sparpläne können bei der Bundesschuldenverwaltung eingerichtet werden. Und bei einem soliden Schuldner, wie der Bundesrepublik Deutschland, spielt auch das Argument der Risikostreuung keine Rolle, das sonst oft für die Fonds ins Feld geführt wird. Die Käufer von Bundesschatzbriefen vom Typ B sollten allerdings bei ihrer Steuerplanung die Freibeträge genau im Auge behalten.

Manchmal sind Rentenpapiere aber auch für eine Überraschung gut. Beispielsweise für dic ahnungslosen Anleger der Deka-Immobilienfonds und des Despa Europa, die Ende 1999 aus der Zeitung erfuhren, dass sie bei Rentenanlagen Geld eingebüßt hatten, obwohl sie es doch in Immobilien angelegt hatten. Dachten sie. Denn die hohen Mittelzuflüsse in den Fonds konnten nicht rasch genug Anlage in Geschäftsimmobilien finden. Als die als Parkstation benutzten Rentenpapiere den Rückwärtsgang einlegten, war die Tinte auf den Überweisungsformularen noch nicht getrocknet.

Die Risiken der Geldmarktfonds

»Money Market Funds« – zu deutsch: Geldmarktfonds – wurden von der US-Fondsbranche 1972 kreiert. Seitdem sind sie vor allem in den Vereinigten Staaten beliebte Parkstationen für Anlegergeld. Diese Fonds werden von fast allen Fondsunternehmen angeboten und legen ihre Mittel überwiegend in Bankguthaben, Geldmarkttiteln oder Wertpapieren mit kurzen Restlaufzeiten und regelmäßig erfolgenden Zinsanpassungen an. Da die Rendite dieser Fonds attraktiv ist und oft diejenige von verzinslichen Bankguthaben übertrifft, sind die Geldmarktfonds bei den Anlegern beliebt. Zugleich sind diese Fonds ein wahrer Segen für die Fondsindustrie, die damit eine vermeintlich sichere Alternative zum Festgeld der Banken im Angebot hat, mit der sich dem Bankhaus an der Ecke trefflich Konkurrenz machen lässt.

Besonders viele Freunde finden die flexiblen Geldmarktfonds vor allem, wenn die Aktienmärkte nach unten tendieren. Nach dem Börseneinbruch im Jahr 2000/2001 sorgten massive Mittelabflüsse aus den Aktienfonds für entsprechenden »Anlagedruck«, und schon wuchsen die Volumen der Geldmarktfonds sprunghaft an. In den USA befanden sich Anfang 2001 insgesamt 2 Billionen Dollar in diesen Fonds. Auch in Deutschland haben Geldmarktfonds regen Zuspruch gefunden, seit sie Mitte 1994 erstmals zum

Vertrieb zugelassen worden waren. Doch die flexible und sichere Alternative zum Festgeld ist bei weitem nicht so sicher, wie viele Anleger glauben. Denn auf der Jagd nach immer höheren Renditen für ihre Anleger begeben sich manche Fonds auf dünnes Eis, wo sie mitunter einbrechen.

Im Januar 2001 mussten Scudder Kemper und Dreyfus Founders einräumen, dass einige ihrer Investitionen ein schmähliches Ende gefunden hatten. Die Fondsunternehmen hatten kurzlaufende Papiere, so genannte Commercial Papers, von kalifornischen Energieversorgern erworben. Die fehlgegangene Deregulierung des Energiemarkts erwischte jedoch einige der Elektrizitätsunternehmen so, dass sie zahlungsunfähig wurden. Damit die Not leidenden Papiere nun keinen Krater in den Portfolios ihrer Geldmarktfonds hinterließen und die Anteilspreise nach unten rissen, lösten die Fondsgesellschaften die Kurzfristanleihen zu überhöhten Preisen von ihren eigenen Fonds aus. Das geschah weniger aus Großzügigkeit, sondern weil sie andernfalls einen Imageverlust befürchteten.

Eine gesetzliche Verpflichtung für die Fondsunternehmen, bei ihren Money Market Funds in die Bresche zu springen, gibt es in den USA nicht. Immerhin ist den Fonds gesetzlich aufgegeben, nur in Finanzmarktinstrumente mit nachgewiesen guter Bonität zu investieren. Doch die US-Investmentgesetze bieten Schlupflöcher. Tritt die Herabstufung der Bonität nämlich ein, nachdem der Fonds das Wertpapier ins Portfolio genommen hat, darf er an der Investition festhalten. Das tun auch viele Fonds in der Hoffnung, die Situation des Emittenten könne sich wieder verbessern. Manchmal kommt es jedoch anders, und dann sind die eingekauften Pakete unter Umständen schwer verkäuflich.

Risiken besonderer Art sind die so genannten Asset Backed Securities, die manche Fondsmanager, die nach besseren Zinsen fischen, in die Geldmarktfonds aufnehmen. Die zum Paket geschnürten Kreditschulden von Privathaushalten, zum Beispiel Kreditkartenschulden oder Kredite für Autokäufe, werden transaktionsfähig gemacht und finden so Eingang in die Portfolios von Geldmarktfonds. Von außen sind sie in ihren Risiken schwer zu bewerten. Vor allem in einer Rezession drohen massive Ausfälle, wenn die Schuldner unter der Verschlechterung der wirtschaftlichen Situation leiden und die Kredite nicht mehr regelmäßig bedienen. Auch Unternehmen sind davor nicht gefeit, selbst nicht die als besonders solide geltenden Energieversorger. Dass es auch da unangenehme Überraschungen geben kann, zeigte die Pacific Gas & Electric Corporation, der größte kalifornische Energieversorger, der die Money Market Funds in Bedrängnis brachte, als er im April 2001 Gläubigerschutz beantragte.

Schon 1994 hatten die Besitzer amerikanischer Geldmarktfonds ein schwarzes Jahr erlebt. Dutzende von Geldmarktfonds litten damals an abgestürzten Zinsderivaten. Weitere Fonds waren bei der Pleite des Orange County in Kalifornien, die durch Derivate ausgelöst wurde, mit dabei. Noch ist kein einziger Money Market Fund gescheitert. Alle haben den Anlegern – obwohl sie keiner staatlichen Versicherung unterliegen – zumindest ihren Einsatz wiedergebracht. Auch wer sein Geld in »sichere« Anlagevarianten investiert, braucht halt ein wenig Glück.

11 Derivate – Die Spekulation auf die Spekulation

Zu den interessantesten Eigenschaften von Kapital zählt seine Tendenz zur Klumpenbildung: Wo bereits reichlich Geld vorhanden ist, weiß der Volksmund, kommt ohne weiteres welches hinzu. Ist Geld aber Mangelware, bedarf es schon äußerster Anstrengung, um ein Vermögen zu machen. Es sei denn, es sind so genannte Derivate im Spiel – »gehebelte« Finanzmarktinstrumente, die, wenn alles gut geht, bei kleinem Einsatz beträchtliche Gewinnchancen bieten.

Ursprünglich dienten Derivate nicht der Spekulation, sondern wurden als »Versicherung« gegen Preisänderungsrisiken eingesetzt. Solche Risiken gibt es zum Beispiel im Außenhandel oder im Einkauf, wo in fremden Währungen abgerechnet werden muss oder Preisfluktuationen bei Rohstoffen eine exakte Kalkulation zum Glücksspiel machen. Dann jedoch sind die Derivate (wörtlich: »abgeleitete Mittel«) selbst als Objekt der Spekulation entdeckt worden. Der Umfang dieser spekulativen Finanz- und Absicherungsgeschäfte ist in den vergangenen Jahren explosionsartig angewachsen, allein in den neunziger Jahren um das Dreifache. Gegenwärtig dürfte das Volumen der offenen Kontrakte weltweit 60 Billionen Dollar betragen. Dem Erfindergeist ihrer Schöpfer – darunter vor allem Wall-Street-Banken wie Morgan Stanley – sind kaum Grenzen gesetzt. Wie Viren im Blutkreislauf verbreiten sich die Derivate in vielen Bereichen des Finanzgeschäfts und tauchen auch dort auf, wo man sie zuallerletzt vermutet. Selbst in Pensionsfonds wuchern die Derivatekontrakte und heben und senken den Blutdruck der Portfolios.

Eine besonders starke Anziehungskraft haben Derivate auf Geldinstitute in finanzieller Schieflage. So sind beispielsweise Japans Finanzdienstleister und Banken Freunde handgestrickter Derivatekontrakte. Mit ihrer Hilfe werden Verluste kunstvoll übertüncht, so dass es den Bankmanagern möglich ist, ihr Gesicht zu wahren und weiterzumachen. Maßgeschneiderte Problemlösungen für Aufsteiger und Absteiger – je nach Kundenwunsch –, so finden Derivate einen immer größeren Markt. Vor allem seit es an den Börsen nicht mehr so recht läuft, wächst die Begeisterung für die so genannten alternativen Investments, die wie die Hedgefonds nicht mehr bloß den Trend an den Aktienbörsen nachzeichnen. Hedgefonds können alles tun und müssen nichts lassen, es sind die flexibelsten Anlagevehikel überhaupt, die im Aktien- und Anleihengeschäft ebenso engagiert sind wie bei Leerverkäufen oder dem Handel mit derivativen Instrumenten.

Das größte anzunehmende Betriebsrisiko

Da im Geschäft mit den Derivaten gewaltige Summen zu verdienen sind, widersetzt sich die Finanzindustrie über ihre Lobbyverbände und mittels Wahlkampfspenden einer Regulierung der Märkte – mit dem Ergebnis, dass in den Vereinigten Staaten keine Neigung besteht, diesen flexiblen Finanzmarktinstrumenten Fesseln anzulegen. Am globalen Kapitalmarkt dürfen die derivativen Instrumente inzwischen mit Fug und Recht als das größte Betriebsrisiko überhaupt gelten, denn sie könnten durchaus eine weltweite Kernschmelze der Finanzmärkte herbeiführen. Trotzdem drehen auch Renten- und Pensionskassen in diesem Milliardengeschäft ein großes Rad und haben schon Unsummen dabei eingebüßt.

Die Opferliste der »Spekulation auf die Spekulation«, wie der Wirtschaftspublizist Hermannus Pfeiffer die Derivate beschreibt, ist lang. Als komplexe »Wenn-dann-Konstruktionen« angelegt, treten die Derivate in vielerlei Gestalt auf: Futures auf Staatsanleihen oder auf Börsenindizes sind eine Erscheinungsform, Warenterminkontrakte auf Rohstoffe oder aber Optionen auf Währungen und bizarre Spezialderivate wie die »Structured Notes« weitere Spielarten. Vor allem Letztere sind nicht nur schwer zu durchschauen, sondern können ihre Besitzer mit über die Hebelwirkung enorm verstärkter Beschleunigung leicht in den Abgrund katapultieren. Selbst Profis haben sich schon in den Fangarmen solcher vertrackten Instrumente verstrickt.

Scheinbar harmlose Investmentfonds können ebenfalls Derivate enthalten: Aktienfonds ebenso wie Rentenfonds. Frank Partnoy, Autor eines Buches mit dem bezeichnenden Titel *F.I.A.S.C.O.*, war als Verkäufer für Derivate bei der Investmentbank Morgan Stanley tätig. Die für die Kunden ruinöse Praxis des Derivatehandels, die Partnoy schildert, könnte zunehmend auch in Deutschland Wirklichkeit werden. Das Dritte Finanzmarktförderungsgesetz, das am 1. April 1998 in Kraft trat, erleichtert den Fonds den Zugang zu den Derivaten. Warnungen hätte es genug gegeben, denn Havarien der delikaten Derivate haben auch hierzulande schon Opfer gefunden, wie das Beispiel der Metallgesellschaft zeigt, die von der Druckwelle der Explosion infolge einer fehlgeschlagenen Spekulation in Energiekontrakten in den Untergang gerissen wurde. Und in den USA wurde ein ganzer Bezirk, das kalifornische Orange County, in den Bankrott getrieben, weil dessen überforderter Kämmerer mit einem bunt gemischten Strauß von Derivaten gescheitert war.

Die Wette auf den Jackpot geht meistens daneben

Die oft komplexe Funktionsweise der derivativen Geschäfte ist für viele Menschen ein Buch mit sieben Siegeln. Im Kern geht es dabei um die vertragliche Vereinbarung, zu einem bestimmten Termin (daher auch die Bezeichnung »Termingeschäfte«) eine bestimmte Ware zu bestimmten Bedingungen zu kaufen oder zu verkaufen. Da zum Zeitpunkt des Vertragsabschlusses der spätere Wert der Ware natürlich nicht bekannt ist, sind solche Geschäfte hoch spekulativ. Und angesichts der Fülle verschiedener Derivate und komplizierter Vertragsbedingungen verlieren selbst Investmentmanager da schon mal den Überblick. Besonders gefährlich ist die Hebelwirkung von derivativen Geschäften, die Verluste schier uferlos macht: Zum Abschluss eines Termingeschäfts wird nämlich weniger Kapital benötigt, als bei Fälligkeit auf dem Spiel steht. Die britische Barings-Bank ist das wohl bekannteste Beispiel dafür, wie schnell man mit Derivaten untergehen kann. Das traditionsreiche Bankhaus hatte seinen eigenen Händlern zu wenig auf die Finger geschaut. Als die Chefs in London von den gescheiterten Index-Futuresgeschäften ihrer Singapurer Niederlassung erfuhren, war es zu spät. Nick Leeson, der Verantwortliche für das Desaster, hatte, von der Aussicht auf satte Leistungsprämien angestachelt, gegen den Markttrend gewettet, den Einsatz immer weiter erhöht und zuletzt mit 1,4 Milliarden Dollar Verlusten die Bank »gesprengt«.

Das Gefährliche an den Derivaten ist ihr verführerischer Charme: Die Wette auf den Jackpot gelingt oft mehrfach, bevor sie eines Tages folgenschwer danebengeht. Nicht nur Finanzbetriebe, sondern auch Handelshäuser und Industrieunternehmen beteiligen sich daran, darunter auch solche, die im Rohstoffhandel tätig sind und die aufgrund intimer Marktkenntnis eigentlich wissen sollten, was sie tun. Dass die Risiken im Geschäft mit den Derivaten kaum zu kalkulieren sind – vor allem wenn einzelne Gruppen von Angestellten ein großes Rad am Markt drehen wollen –, zeigen viele Beispiele von Unternehmen. Riskant wird die Sache vor allem dann, wenn keine Absicherung in Form eines Gegengeschäfts erfolgt, das Gewinne auf den gegenteiligen Trend »mitnimmt« und Verluste kompensieren kann. Alle reden von Risikomanagement. Die Praxis sieht meist anders aus. Oft werden

Schutzvorrichtungen, sofern sie überhaupt existieren und funktionieren, einfach umgangen. Wenn die Rücklagen zur Kompensation von Verlusten nicht ausreichen, können kriminelle Netzwerke in einem Unternehmen den Untergang eines ganzen Konzerns zu einer Sache von Wochen oder Monaten machen.

Sprengkraft der Hiroshima-Bombe

Dass Derivaten die Sprengkraft einer Hiroshima-Bombe innewohnt, ist bekannt. Eine solche Bombe zündete Yasua Hamanaka. Der Japaner war zu seiner besten Zeit eine Berühmtheit im Londoner Metallterminmarkt: »Mr. Five Percent« hatte als Leiter des Rohstoffterminhandels von Sumitomo, dem größten Kupferhandelshaus der Welt, völlig freie Hand und »machte den Markt«. Als der Guru des Kupfermarkts nach zehn Jahren unermüdlichen Tradings für das Handelshaus 1996 nach einer Reihe von Fehlspekulationen abstürzte, hatten sich Verluste in so großem Umfang aufgetürmt, dass die 260 Millionen Dollar, die dem Volkswagenkonzern Jahre zuvor durch Devisengeschäfte in der Kasse fehlten, dagegen wie Nachrichten aus der guten alten Zeit wirkten. Schon im Jahr nach dem tiefen Fall von Barings konnte Sumitomo mit einem Verlust von 2,5 Milliarden Dollar einen neuen Highscore in die Hitliste der Derivate eintragen: Nie zuvor hatte ein Unternehmen mehr Geld durch eigenmächtige Handelsgeschäfte eines einzigen Angestellten verloren als Sumitomo. Die Gesellschaft bekam von ihrem Ex-Metallhändler dafür eine Entschuldigung der Extraklasse (»Ich entschuldige mich aufrichtig für diese Unannehmlichkeiten«), und Hamanaka lernte einen neuen Verwendungszweck von Metall kennen: schwedische Gardinen.

Die tückischen Terminkontrakte und natürlich das in den Vereinigten Staaten beliebte »Short selling« (so genannte Leerverkäufe) sind ein spannendes Geschäft. Der »Leerverkauf« von Aktien, ohne diese überhaupt zu besitzen, wird jenseits des großen Teiches von einer Gruppe darauf spezialisierter Unternehmen und »Händler«

systematisch und im großen Stil betrieben. *Alchemie der Finanzen* heißt ein Buch des Spekulanten und »Finanzphilosophen« George Soros, der heute gern als Mahner vor der Bedrohung durch die entfesselten Finanzmärkte und Derivate auftritt. Dieser Titel spiegelt die trügerische Faszination wider, der die Protagonisten von Hedging-Geschäften und Derivaten erliegen: Es ist ein uralter Traum der Menschheit, über ein Verfahren zur Goldherstellung zu verfügen – und hier glaubt man, es gefunden zu haben: Gewinne per Systemwette. Mit schlauen Handelsprogrammen und Marktdaten aus der Vergangenheit gefütterte Computer sollen das Quecksilber der fiebrigen Derivate in pures Gold verwandeln. Die Fondsbranche macht die Probe aufs Exempel und entwickelt immer neue Verfahren. So macht ein Fondstyp Furore, der noch größere Verdienstmöglichkeiten verheißt als die guten, alten offenen Aktienfonds: Die Hedgefonds sind zu den Anlegern unterwegs.

Die Zahnstocher der Kapitalmärkte

Ungefähr fünftausendfünfhundert Hedgefonds mit einem Volumen von geschätzten 500 Milliarden Dollar sind an den internationalen Finanzmärkten auf Tour. Noch zu Beginn der neunziger Jahre waren es lediglich zweitausend Fonds mit einem Kapital von ungefähr 75 Milliarden Dollar. Allein im Jahr 2000 strömten dann 75 Milliarden Dollar in Hedgefonds. Dass ganz präzise Zahlen zu den Hedgefonds nicht zu eruieren sind, liegt unter anderem daran, dass es diesen Fondstyp zumindest nach den Wertpapiergesetzen der USA eigentlich gar nicht geben dürfte.

Auch eine allgemein akzeptierte Definition gibt es nicht. Mit dem Begriff »Hedgefonds« werden alle hochspekulativen Fonds bezeichnet, die ohne eng gefasste Anlagerichtlinien operieren. Hedgefonds firmieren in der Regel als »Limited partnerships«. Als eine Art »geschlossene Gesellschaft« für einen begrenzten Anlegerkreis unterliegen sie weder einer Registrierungspflicht noch irgendeiner Form von Kontrolle. Die Manager der Hedgefonds haben jede erdenkliche Freiheit in der Wahl ihrer Anlagemöglichkeiten – wovon sie ausgiebig Gebrauch machen. Gerne spekulieren sie in »Short-Positionen« von Aktien, die sie sich ausleihen und leer verkaufen.

So wild die Hedgefonds sich heutzutage gebärden, ihre Geschichte begann eher harmlos damit, dass Wertpapiermanager systematisch Leerverkäufe tätigten, um auf diese Weise ihren Aktienbestand vor Kurseinbrüchen abzusichern. Diese gezähmte Variante eines Hedgefonds verschaffte den Fonds ihren irreführenden Namen, der von dem englischen Wort »hedge«, »Schutzhecke«, stammt, die kursempfindliche Positionen vor Sturmwetter schützen soll. Hedgefonds modernen Strickmusters sind jedoch zumeist an echtem »Hedging«, an der Reduzierung von Risiken, gar nicht interessiert, sondern haben eher die Maximierung der Chancen im Auge. Statt im Schutz von Hecken operieren sie lieber in der ungeschützten Weite des Kapitalmarkts und sichern ihre Positionen oft nicht durch ein entsprechendes Gegengeschäft ab. Um das Gewinnpotenzial der Spekulationsgeschäfte weiter zu erhöhen, werden die Anlagevolumen mittels Krediten vergrößert, das bedeutet, sie werden »gehebelt«. Diese Vorgehensweise steigert die Risiken der Fonds noch zusätzlich. Fehleinschätzungen und eine falsche Handhabung der Schalthebel am Kapitalmarkt können hohe Verluste zeitigen. Anders als die Aktienfonds werden ausgerechnet diese Risikofonds durch die Wertpapierbehörde SEC nicht kontrolliert.

Trend zu alternativen Investments

Seit die Aktienbörsen vorgeführt haben, dass sie nicht immer nur steigen, schlagen die Anlegerherzen beim Wort »Hedgefonds« erst so richtig hoch. Denn die firmieren unter der Rubrik »alternative Investments« – und das heißt: Sie werden als Alternative zu den am Börsentrend klebenden Aktienfonds gehandelt. Das Problem der Aktienfonds ist ja, dass sie auf Gedeih und Verderb auf einen steigenden Markt angewiesen sind. Fällt der Markt, haben sie verloren. Mit alternativen Investmentprodukten dagegen kann man auch auf fallende Börsenkurse (oder Währungskurse oder Weizenpreise etc.) spekulieren und so entgegen dem Trend Gewinne machen. Darum erscheinen diese alternativen Investments als idealer Ausweg aus der Börsenkrise und gelten dem ständig um Novitäten und um Absatzrenner bemühten Finanzvertrieb als Goldgrube.

Zumindest für die Initiatoren ist der Betrieb eines Hedgefonds außerordentlich lukrativ. Denn die Gebühren und die von den Anlegern erhobenen leistungsabhängigen »Royalties«, die Erfolgsbeteiligungen dieser Fonds, bewegen sich am oberen Ende dessen, was der Finanzmarkt an »fees« und Entgelten zu bieten hat. Die fix vereinbarten Managementgebühren betragen zwischen 1 und 2 Prozent des verwalteten Geldes. Für einen ordentlichen Zuschlag beim Einkommen jedoch sorgen die stattlichen Beteiligungen am Gewinn, die zwischen 20 und 30 Prozent ausmachen. Makro-Hedgefonds, die wie der berühmte Quantum-Fonds von George Soros die volkswirtschaftlichen Entwicklungen ganzer Länder analysieren und mit großen Summen vor allem auf Währungstrends spekulieren, vereinnahmen wegen der hohen Minimuminvestments mit 15 Prozent Gewinnbeteiligung deutlich weniger.

Kein Schutz für die Anleger

Längst beginnen die Eintrittsbarrieren in die riskanten und unkontrolliert operierenden Fonds zu bröckeln. Hedgefonds finden immer weitere Verbreitung und ziehen neue Kunden an. Beteiligungen an Hedgefonds sind in den Vereinigten Staaten bereits ab 1500 Dollar zu haben. Wer sich hierzulande für alternative Investments interessiert, sollte bedenken, dass kein entsprechender Anlegerschutz besteht und die Fonds selbst Mindestanforderungen an Aufsicht und Kontrolle nicht genügen. Auch Hinweisen auf ein vermeintlich professionelles Management und auf Expertisen hinsichtlich der Auswahl der entsprechenden Produkte ist nicht unbedingt zu trauen – viele Anbieter haben selbst schon horrende Verluste mit Hedgefonds gemacht. Hinzu kommt, dass die wenigsten Investoren die außerordentlich hohen Risiken solcher Investmentobjekte realistisch einschätzen können – vorausgesetzt, dass sie deren komplexe Funktionsweise überhaupt verstehen. Schon bei Leerverkäufen von Aktien besteht ein exorbitantes, von Finanzlaien tendenziell unterschätztes Verlustrisiko. Betrug und Gebührenschinderei tun ein Übriges, um das Risiko zu erhöhen, und verlorenes Geld ist fast nicht wiederzubekommen, denn außerhalb unserer Rechtsprechung operierende Fonds sind kaum zu belangen. »Offshore« eingesetztes Kapital wieder zu Hause (»onshore«) anzulanden ist unwahrscheinlich. Trotzdem haben sich die Hedgefonds an die SEC gewandt, um eine Aufhebung des Werbeverbots in den USA zu erreichen. Ziel: Erhöhung der Akzeptanz bei den Anlegern.

Umstrittene Hedgefonds

Weil Wall Street und Hedgefonds eng kooperieren, erübrige sich eine ordnungspolitische Regulierung dieser Fonds, schließlich werde es Wall Street schon im wohlverstandenen Eigeninteresse an einer Kontrolle der Hedgefonds-Industrie nicht fehlen lassen. So etwa lautet der amerikanische Standpunkt. Auch der Chef der amerikanischen Federal Reserve Bank, Alan Greenspan, hat sich gegen eine Fesselung der Hedgefonds ausgesprochen, die im Schatten von Wall Street ihren Geschäften nachgehen. Er hält sie für hinreichend sicher wegen der engen Verzahnung mit den – amerikanischem Wertpapierrecht unterworfenen – Wall-Street-Firmen. Die haben gerade in jüngerer Zeit eine ausgesprochene Liebe zu den kapitalhungrigen und flexibel operierenden Fonds entwickelt, die sie mit Krediten pflegen und als Anlageinstrumente für sich und ihre Kunden nutzen.

Für die enge Beziehung zwischen den großen Banken und den in Derivate investierenden Fonds interessiert sich dagegen die

Basler Bank für Internationalen Zahlungsausgleich (BIZ), der die Laisser-faire-Politik nach amerikanischem Muster nicht geheuer ist. In Basel sucht man nach Mitteln und Wegen, um die wilden Gesellen des Kapitalmarkts an die Kette zu legen – etwa indem diese in das Risikomanagement der Banken eingebunden werden. Würde ein entsprechender Entwurf der BIZ in die Praxis umgesetzt, wären die Risiken von Hedgefonds und von Derivaten bei der Eigenkapitalbemessung der Banken und Finanzinstitutionen zu berücksichtigen. Dahinter steht die Hoffnung, künftigen Flächenbränden im globalen Finanzsystem so leichter Einhalt gebieten zu können. Ob das funktioniert, ist indes fraglich. Vor allem in den Vereinigten Staaten herrscht diesbezüglich Skepsis.

Jenseits des Atlantiks ist überhaupt viel von der wohltuenden Wirkung der Hedgefonds die Rede, da die Fonds ja als Korrekturfaktor bei Übertreibungen des Marktes in die eine wie in die andere Richtung wirken sollen. Dieser Effekt könnte sich, argumentieren die Kritiker einer schärferen Kontrolle der Fonds, in sein Gegenteil verkehren, wenn die Hedgefonds erst an die kurze Kreditkette der Banken gelegt würden. Fest steht jedenfalls, dass die Hedgefonds, würden sie einer Kontrolle unterworfen, viel von ihrem Reiz einbüßten, denn wer das Verlustrisiko begrenzt, beschneidet zugleich auch die Gewinnchancen. Aus eroberungslustigen »Junggesellen« würden (fast) brave Ehemänner und um manches glänzende Geschäft mit den »Geldmaschinen« wäre es dann geschehen. Kein Wunder, dass sich die Finanzfirmen mit Millionensummen als Finanziers in den Präsidentschaftswahlkampf der USA eingeschaltet haben, um ihrer politischen Lobbytätigkeit den nötigen Nachdruck zu verleihen.

Wem die Stunde schlägt

Viele Fondsmanager begeben sich auf unsicheres Terrain und kreuzen mit den risikoreichen Derivaten die Klinge – ein gefährlicher Schwertkampf, für den die Aktien- und Rentenspezialisten kaum gerüstet sind. Der ehemalige Derivatehändler Frank Partnoy beschreibt die Folgen für die Kunden der Derivateabteilungen, zu denen auch die Fonds zählen, sehr plastisch: »Die Schlachtfelder in der Welt der Derivate waren mit unseren Opfern übersät.« Sein Fazit fällt drastisch aus: »Wenn Sie während der letzten Jahre Aktien oder Investmentfondsanteile besaßen, gehörte ein Teil des im Derivatehandel verlorenen ›richtigen Geldes‹ sehr wahrscheinlich Ihnen.« Wie viel Geld ahnungslose Anleger, die ihr Geld in die vermeintlich sicheren Aktien- und Rentenfonds investiert hatten, auf diesem Umweg dann doch mit den hochspekulativen Derivaten eingebüßt haben, darüber gibt es keine Statistiken. In den Vereinigten Staaten hat sogar eine wohltätige Stiftung aufgrund von Fehlinvestitionen eines Geldmanagers dreißig Millionen Dollar mit Derivaten verloren – für die Stiftung tätig gewesen war kein Geringerer als der ehemalige Vorsitzende der Securities Exchange Commission, Arthur Levitt.

Was einst die riskanten Trusts und ihre ächzenden Kredithebel waren, sind heute die Hedgefonds und Derivate. Hedgefonds müssen sich nicht um die Streuung von Risiken kümmern, sie brauchen auch keine Grenze für die Größe ihrer Positionen zu beachten – wenn sie 100 Prozent ihres Kapitals in eine Position stecken, sind ihre Investoren unter Umständen auf einen Schlag ruiniert. Aber bei den ohnehin hoch riskanten Anlagemärkten dieser Fonds ist Risikostreuung sowieso ein Glückspiel. Viele Fonds haben nach horrenden Verlusten ihre Tätigkeit eingestellt, darunter auch Makrofonds, wie beispielsweise Tiger Management, ein Hegefonds des Amerikaners Julian Robertson, der bei einer fehlgeschlagenen Yen-Spekulation einmal zwei Milliarden Dollar eingebüßt hatte. Selbst die Hedgefonds-Legende George Soros hat es zuletzt kalt erwischt. Nachdem sein Quantum-Fonds mehrere Jahre lang eher kümmerliche Renditen erzielte, wurden die Operationen der Quantum-Gruppe heruntergefahren. Viele der einstigen Angestellten dieser großen Fonds sind nun mit eigenen kleineren Hedgefonds am Markt aktiv.

Verlockende Risikoarbitrage

Nachdem die Makrofonds ihren Sexappeal weitgehend eingebüßt haben und schiere Größe bei den Hedgefonds nicht mehr gefragt ist, tritt die Wette auf volkswirtschaftliche Trends und Wertverschiebungen bei Devisen zunehmend in den Hintergrund. Entsprechend bescheidener fallen die Dimensionen der Themen aus, mit denen sich eine Fülle kleinerer Fonds heutzutage beschäftigt. Bestimmend für das Geschehen am Markt sind beispielsweise Geschäfte wie die so genannte Risikoarbitrage, die aus Fusionen oder Übernahmen von Unternehmen Gewinn ziehen will. Bei dieser riskanten Spielart des üblicherweise risikofreien Arbitragegeschäfts werden die Aktien des Übernahmekandidaten gekauft. Gleichzeitig wird die Aktie der übernehmenden Gesellschaft leer verkauft, weil man erwartet, dass deren Kurs infolge der Lasten der Übernahme sinkt. Üblicherweise ist jedoch bis zuletzt keineswegs sicher, ob der Merger wie geplant stattfindet. In dieser Situtation erarbeitet das Hedgefonds-Management intensive Analysen und holt die Einschätzung spezialisierter Wirtschaftsanwälte ein. Selbst wenn das Management zu dem Schluss gelangt, dass sich die Transaktion tatsächlich vollziehen wird, bleibt ein hohes Risiko, denn schon manche Fusion wurde in letzter Minute abgeblasen, weil sich die Manager der beteiligten Unternehmen nicht über die Bedingungen einig wurden. Falls der Merger oder die Akquisition scheitert, wären die vom Hedgefonds eingegangenen Short-Positionen – die leer verkauften Aktien – nur unter hohen Verlusten aufzulösen. Auch die Long-Positionen – die gekauften Wertpapiere – könnten sich bei einem Fehlschlagen der Transaktion als verlustträchtiges Engagement herausstellen. Wenn das Vorhaben jedoch wie vorhergesehen vonstatten geht, kann der Fonds einen stattlichen Betrag gewinnen – und das weitgehend unabhängig von dem aktuell vorherrschenden Börsentrend.

Kein Wunder, dass solche Möglichkeiten die Kollegen aus dem Management der Aktienfonds faszinieren. Da schrecken auch die möglichen hohen Verluste kaum – zumal gern betont wird, dass die Manager von Hedgefonds häufig auch eigenes Geld im Feuer haben. Ob dieser beruhigende Umstand wirklich zutrifft, wird vom Investor kaum je zu überprüfen sein. Sicher ist nur eins: Es schützt nicht vor Totalversagen. Hohe Verluste können jederzeit eintreten und jeden treffen. Einmal musste auch die Großbank Morgan Stanley – selbst ein großer Akteur im Geschäft mit den Derivaten – Farbe bekennen und fast 300 Millionen Dollar Verlust einstecken.

Aufgebrachte Anleger am Telefon

Im Februar 2001 blickte das Finanzpublikum gespannt auf den Penta Hedgefonds, dessen Stern zu diesem Zeitpunkt tief gesunken war. Penta, einer der wenigen in Japan aktiven Hedgefonds, hatte es mit 47 Prozent Verlust im abgelaufenen Jahr 2000 schwer erwischt. Noch 1999 hatte der Fondsspezialist mit einem Plus von 155 Prozent aufwarten können. Nun musste sich der Fondschef einer ungewohnten Aufgabe stellen und verbrachte, wie das *Wall-Street-Journal Europe* unter Berufung auf Angestellte des Fonds berichtete, viele Stunden am Telefon, um aufgebrachte Anleger zu beruhigen.

Trotz dieses Auf und Ab ist die Hedgefonds-Branche so attraktiv, dass viele Manager aus dem Aktienfach hinüberwechseln. So sorgte ein prominenter Neuzugang in die Hedgefonds-Welt für Aufsehen: Mark Holowesko, seit 1987 Fondsmanager bei Templeton, war ein bekannter Spezialist für solide Investments und galt als Vertreter des konservativen »Value«-Ansatzes (siehe S. 232). Bis auch er die Seiten wechselte. Ein Grund für diese Attraktivität sind natürlich die hohen Honorare, ein anderer die hohen Freiheitsgrade bei der Anlagestrategie. Fraglich ist, ob Manager, die im Aktienfach erfolgreich waren, auch in der Welt der Hedgefonds Erfolg haben werden.

Der Hedgefonds light

Neben dem Kapital institutioneller Großanleger – vor allem Pensionsfonds, von denen nach Schätzungen von Brancheninsidern ein Viertel der insgesamt in Hedgefonds liegenden Summen stammen – strömt zunehmend auch das Geld vieler privater Anleger in die alternativen Investments. Wo es so viel zu verdienen gibt, erstaunt es nicht, dass Wall-Street-Finanzhäuser wie beispielsweise Merrill Lynch immer öfter selbst Hedgefonds auflegen oder so genannte Investmentpools starten, die auch Privatanlegern mit knapp bemessener Geldbörse die Beteiligung an Hedgefonds ermöglichen. Der Trend geht zum Hedgefonds »light«, auf kleinere Vermögen zugeschnitten und in seinen Charakteristika normalen Investmentfonds verwandt. Manche Hedgefonds verzichten jetzt sogar auf die vertragliche Mindestanlagezeit für die eingezahlten Gelder. Um den Bedürfnissen der neuen Klientel entgegenzukommen, praktizieren einige von ihnen auch die starke Hebelung mittels Krediten nicht mehr. »Hedge Fund meets Mutual Fund« – tatsächlich entwickeln sich die offenen Aktieninvestmentfonds und die »wilden« Hedgefonds aufeinander zu. Während die wilden Gesellen des Kapitalmarkts sich in Schafspelze kleiden, bemühen sich auch deutsche Geschäftsbanken, ihren Kunden Hedgefonds-Investments schmackhaft zu machen, oder bieten Zertifikate an, die Beteiligungen an Hedgefonds enthalten.

Anleger, die ein solches Investment in Erwägung ziehen, sollten die Ergebnisse einer amerikanischen Studie über die Hedgefonds und ihre Performance kennen. Die Wertentwicklung dieser Fonds sieht nämlich unter anderem wegen einer ausgeprägten so genannten »survivorship bias« so gut aus. Das bedeutet, dass Hedgefonds mit schlechter bis katastrophaler Performanceleistung zügig von der Bildfläche und damit auch aus der Statistik verschwinden, wodurch sich die Gesamtperformance dieser Kategorie deutlich besser darstellt. Hinzu kommt, dass sich niemand gern an Fehlschläge erinnert. Längst vergessen ist beispielsweise das Jahr 1998, das für die Abenteurer der Kapitalmärkte ein echtes Desaster bereithielt. Damals führte die Russlandkrise zu solchen Erschütterungen an den Märkten, dass den Chefs der Hedgefonds Hören und Sehen verging. Die Rekordzahl von einhundertneunundsiebzig Hedgefonds stieg in diesem Jahr aus dem Geschäft aus. Hedgefonds sind eine spannende Branche. Wie spannend, das illustriert die Geschichte des Long Term Capital Management.

Die Kampfmaschine des Kapitalmarkts

Niemand machte John W. Meriwether etwas vor, wenn es um Bonds ging. Der Rentenhändler irischer Abstammung war für das amerikanische Investmenthaus Salomon tätig und wusste, wie man das Wasser des Bondmarkts in Wein verwandelte. In der Szene sprach sich herum, dass Meriwether zu jenen Händlern gehörte, auf die man ein Auge haben musste, denn Meriwether war einer der Pioniere der Bond-Arbitrage. Dabei handelt es sich um ein kompliziertes Geschäft, das den Kauf eines Rentenfutures mit einem entsprechenden Gegengeschäft – meist einem Leerverkauf – koppelt. Dieser Doppeldecker am Rentenmarkt hat Methode: Wenn nur eines der – im Prinzip gegensätzlichen – Geschäfte genug abwirft, um den Verlust aus dem eingegangenen Gegengeschäft zu decken, wird die Arbitrage zur Gewinnmaschine. Alles reine Mathematik – und eine Frage der Nerven. Gewinnarithmetik lag John Meriwether irgendwie im Blut, seine Lehrer hatten ihm schon früh eine ausgesprochene mathematische Begabung bescheinigt. Im Gegensatz zum Aktiengeschäft, das unberechenbar wie das Wetter ist, üben die Bondmärkte eine magische Anziehungskraft auf Zahlenmenschen aus. Das gilt noch mehr für die Arbitrage und den Handel mit den künstlich gestrickten Derivaten, die neben dem Zahlengefühl auch einen guten Computer und natürlich ein absolutes Gehör für das kaum verständliche Wispern des Marktes erfordern.

Zur Weiterentwicklung und Verfeinerung dieses Geschäfts

scharte Meriwether innerhalb der Bank eine Gruppe ihm ergebener Jungtalente um sich. Diese Gruppe teilte das Geheimnis ihres Erfolgs nur ungern und hielt Abstand zu anderen Abteilungen – die Magier wollten unter sich bleiben. Nur von wenigen verstanden und von noch weniger Händlern beherrscht, zählt das Arbitragegeschäft zu den modernen Mythen der vollcomputerisierten Geldbranche. Und Meriwethers Hexer am Bondmarkt zauberten echten Gewinn hervor. Der Nachteil – den jeder bei Salomon kannte – war, dass beträchtliche Summen des Eigenkapitals der Bank im Feuer waren. Hohe Einsätze, hohes Risiko.

Im Bergwerk der Arbitrage

Solange die Gewinne fließen, stimmt das Betriebsklima, so lautete eine Grundregel im Finanzgewerbe. Die eingegangenen Risiken werden da gern vergessen. So war es auch bei Salomon: Die Geschäftsführung der Bank schenkte Meriwether nicht nur großes Vertrauen, sondern zeigte sich gegenüber seiner eigensinnigen Arbitrageabteilung, die einen hohen Beitrag zum Gewinn der Bank leistete, auch in anderer Art und Weise ungewöhnlich aufgeschlossen. Per Geheimvereinbarung – ausgehandelt von Meriwether mit dem Chef von Salomon – floss eine Beteiligung am Gewinn der Bank direkt in die Kassen der Trader. Zu den Nutznießern einer selbst nach der Messlatte der verwöhnten Wall-Street-Händler überirdisch hohen Gewinnbeteiligung gehörte unter anderem ein Computerfreak namens Eric Rosenfeld, der als Assistenzprofessor von der Harvard University kam und auf eine Ausbildung am feinen Massachusetts Institute of Technology (MIT) zurückblickte. Auch Lawrence Hilibrand, von Beruf Finanzgenie mit gleich zwei Abschlüssen des MIT, war Mitglied bei der Arbitragegruppe, und die Arbeit in der Goldmine sollte sich für ihn so sehr lohnen, dass er nach einem Jahr einen Scheck mit nach Hause nahm, auf dem in der Rubrik »zu zahlender Betrag« die Summe »23 Millionen Dollar« eingetragen war.

Schon aufgrund der besonderen Höhe der Gehälter führte die Bank in der Bank ein ausgesprochenes Eigenleben bei Salomon. Die Loyalität der Bond-Bande galt ihrem Mentor John W. Meriwether. Es war deshalb ein ungeheurer Schock für die verschworene Gemeinschaft, als die Karriere ihres Bosses jäh endete. Meriwether, der Mann, der sich einst durchaus berechtigte Hoffnungen auf die Position als Vorstandsvorsitzender von Salomon machen durfte, war über das Fehlverhalten eines Bankhändlers gestolpert, für das er die Verantwortung trug. Sein Ausscheiden bei Salomon war eine reine Formsache.

Stellenlose Wall-Street-Trader gehen natürlich nicht zum Arbeitsamt. Entweder sie verbringen den Vorruhestand auf dem Golfplatz oder aber sie gründen ein eigenes Unternehmen. Meriwether beschloss, den Traum vom eigenen Fonds wahr zu machen – eine Entscheidung, die sich als Katastrophe erweisen sollte. Doch zunächst fing alles ganz harmlos an. Es sollte ein ganz besonderer Fonds werden, alles andere konnte Meriwether nicht genügen: Er wollte Wall Street zeigen, dass er in die Topliga gehörte. Es war Zeit für den großen Wurf. Vor Meriwether begannen sich die Schemen einer Finanzmaschine abzuzeichnen, ein eindrucksvoller, riesiger, von menschlichem Intellekt und reichlich Computerpower gesteuerter Kapitalroboter der Finanzmärkte, der noch aus den kleinsten Bewertungsunterschieden von Rentenpapieren Nektar zu saugen wusste. Dazu waren natürlich gewaltige Kapitalmengen nötig. Es war das Jahr 1993. Das Jahr, als der Long Term Capital Management Fund startete.

An der Zapfpistole von Wall Street

Der Zeitpunkt konnte kaum besser sein. Die Zahl der Millionäre war infolge des lang anhaltenden amerikanischen Börsen- und Wirtschaftsbooms stark angestiegen. Banken und institutionelle Anleger schwammen im Geld und suchten immer neue Anlagemöglichkeiten. Doch nicht alles Geld sollte wieder an den Aktienbörsen angelegt werden. Vor allem Anleger, die ihr Geld am Aktienmarkt verdient hatten, waren im Hinblick auf die Perspektiven der Börse äußerst nervös und zeigten sich eher an renditestarken Alternativen interessiert. Eine solche Alternative waren Hedge- oder Arbitragefonds, die bei geschicktem Management selbst bei kriselnden Börsen Gewinnchancen boten.

Meriwether telefonierte mit Merrill Lynch. Die Affäre, die zu seinem Abgang bei Salomon geführt hatte, nahm man ihm dort nicht übel. Merrill Lynchs Boss Daniel Tully schätzte Meriwether nicht nur als Golfpartner. Man kam überein, dass die Bank mit dem Bullen im Logo bei der Geldbeschaffung für den Fonds behilflich sein würde. Damit war die Zapfpistole von Wall Street an den Fonds gelegt, das Kapital konnte fließen. Die Mitglieder der Arbitragegruppe hielt es nicht länger bei Salomon, einer nach dem anderen kündigte, und bald saß das Team vereint an den leistungsfähigen Computern in Greenwich, wo der Long Term Capital Management Fund (LTCM) eine Autostunde von Wall Street entfernt Büros angemietet hatte. Doch der Fonds sollte noch weiteren Zuwachs der ganz besonderen Art erfahren.

Ein nobelpreisverdächtiges Dreamteam

Der Sozialwissenschaftler Robert K. Merton hatte die Wissenschaft um ein interessantes Phänomen bereichert, das auch in der Finanzwelt und dort nicht zuletzt im Metier der Analysten und der Fondsmanager von einiger Bedeutung ist: Es handelt sich um die »self fullfilling prophecy«, die sich selbst erfüllende Prophezeiung. Sein Sohn, Professor Robert C. Merton, war nicht nur eins der Aushängeschilder von Harvard, sondern auch eine Kapazität in der Kapitalmarktforschung und leistete sich hie und da gerne eine extravagante Meinung, wie etwa: »Der Euro ist ein Trick der Franzosen, um den Franc gegenüber dem Dollar abzuwerten.« Jetzt ging er bei LTCM an Bord. Mit ihm kam ein weiterer Neuzugang von Weltrang: Myron Scholes, einer der Schöpfer der Black-Scholes-Formel, die es zum ersten Mal erlaubte, den Wert einer Option rechnerisch zu ermitteln. Basis der Formel und damit von entscheidendem Einfluss auf den Wert einer Option ist die Volatilität, die Schwankungsbreite der Preise des zugrunde liegenden Objekts. Scholes' Formel hat enorme praktische Bedeutung erlangt. Sie ist nicht zuletzt die Grundlage für die Operationen der Hedgefonds, denn mittels der Black-Scholes-Formel konnte man nun den komplex formulierten Derivaten und trickreichen Optionen per Computer zu Leibe rücken. Mit Myron Scholes und Robert Merton verfügte LTCM über zwei hochkarätige Türöffner, denen für ihre Arbeit am 15. Oktober 1997 sogar der Nobelpreis zuteil werden sollte.

Einstweilen war davon zwar noch keine Rede, aber das amerikanische Wirtschaftsmagazin *Business Week* jubelte schon mal, ein «Dreamteam» habe sich in der Pilotenkanzel des Fondsjumbo zusammengefunden, der 1994 vollgetankt mit 1,25 Milliarden Dollar an den Start rollte. Meriwether hatte sich zwar mehr erhofft, gab sich dann aber damit zufrieden. Noch kein »Start-up« in der Fondsbranche war mit einem höheren Einsatz erfolgt.

Auftakt nach Maß

Der »Jungfernflug« des Hedgefonds verlief erwartungsgemäß: Vier Jahre lang flog die Finanzmaschine LTCM eine Rendite von wenigstens 40 Prozent pro Jahr ein. Bemerkenswert am Erfolg des LTCM war jedoch nicht die gute Wertentwicklung und der für seine Schöpfer erfreuliche Aspekt, dass die Gewinnformel des Fonds hohe Gebühren abwarf und die Kassen seiner Manager reichlich füllte. Verblüffend war vielmehr etwas, das vor allem die Akademiker in der Pilotenkanzel begeisterte, dass sich nämlich der Flug der Finanzmaschine durch dem Kosmos des Bondmarkts fast lehrbuchmäßig vollzog und die Investoren des Fonds kaum unter Schüttelbewegungen und Luftlöchern der Performance zu leiden hatten. Die Wissenschaft und der hohe Managementaufwand zahlten sich aus. Der Fonds machte dic Herren an der Wall Street geradezu sprachlos. Es gibt sie also doch, die Systemwette am Finanzmarkt, mögen manche von ihnen gedacht haben, die vielleicht bereuten, nicht als Investoren mit an Bord zu sein.

Was im Detail hinter dem Gewinnsystem des LTCM steckte, versuchten die Fondsdirigenten gegenüber den Investmenthäusern der New Yorker Finanzmeile zu verschleiern – keine einfache Aufgabe, da der LTCM enge Geschäftsbeziehungen zu ihnen unterhielt. Die erteilten Aufträge wurden »getarnt«, damit sich die Konkurrenz kein Bild der vom Fonds verfolgten Handelsstrategie machen sollte. Aber es half alles nichts. An den Märkten gibt es nur eine begrenzte Anzahl von Ineffizienzen, die sich von so flexiblen Spürhunden des Kapitalmarktes wie den Hedgefonds in Gewinne transformieren lassen. Schon bald zupften die Händler der großen Wall-Street-Häuser und andere Fonds ihr Gras auf denselben Weiden wie der LTCM, so dass die Bewertungsineffizienzen bei den Bonds immer geringer wurden und zuletzt so winzig waren, dass sich kaum mehr ein Gewinn daraus ziehen ließ, der die Herzen zum Pochen brachte.

Fremde Gefilde

Im Frühjahr 1996 hatte das Kapital des Long Term Capital Management die schwindelerregende Summe von 140 Milliarden Dollar erreicht. Bei dem gewaltigen Hebeleffekt des LTCM – das Eigenkapital der Anleger wurde von den Krediten um den Faktor dreißig überflügelt – durfte kein Fehler passieren. Das war klar. Und das war schon der größte Fehler des Fonds – umso mehr, als das Management des Fondsriesen sich anschickte, das wohl vertraute Terrain des Bondmarkts zu verlassen und sich in fremden Gefilden wie der Aktienarbitrage zu tummeln. Einen Spezialisten und Berater an Bord zu nehmen, der die für dieses Gebiet nötige

Kompetenz und Erfahrung mitbrachte, kam der LTCM-Mannschaft nicht in den Sinn; ein typischer Fall von Betriebsblindheit.

Statt den Fonds zu schließen und alle Gelder an die Anleger zurückzuzahlen, was in dieser Lage am besten gewesen wäre, wollte das Team von LTCM den Erfolg um jeden Preis weiter auskosten. Hybris – Selbstüberschätzung und Vermessenheit – nannten das die alten Griechen einst, und in völliger Verkennung der gefährlichen Situation gaben die Fondslenker dafür ein eindrucksvolles Beispiel, als LTCM jetzt sogar den Leverage, den Hebel des Fonds, noch vergrößerte, als einige der – übrigens heftig protestierenden – Investoren einfach ausbezahlt wurden. Es geschah, was geschehen musste: In der Asienkrise gelang es noch, den Fonds auf Kurs zu halten, dann jedoch erwischte der »Wolga Crash« in Russland ihn mit voller Wucht.

Umkippende Dominosteine

Was kein Rechenmodell vorausgesehen hatte, entfachte in dem breit angelegten Portfolio des Fonds einen Flächenbrand: In einer Krise verhalten sich viele, vorher eher unverbundene Märkte plötzlich in ganz ähnlicher Weise. Es ist den Investoren gleichgültig, ob in Asien andere Bedingungen herrschen als in Russland, ihr Geld will nur noch eines: schnellstmöglich aus den unsicher erscheinenden Ländern fliehen. Wie umfallende Dominosteine kippt ein Schwellenland dann das nächste um, Kursrückgänge an allen Fronten sorgen für Verluste, und die abgezogenen Gelder werden umgelenkt in die sicheren Staatsanleihen, die US-T-Bills. Auch private Anleger und Anteilseigner an den Investmentfonds sind an solch einer Kettenreaktion beteiligt, wenn sie ihre Orders online abwickeln und als Reaktion auf die Ereignisse ihre Fondsanteile umschichten. Wenn genügend Investoren ihre Anteile an international anlegenden Aktienfonds verkaufen, werden Fonds zur Auflösung von Positionen gezwungen. Das geschieht oft in einer ganz anderen Region des Börsenplaneten, wo die Krise noch gar nicht zu einem starken Kursverfall geführt hat – und ruft sie eben auch dort hervor. Von echter Diversifikation kann unter solchen Umständen kaum mehr die Rede sein.

Long Term Capital Management wurde jetzt wie ein waidwundes Tier gejagt, denn nun stürzten sich andere Fondsplayer auf die Marktpositionen des havarierten Fonds – in der Absicht, daraus Nutzen zu ziehen. Obwohl das Portfolio des Fonds mehr als siebentausend Positionen beinhaltete, waren die Verluste horrend, weil immer weitere Positionen davon erfasst wurden und immer mehr an Wert verloren. Gleichzeitig lief es in der Merger-Arbitrage, dem neuen Betätigungsfeld, nicht gut. Angekündigte Übernahmen gelangten nicht zur Durchführung, auch waren die eingesetzten Positionen zu groß und nur schwer aufzulösen.

Staubsauger für Risiken

1998, kaum ein Jahr nach der Verleihung des Nobelpreises an die beiden Topwissenschaftler des Fonds, war klar, dass das Risikomanagement nicht nur versagt hatte, sondern dass LTCM wie ein Staubsauger Risiken geradezu angezogen hatte. Ein weiteres Problem war das schiere Volumen des Fonds. Als viele Marktsegmente in der Krise einfach trocken fielen und auf dem Markt insgesamt kaum noch anlagewillige Mittel aufzutreiben waren, waren die entsprechenden Positionen entweder gar nicht mehr aufzulösen oder hätten nur unter Inkaufnahme gewaltiger Verluste glattgestellt werden können – Long Term Capital Management hatte sich festgefahren, wie so viele Fonds zuvor. Doch diesmal war die Situation noch viel dramatischer: Ein Kollaps des Riesenfonds musste zum GAU an den Finanzmärkten führen. So gut wie jede Bank, fast alle Börsianer und Fondsanteilbesitzer wären davon betroffen. Es stand mehr auf dem Spiel als nur die Kapitaleinlage einiger Anleger.

Rettungsaktion an der Wall Street

Wer nicht direkt als Anteilseigner beteiligt war, war auf die eine oder andere Weise doch irgendwie in eine oder mehrere der tausenden von offenen Positionen jenes Fonds verstrickt, der nun die Finanzwelt erzittern ließ. Es gab also gute Gründe für die Banken an der Wall Street und in Europa, darunter auch die Deutsche Bank, dem Ruf der Notenbanker von der »Fed« zu folgen und Rettungsmaßnahmen für LTCM zu beschließen, dessen Havarie den Kurseinbruch an den internationalen Börsen noch verstärkt hatte. Allein dem entschlossenen Reagieren der Federal Reserve Bank ist es zu verdanken, dass der Zusammenbruch eines jener Fonds verhindert wurde, die es, nach offizieller Definition, eigentlich gar nicht geben dürfte. Der Zusammenbruch des Fonds hätte auf ein Kontraktvolumen von einer Billion Dollar ausgestrahlt und damit die Wirkung einer Neutronenbombe am Kapitalmarkt entfaltet. Nach der Rettungsaktion gab es ein Happyend auch für die Investoren von LTCM, die von dem in der Zwischenzeit aufgelösten Fonds gute Teile ihres Kapitals wieder zurückerhielten.

»Kein Mann, der einmal eine einzigartige Idee hatte, wird diese je wieder los«, schrieb der einflussreiche viktorianische Publizist Walter Bagehot über den englischen Ökonomen und Demographen Malthus (1766–1834). Diese Aussage kann gut und gerne auch für John Meriwether gelten, dessen Fonds um Haaresbreite eine Finanzkatastrophe biblischen Ausmaßes ausgelöst hätte. Der amerikanische Fondsmanager mit den irischen Wurzeln und dem ausgeprägten Dickkopf ist inzwischen wieder im Begriff, einen Fonds zu gründen, will aber bei den Risiken jetzt mehr Zurückhaltung üben. Bei der Kapitalbeschaffung verlässt er sich nicht mehr auf die Hilfe von Merrill Lynch, sondern baue auf die Deutsche Bank – jene Bank, die verkündet hatte, zu einem weltweit führenden Anbieter von Hedgefonds aufsteigen zu wollen, und die den deutschen Anlegern mit ihrem Xavex HedgeSelect-Zertifikat Appetit auf Hedgefonds macht.

12 Geldstrom ohne Ende oder Der Mythos von der Unbesiegbarkeit der Aktie

Der Mythos von der Unbesiegbarkeit der Aktie ist das Glaubensbekenntnis der Fondsbranche, und das wird unermüdlich wiederholt. Niemand wird ernsthaft behaupten, die Zukunft zu kennen. Doch in der Fondsbranche ist man felsenfest überzeugt, dass die Aktie für alle Zukunft das beste aller Instrumente zur Geldanlage ist. Die Renditen der Aktien werden diejenigen von Anleihen und von den sicheren kurzfristigen Zinsanlagen langfristig auf jeden Fall übertreffen, echot die Finanzpresse so häufig, bis jeder geneigt ist, für eine unumstößliche Tatsache zu halten, was doch in Wahrheit eine mit Unsicherheit behaftete Aussage über die Zukunft ist. Prognosen werden als Fakten verpackt dem Publikum verkauft – der Trick der Börsenillusionisten lockt viele Menschen auf das glatte Börsenparkett, die selbst nach einem zwanzig Jahre lang andauernden Börsenboom glauben noch nicht zu spät gekommen zu sein.

Die Fondsbranche setzt noch eins drauf und suggeriert, dass die Risiken einer Anlage in Aktien vergleichsweise niedrig seien. Etwaige Kursverluste, die verharmlosend als »Korrekturen« bezeichnet werden (als handle es sich um eine irrtümliche, vorübergehende Abweichung vom Markt, der auf permanentes Wachstum oder doch zumindest auf ein dauerhaft hohes Niveau festgelegt sei), bieten vor allem preisgünstige Möglichkeiten für neue Investments. So gelingt es der Finanzbranche, sogar noch ein Börsentief umzumünzen in eine Ermunterung zu weiteren Aktienengagements. Um auch noch die letzten Zauderer zu erobern, wird zu den Methoden des »hard-selling« gegriffen. Selbst Direktbanken wie die Volkswagen Direct Bank – die in der Vergangenheit eher dem Zinsjäger und sicherheitsbedachten Anleger als gute Empfehlung galt – nahmen ihre Zuflucht zur harten Verkaufsmasche und fragten Ende 2000 in Brandbriefen an die Kunden: »Wenn nicht jetzt, wann dann?« Da setzte gerade eine der schärfsten »Korrekturen« am Aktienmarkt seit Jahrzehnten ein. »Jetzt!«, lautete die Antwort unverdrossen. Und weiter: »Wollen Sie sich Wertentwicklungen von 36,09 oder 33,89 % entgehen lassen?«

Beim Fondsverkauf ist die Zeit der Zurückhaltung vorbei. Ständig und überall werden den Geldanlegern Aktienfonds nahe gelegt. Wer schon drin ist und zum ersten Mal in seinem Leben Kursverluste hautnah erlebt, dem wird Geduld gepredigt. Es gelte zu warten, bis eine Erholung des Aktienmarkts erfolge, und die werde sich früher oder später zwangsläufig einstellen. Wenn die Anleger dann gar noch in die Börsenschwäche hinein neue Käufe tätigen, weil die Gelegenheit ja so günstig ist, dann spricht die Finanzbranche begeistert vom Entstehen einer Aktienkultur. Schon erscheinen Finanzexperten auf den Bildschirmen und in den Gazetten und verteilen Schulnoten an die Privatanleger und die Fondsanleger. Sie hätten sich in der Korrektur vorbildlich verhalten und trotz der Kursrückgänge mit Fleiß weiter investiert.

Niemand profitiert mehr von diesem Kulturwandel als die Fondsbranche. Nach langen Jahren trägt die unablässig verbreitete Sei-sorglos-Botschaft der Fondsgesellschaften und ihrer Interessenvertreter endlich auch in Deutschland Früchte. Positives Denken und ein offensiv zur Schau getragener grenzenloser Optimismus sind angesagt. Skeptiker und andere Miesmacher verderben bloß die gute Laune und das Geschäft.

Der Eintritt in die Aktienkultur ist bekanntlich mit Gebühren gepflastert. Wer hier Mitglied geworden ist, will den Versprechungen von der Unschlagbarkeit der Aktie und der Fonds schon deshalb glauben, weil er sich andernfalls einen Fehler eingestehen müsste. Doch dazu besteht ja kein Grund – solange es an den Börsen gut läuft. Gründe, die getroffene Anlageentscheidung zu revidieren, gäbe es erst dann, wenn signifikante Kursverluste die Prognosen widerlegen – dann ist es jedoch zum Handeln zu spät. Ob die Rechnung der Fondsfreunde aufgeht, ist also völlig offen – es kann anders kommen als erhofft.

Worauf basiert nun die Überzeugung von der Unschlagbarkeit der Aktie? Der Blick in die Zukunft erweist sich als Blick zurück über die Schulter in die Vergangenheit. Das zeigt, dass das Argument von der Unschlagbarkeit der Aktien auf wackligen Füßen steht und dass es nicht unbedingt der Markt ist, der sich »geirrt« hat, wenn es zu Kurskorrekturen kommt. Irrtümer an der Börse gibt es nicht. »Schon die Verwendung des Worts ›Irrtum‹ drückt aus«, sagte Pierre-Noël Giraud, der Leiter des französischen Wirtschaftsinstituts Cerna, »dass wir uns im Besitz der Wahrheit glauben.«

Boom & Bust

Richard Warren Sears (1863–1914) hatte einen untrüglichen Sinn für ein sicheres Geschäft. Vergoldete Taschenuhren an Farmer zu verkaufen, die Ende des 19. Jahrhunderts im Mittleren Westen die Tageszeit noch am Stand der Sonne abzulesen pflegten, ließ nicht nur zahlreiche Dollars sprudeln, sondern legte den Grundstein zu einem florierenden Versandhandel für Uhren und Schmuck – so entstand das Einzelhandelshaus Sears Roebuck, ein heute noch bekanntes Unternehmen.

Wie wäre es Richard Sears aber ergangen, wenn er die ersten durch den Uhrenverkauf verdienten Dollars nicht in sein Geschäft gesteckt, sondern an der Börse angelegt hätte? Wir können mit einigem Grund vermuten, dass die Welt um eine amerikanische Erfolgsgeschichte ärmer wäre. Schon Sears' Vater hatte mit der Börse mehr als schlechte Erfahrungen gemacht. Einst war er ein wohlhabender Mann gewesen, dann jedoch hatte er sich durch die Börsenspekulation ruiniert, so dass der junge Richard nach dem Tod des Vaters für die vermögenslose Mutter und seine Schwestern aufkommen musste. Das verlockende Blinken des an der Börse – angeblich – leicht zu verdienenden Goldes erwies sich in diesen Tagen als trügerisch. Der Boom des Jahrhundertwechsels dauerte nur kurze Zeit. Im Jahr 1900 erfolgte ein wildes Aufflackern der Kurse. Was dann folgte, ist aus der Erinnerung der Menschen schon längst ausgelöscht: 1901 nahm eine zwanzig Jahre lang andauernde Baisse am Aktienmarkt ihren Anfang, die erst 1922, vier Jahre nach dem Ende des Ersten Weltkrieges, in den Aufschwung der goldenen Zwanziger mündete, der nach einigen Jahren Boom an den Börsen eine unglaubliche Euphorie in Sachen Aktienanlage mit sich brachte. Damals glaubten die Menschen wie heute, dass die Aktienkurse, genau wie das Wirtschaftswachstum langfristig immer weiter steigen würden. Damals wie heute herrschte die Meinung, dass durch die technologische Entwicklung eine neue Ära bevorstehe.

An den Börsen fand diese Überzeugung ihren Ausdruck in Kurssteigerungen, die den Wert der Aktien auf eine solche Höhe trieben, dass ein erheblicher Rechtfertigungsbedarf entstand. Das war nicht nur in der Blütezeit der zwanziger Jahre so, auch in der Aktieneuphorie unserer Tage werden Finanzanalysten teuer dafür bezahlt, dass sie uns Gründe nennen, die für eine Fortsetzung des Börsenbooms sprechen. Das Platzen der Blase am Nasdaq muss keine Konsequenzen auf die Wirtschaft haben, ist dann zu lesen. Muss nicht. Kann aber. Denn auch die seit dem Ende des kalten Krieges kassierte »Friedensdividende« ist irgendwann verbraucht, und dass ein anhaltender Börsenboom, wie er seit dem Jahr 1982 herrschte, irgendwann seine Glut verliert, ist sicher.

Die Sorglosbotschaft der Finanzbetriebe, die mit in der Vergangenheit erzielten Renditen locken, aber natürlich für nichts garantieren, ist gefährlich. Dass Kursrückgänge länger dauern können und nicht bloß kurzfristige »Korrekturen« sein müssen, ist leicht vergessen. Wer erst in der Spätphase des Booms eingestiegen ist, hat dann keine Kursgewinne als Polster. Man stelle sich vor, dass smarte Analysten wieder erste »Kaufgelegenheiten« ausmachen, und die Glut der »Burn Rate« ließ gar kein Geld für Käufe mehr übrig …

Gelassenheit, wenn die Blase platzt

Fünf Jahre lang war die US-Wirtschaft im Investitionsrausch: Die Ausgaben für Computer, Software und Kommunikationstechnologie schienen mit jährlichen Steigerungsraten von im Schnitt 25 Prozent keine Grenzen zu kennen. Im warmen Treibhausklima schossen die Börsenkurse nach oben wie Bambusschößlinge im Mairegen. Schließlich wurde selbst Fondsmanagern schwindlig. Ohne Astronautentraining muss einem bei diesen Kursen schlecht werden, ließ sich einmal einer von ihnen vernehmen. Nichts schien die Fonds auf ihrem Weg zu immer neuen Rekorden aufzuhalten. 20, ja sogar 30 Prozent Performance waren fast normal, darunter liegende Renditen kaum mehr akzeptabel.

Nach der langen Rekordstrecke an den Börsen war der Absturz umso sicherer – und als er da war, wollte das zuerst niemand glauben. Doch dann meldete sich der Chipriese Intel im März 2001 zu Wort und unterstrich die böse Nachricht durch einen scharfen Rückgang des Umsatzes und den Wegfall von fünftausend Arbeitsplätzen. Ausgerechnet in der Hochtechnologie erwies sich der Boom als verwundbar. Es kam noch schlimmer. Konnten die Hightech-Unternehmen einst preisgünstig hochqualifiziertes Personal einkaufen, indem sie Aktienoptionen an ihre Mitarbeiter verteilten, waren jetzt »richtige« Gehälter gefordert – die erfolgverwöhnte Technologiebranche steckte in der Kostenklemme. Wenn die Kosten der Unternehmen steigen und die Umsätze unter

Druck geraten, sinken natürlich die Gewinne. Im Hagel der Gewinnwarnungen gingen die Kurse der einstigen Wunderunternehmen auf Tauchstation.

Da wird Mitte April 2001 im US-Magazin *Fortune* ein böser Verdacht laut: Was, wenn die »Story« mit den Produktivitätsgewinnen durch Informationstechnologie gar nicht wahr ist? Wenn es vielmehr die Ausgaben für die Technologie selbst sind, die den Boom der amerikanischen Wirtschaft entfachten? Ist gar eine Überinvestition zu befürchten, weil die Unternehmen mehr in Software und Technologie investiert haben, als sie je wieder als Produktivitätssteigerung zurückgewinnen können? Das wäre fatal. Dann würden sich die Investitionsausgaben in überschaubarer Zeit nicht mehr erholen, meinte etwa Stephen Roach, der Chefvolkswirt des Investmenthauses Morgan Stanley.

Schockfrost im Depot

Selbst angesehene Wirtschaftsprofessoren haben den Glauben vermittelt, die Party könne ewig so weitergehen. Rüdiger Dornbusch, Professor am Massachusetts Institute of Technology (MIT), empfahl Ende 2000: »Streichen Sie das Wort Rezension einfach aus Ihrem Sprachschatz. Es wird sie in den USA nicht mehr geben.«

Die Kurseinbrüche an den Börsen setzen sich fort. Ähnlich wie die Trusts 1928/29 sind heute viele Technologiefonds und andere Fondsspezialitäten, die in eng begrenzte Anlagesegmente investieren und über keine Ausweichmöglichkeit verfügen, dem Kursverfall ungehemmt preisgegeben. Späteinsteiger – und das war in dieser Phase Ende der neunziger Jahre die überwiegende Zahl der Fondsinvestoren – hegen erhebliche Gewinnerwartungen. Das Fondsunternehmen Montgomery Asset Management beschäftigte sich 1997 mit den Erwartungen von Investoren. Die bei siebenhundertfünfzig Aktienfondsbesitzern landesweit durchgeführte Umfrage ergab, dass diese in den kommenden zehn Jahren einen jährlichen Renditeanstieg von 34 Prozent erwarteten – eine Rendite, die bislang nur in wenigen herausragenden Börsenjahren zu erzielen gewesen war. Umso härter ist der Fall.

Doch zum Zeitpunkt der Umfrage erlaubten sich nur wenige, am Realitätssinn der Anleger zu zweifeln. Erst Jahre später wagten es einige Profis, Zweifel zu äußern. »Die Amerikaner haben bis letztes Jahr geglaubt, jährliche Depotgewinne von 25 Prozent seien ihr gottgegebenes Recht«, sagte Stephen Roach, als der Börsenbär bereits seine Krallen wetzte.

Gezinkte Karten – Waren Aktien immer die beste Anlageform?

Um die Siegerqualitäten der Aktie war es im vergangenen Jahrhundert keineswegs so glänzend bestellt, wie die Finanz- und Fondspropheten uns glauben machen wollen. Bei der Untersuchung von Langfristrenditen verschiedener Vermögensklassen wird gerne auf die Daten der amerikanischen Firma Ibbotson & Associates zurückgegriffen, die die Performance von Aktien und Bonds in ihren Diagrammen anschaulich der Inflationsrate gegenüberstellt. Interessanterweise setzen die Ibbotson-Zahlenreihen erst nach dem Jahr 1925 ein – die Zeit davor ist ausgeblendet, wohl weil Aktien damals alles andere als ein gutes Geschäft waren. Ausgeblendet sind auch die Krisenjahre am Ende des 19. Jahrhunderts, in dessen zweiter Hälfte es überhaupt Finanzkräche hagelte.

Aber auch im 20. Jahrhundert haben Aktien bei weitem nicht so gut abgeschnitten, wie stets behauptet wird. Der kritische Börsenprofessor Robert J. Shiller präsentiert andere Ergebnisse: Während gleich zwei Zeiträumen im vergangenen Jahrhundert waren amerikanische Aktien gegenüber kurzfristigen Spareinlagen die schlechtere Wahl. Die erste Periode begann 1901, als der Aktienboom der Jahrhundertwende seinen Atem aushauchte, und dauerte bis 1921 an. Auch von 1966 bis 1986 hatten es Aktionäre schwer. Das war am deutschen Aktienmarkt ähnlich. Aktienfreunde etwa, die im Jahr 1961 ihrer Neigung zum deutschen Dividendenpapier nachgegeben hatten, mussten sich zwanzig lange Jahre in buddhistischer Geduld üben und dem Ticken des Depotgebührenzählers widerstehen, bevor sich erste zaghafte Gewinne einstellten. Gut vierzig Jahre lang, immerhin zwei Generationen lang, waren die Besitzer der harmlosen und sicheren Spareinlagen obenauf.

Glauben wir der Investmentindustrie also nicht, wenn sie herumposaunt, dass die Altersvorsorge an der Börse bestens aufgehoben sei und dabei nichts schief gehen kann. Die Geschichte lehrt etwas Anderes: Die Altersvorsorge eines heute Vierzigjährigen vom Erfolg der Börsen abhängig zu machen bedeutet ein großes Risiko. Finanzexperten empfehlen, mehrere Jahre vor dem Beginn des Ruhestands sein Vermögen aus Aktienfonds in sicherere Anlageformen umzuschichten. Rechnet man einige Jahre »Sicherheitsdistanz« hinzu, um sich vor größeren Kursüberraschungen zu schützen, würden sich die in der Vergangenheit verzeichneten »Performancepausen« von zwanzig Jahren Dauer schon zu fast einem Vierteljahrhundert Renditeschonkost aufsummieren. Wer bei der Finanzierung seines Lebensabends auf die Risikoanlage Aktie setzt, sollte also genügend Zeit mitbringen und Überraschungen einkalkulieren.

Selbst wenn alles gut geht, könnte der Faktor »Herdentrieb«, den kaum jemand auf seiner Rechnung hat, noch in letzter Minute das reiche Rentnerdasein vereiteln. Denn was geschieht, wenn all die vielen Menschen aus den geburtenstarken Jahrgängen, die in den letzten Jahren vermehrt Aktien als Instrument zur Altersvorsorge nachgefragt haben, ihre Anlagen wieder auflösen, um ihren Lebensbedarf zu decken? Die Kurse werden so schnell fallen, wie sie heute gestiegen sind, und die vermeintlichen Vermögen schmelzen wie Schnee an der Sonne.

Die Finanzbranche suggeriert uns, der Daseinszweck der Börse bestehe darin, die Aktionäre reich zu machen. Verdrängt werden dabei jene Phasen, in denen die Geduld der Anleger überstrapaziert wird und viele sich frustriert von den Börsen abwenden. Psychologisch gesehen sind Menschen nicht für den Börsenmarkt vorbereitet. Das liegt daran, dass sie prozyklisch denken und handeln. Die meisten Menschen tun gerne gemeinsam und zum gleichen Zeitpunkt dasselbe. Anleger kaufen am liebsten dann Aktien, wenn sich das bereits als erfolgreich erwiesen hat und es alle anderen auch gerade tun. Fondsmanager sind da kein bisschen klüger. Am liebsten kaufen sie Aktien – siehe das Beispiel Neuer Markt –, weil andere sie auch gekauft haben.

Im Chaos der Börsengefühle

Anleger, die den Traum vom schnellen Reichtum mit der richtigen Aktie, dem richtigen Fonds träumen, denken und handeln emotional. Das ist eine alles andere als eine gute Voraussetzung für den Börsenerfolg. Denn die Vita der erfolgreichen Investoren erzählt uns, dass sie ihre Emotionen beherrschen und sich weder von Kursbewegungen nach unten noch von Euphorie zu kurzschlüssigen Handlungen verleiten lassen. Die Psychologie der meisten Menschen ist eben nicht so stark von Selbstkontrolle und rationalen Erwägungen geprägt wie bei Warren Buffet, dem amerikanischen Milliardär und Investor. Nur die Fondsbranche glaubt, dass Panik, Unruhe und Schrecken an Anlegern spurlos vorbeigehen. Sie will uns weismachen, es handele sich bei uns allen um kleine Warren Buffets, die geduldig viele Jahre Stagnation oder Kursverfall an den Börsen aussitzen. Jeder, der mit sich selbst zu Rate geht und seine Schwächen kennt, weiß, dass dies jenseits aller Realität liegt. Schließlich sind unsere Vermögen im Unterschied zu Warren Buffet auch eher bescheiden und alles, was wir haben. Da sehen wir nicht gelassen zu, wenn sie dahinschwinden.

Gerhard Landert, Inhaber einer Researchfirma in der Schweiz und *Zeit*-Kolumnist, ist Realist, wenn er schreibt: »Wer wollte behaupten, es mache ihm nichts aus, vier bis fünf Jahre oder gar über vierzehn Jahre (zwischen 1969 und 1983) keinen Kursfortschritt zu sehen?« Solche Durststrecken durchzustehen erfordert stärkere Nerven, als die meisten Anleger haben. Zu folgern ist, dass nur eine Minderheit unter den Aktienanlegern tatsächlich ihren Papieren die Treue halten wird. Die anderen werden in einer lang anhaltenden Börsenkrise schon aus Angst ihre Aktien verkaufen. Es ist nur verständlich, dass viele Menschen aus Angst um ihre Altervorsorge in einem lang anhaltenden Börsenabschwung ihre Fondsbestände reduzieren. Angst ist eine Schutzreaktion, aber für die Spielregeln an der Börse ist sie nicht geschaffen. Sie kann dazu führen, dass die Menschen ihre Fondsanlagen zum völlig falschen Zeitpunkt auflösen.

Interessanterweise lädt die Fondsbranche selbst zum kurzfristigen Ankauf und Verkauf von Fondsanteilen ein. So genannte XTF (»Exchange Traded Funds«) werden an einem eigens für Fondsanteile geschaffenen Marktsegment der Deutschen Börse gehandelt, was zum hastigen Ein- und Ausstieg geradezu auffordert. Sogar Intraday-Handel, der An- und Verkauf binnen eines einzigen Tages, ist mittels dieser Fondsprodukte möglich (siehe auch S. 215 f.). Internethandel, Tradingfonds und die an der Börse gehandelten Fondsanteile widersprechen der Devise von der Langfristigkeit von Fondsanlagen und führen geradewegs in die falsche Richtung. Die Fondskunden werden damit überfordert und auf dünnes Eis gelockt. Da der Investor die aktuell vom Fonds gehaltenen Wertpapierpositionen kaum kennt, ähnelt das Unterfangen einem Blindflug im Nebel ohne Instrumente. Das bringt Unruhe ins Depot und in die Gefühlslage der Anleger. Die wenigsten von ihnen verfügen über hinreichende Expertise- und Anlageerfahrung, um den Branchen-, Themen- und Tradingfonds gewachsen zu sein. »Wenn die Anleger sowieso nicht durchblicken, brauchen sie erst gar nicht zu wissen, was wir mit ihrem Geld tun«, mögen sich die Fondsunternehmen gedacht haben, als sie den Fonds als Überraschungstüte kreierten. »Blinde Fondspassagiere« in der Fondsszene: Längst sind so genannte Blind Pools für

Venture Capital Investments entstanden. In die dürfen risikobereite und gutgläubige Anleger ihr Geld einzahlen, ohne überhaupt zu wissen, in welche Fonds oder Unternehmen es angelegt werden wird. Der Fondsanleger als blinde Kuh – so melken die Fondsunternehmer ihn offenbar am liebsten.

Während die Hochglanzbroschüren den ewigen Börsenaufschwung feiern, sind manche Propheten der Aktienanlage privat ganz anderer Meinung. Dem Wirtschaftsmagazin *The Economist* gegenüber gab »eine alarmierende Anzahl« solcher Investmentstrategen Anfang des Jahres 2001 zu, dass sie privat die Rezessionsrisiken für weitaus größer halten als veröffentlicht. »Die Lüge reist heutzutage erster Klasse, nur die Wahrheit hat kurze Beine«, schrieb Michael Naumann einmal in der *Zeit*. Anleger, die den gedruckten Lügen Glauben schenken, müssen Risiken und Nebenwirkungen in Form von Vermögensverlusten einkalkulieren. Zuletzt wird sich das Versprechen eines Finanzmagazins von »Fonds, die immer steigen« als wundervolle Illusion herausstellen.

13 Macht und Makel der Fondsmanager

Kleinvieh macht Mist

In den Hightech-Branchen sind es die kleineren Unternehmen, die als Schrittmacher der Wirtschaft neue Wege eröffnen. Welche Wege nachher aber auch ans Ziel führen und wer auf die richtige Technologie setzt – das zu beurteilen ist alles andere als einfach. Die richtigen Aktien aus dem Universum der vielen kleinen Werte herauszufiltern grenzt an ein Wunder. Alle Fondsmanager, jeder Börsianer träumt davon, genau das Unternehmen zu angeln, das später zu einem Giganten wie Microsoft oder Cisco Systems heranreift – doch die Masse der Fondsmanager greift erst zu solchen Aktien, wenn die Unternehmen groß und erfolgreich, die Aktien bereits relativ teuer sind. Die Realität ist von Stochern im Nebel und von kurzfristigen Aktionen bestimmt. Falls dabei einmal ein Superunternehmen im Frühstadium auf den Radarschirm eines Fondsspezialisten geraten sollte, ist nicht gesagt, dass dieser Wert so lange im Portfolio bleiben würde, bis es Zeit zur Reife fände – in der kurzlebigen Fondsbranche zählen langfristige Anlageentscheidungen viel weniger, als Anleger glauben. Mehr ist zu verdienen, wenn die Manager das Portfolio umschlagen und immer in Bewegung halten.

Viele Fondsunternehmen stellen die höheren Wachstumsmöglichkeiten der so genannten Small Caps heraus. Gerne wird auch erläutert, dass die relative Bewertung dieser kleineren Werte sich gegenüber den großen Konzernen weitaus günstiger gestalte. Tatsächlich liegen die langfristigen Renditen der kleineren Werte über jenen der großen Unternehmen, die sich im Standard & Poors 500 Index versammeln. Warum legen dann nicht weit mehr Fonds in die Small Caps an? Die amerikanische Fidelity Investments beispielsweise ließ 1999 von hundertdreiundfünfzig Fondsmanagern und Analysten gerade einmal sieben Angestellte auf Vollzeitbasis an die Kleineren heran. Der Trend in der Fondsbranche läuft hinter den Kulissen unmerklich gegen diese Fondskategorie. Dafür gibt es mehrere Gründe – der Druck auf die Fonds in Sachen Gebühren und der Trend zum Indexfonds ist nur einer davon. Hinzu kommt, dass ein geradezu detektivischer Aufwand betrieben werden muss, um die Leistung der kleinen Unternehmen zu verfolgen, und die Qualität der Ergebnisse dieser Überwachung ist mit Fragezeichen behaftet. Obendrein ist die Frage, ob die Mühe mit einer entsprechenden Performance belohnt wird. Bei den unberechenbaren Kleinen winkt also noch richtig harte Arbeit bei durchaus fragwürdigem Erfolg. Betriebswirtschaftlich gesehen, lohnen sich die Small Cap Fonds deshalb weniger. Wenn aber in einem Small Cap Fonds Vertrieb oder eine gute Performance für reichlich Interesse und neue Investoren sorgen, bereitet das dann entstehende große Fondsvolumen neue Probleme. Durch das Übermaß an Mitteln wird die Manövrierfähigkeit des Fonds eingeschränkt und erweist sich nicht selten als Belastung für die Performance, denn schließlich will der Fonds ja nicht das gesamte Unternehmen über die Börse erwerben – zumal eine große Position kaum wieder über die Börse zu verkaufen wäre. Andererseits sind positive Analyseresultate bei Aktien eines kleineren Unternehmens nicht ohne weiteres zu kopieren und in weitere Käufe vieler anderer Fonds desselben Hauses umzusetzen.

Die Zurückhaltung der Fonds bei den Small Caps offenbart, dass die Fondsunternehmen ihren eigenen Angestellten wenig zutrauen. Die zahlreichen Debakel in den Small Caps wie der Absturz der Neuen Märkte und der Technologiebörsen zeigen sehr schnell, wer sein Handwerk versteht – wer will sich da schon eine Blöße geben und freiwillig auf dieses riskante Feld hinausziehen? Umgekehrt gibt es für wirklich gute Fondsmanager nirgendwo mehr Möglichkeiten, ihr Talent im »Stockpicking« unter Beweis zu stellen – sofern die Chefs der Fondsgesellschaften sie gewähren lassen. Die erfolgreiche Führung eines Small Cap Fonds hängt aber auch vom Volumen des darin angelegten Geldes ab. Ist der Fonds klein, ist die Sache zwar einfacher, braucht aber dennoch das Können eines Buschfliegers in der Wildnis, um bei den schwierigen, kaum von Analysten abgedeckten kleinen Unternehmen gute Resultate einzufahren – eine Aufgabe, der viele Fondsmanager nicht gewachsen sind. Statt brillanter Resultate produziert die Masse der Fondslenker gerade im kritischen Bereich der kleineren Unternehmen eher Mittelmaß. Dabei setzen sie ihre Anleger hohen Schwankungen der Anteilswerte aus und schaffen häufig nicht einmal die Entwicklung des Vergleichsindex. Kleinere Werte demaskieren das Können der Piloten in der Kanzel der Fondsgesellschaften schonungslos. Das missfällt wiederum den Marketingabteilungen, die ums Image des Unternehmens fürchten und bei der Kreation neuer Produkte das Sagen haben. Angesichts der Tatsache, das Small Cap Fonds der Kategorie »Betriebsrisiko« für die Fondsunternehmen zuzurechnen sind und dass die Struktur der Finanzgroßbetriebe von den Werbern und Marketingleuten dominiert wird, grenzt es an die Quadratur des Kreises, überhaupt fähige Managementtalente für Small Cap Fonds zu finden und dauerhaft ans Haus zu binden.

Die Weltmeister im Fondsschwergewicht

In der Fondsindustrie ist der Konzentrationsprozess genauso in vollem Gange wie in anderen Branchen auch. Dem Hang zur Gigantonomie folgend, verschmelzen Fondsunternehmen zu immer größeren Einheiten. Dieser Konzentrationsprozess dürfte sich in den nächsten Jahren weiter fortsetzen. Am Ende könnten etwa acht bis zehn Großunternehmen übrig bleiben, meinte Charles Brady, Chef des britischen Fondsunternehmens Amvescap, in der *Financial Times*. Brady zufolge bildet sich »eine Art von Welt-Superliga« von Fondsunternehmen heraus, die den Fondsmarkt unter sich aufteilen. Neben – natürlich – Amvescap zählt er Fidelity Investments, T. Rowe Price, Capital Research, UBS Morgan Stanley, Merrill Lynch, Chase, Axa und Citicorp zu denen, die den Markt der Fonds künftig dominieren werden.

Für die Arbeit der Fondsmanager ist eine solche Konzentrationstendenz nicht unbedingt positiv. Unbestritten ist zwar, dass die Analyse- und Researchkapazitäten von großen Unternehmen entsprechend höher ist. Doch gleichzeitig wirken die rigiden und bürokratischen Strukturen der riesigen Finanzkonglomerate offensichtlich hemmend. Wohl deshalb suchen Fondsmanager immer wieder dem Dickicht der Fondsgroßorganisationen zu entfliehen.

Das Personalkarussell

So wie manche Forscher die großen Labors der Pharmaindustrie verlassen, um sich mit einem eigenen kleinen Biotech-Unternehmen selbständig zu machen, so haben auch viele Fondsmanager in der Vergangenheit den großen Fondsanstalten den Rücken gekehrt. Besonders Barings hat es immer wieder getroffen, die einige gut geführte und ausgezeichnete Investmentfonds vorweisen können. Von Barings kam nicht nur der bekannte Europamanager Mark Pignatelli, der beim Fondsnachbarn Schroders unter Vertrag ging. Bereits früher hatten sich Gerhard Schöningh und Geoff Oldfield – beide ausgewiesene Spezialisten für kleinere europäische Werte – selbständig gemacht und einen eigenen Fonds gegründet.

Aber nicht immer ist die Londoner Fondsgesellschaft Barings betroffen, die zum großen niederländischen Finanzkonzern ING gehört, und durchaus nicht immer geht es um die Erzielung eines höheren Gehalts. Elisabeth Weisenhorn, die bei ihrem langjährigen Arbeitgeber DWS für Topergebnisse sorgte, wollte ebenso wie Jürgen Kirsch, der einst dem Mercury Eastern European Fund zu einer Rekordperformance verhalf, lieber auf eigenen Füßen stehen.

Während immer wieder Talente den großen Asset-Management-Unternehmen den Rücken kehren, verlegen sich die Finanzunternehmen auf das starre Reproduzieren des Index oder auf den so genannten »Enhanced Index Approach«. Im Prinzip wird auch dabei der Referenzindex kopiert; nur zu kleinen Teilen wird er modifiziert, in der Hoffnung, auf diese Weise doch noch ein wenig Überperformance zu erzielen. Um die angebotene Massenware und die vielen Fondsprodukte von überwiegend mittelmäßiger Qualität in den Markt zu pumpen, werden Vertrieb und Marketing verstärkt – Bereiche, in denen die großen Organisationen ihre Stärken auszuspielen verstehen.

Zahlen statt Feeling

Mathematiker sehen guten Zeiten entgegen. Von der Finanzbranche, vor allem von Fondsunternehmen, werden sie freundlichst umgarnt. Für die Zunft der Vermögensverwalter bedeutet das eine echte Zeitenwende. Zunehmend gelten Intuition und Verständnis für das Flüstern des Marktes als nicht mehr wichtig. An ihre Stelle sind Zahlen, Statistiken und so genannte quantitative Modelle getreten. Wo Wissenschaftler und EDV-Techniker am Drücker sind, haben die Individualisten und talentierten Köpfe im Fondsmanagement ausgedient. Tatsächlich sind individuelle Ansätze im Fondsmanagement immer seltener zu erkennen; die Dienste des findigen und seine Chancen erspähenden cleveren Adlerauges mit »Feeling« für den Börsenmarkt sind kaum mehr gefragt: Auf dem Vormarsch sind die Fertiggerichte unter den Fondsprodukten: dicht am Index geführte Produkte. Der Drang der Finanzindustrie zur Größe und die starren Strukturen der Fondsbranche ersticken Kreativität, erhöhen den Konformitätsdruck und hindern Talente eher an der Entfaltung, als sie zu fördern.

Wenn die Party vorbei ist – Fonds aus dem Flakon

Für Druck auch innerhalb der Fondsunternehmen sorgen die überaus mächtigen Vertriebs- und Marketingabteilungen. Sie diktieren die Entwicklung immer neuer Themen- und Branchenprodukte, darunter echte Fehlgeburten wie der Nordasia.com (siehe S. 210). Die Fondsmanager lassen sich nicht gern vor den Karren der Marketingleute spannen, und vielen gefällt nicht, dass die mit reichlich Power in den Markt gedrückten Produkte selbst Minimalstandards bezüglich der Risikostreuung nicht genügen und den Bedürfnissen der meisten Anleger in keiner Weise entsprechen.

Das interessiert die Marktstrategen indes herzlich wenig. Immer kurzatmiger und immer spezieller werden die Moden, aus denen Ideen für neue Fonds abgeleitet werden. »Fondskreationen« und »Lifestyle Produkte« bestimmen das Angebot. Das sollten die Kunden wissen. Und für solche Produkte nicht mehr ausgeben als etwa für einen Flakon mit der neuesten Duftwasserkreation von Givenchy oder Boss.

Kleiner Grenzverkehr an der Börse

Die Wirkung von Fonds ist, als würde einer einen Ballon aufblasen. So geschehen am Neuen Markt, der die Fonds magisch anzog. Wenn dann eine steile Performance weiteres Anlegergeld anzieht, wächst das Volumen der Fonds – bis sie zu dick werden für eine gute Wertentwicklung. Fonds mit einer Milliarde Euro oder mehr Anlagevermögen, die sich Investments in kleinere Unternehmen des Technologiesektors verschrieben haben, bieten ihren Verwaltern kaum mehr Spielraum für anlagetechnische Feinmechanik. Erst recht ist es ihnen nicht mehr möglich, sich in interessanten Nischen zu positionieren – es wird zum Problem, die verfügbaren Anlagemittel am Markt unterzubringen. Die Marktmacht der Fonds verkehrt sich zur Ohnmacht. Größere Positionen kann ein solcher Fonds auch nicht mehr verkaufen, dazu sind die am Markt gehandelten Stückzahlen vieler Werte zu gering. Würde ein Fondsmanager versuchen, eine größere Menge über die Börse zu verkaufen, wäre ein Kurssturz der entsprechenden Aktie die Folge.

Das führt dazu, dass zum Beispiel die Manager von am Neuen Markt investierten Fonds dazu übergehen, größere Aktienpakete unter Umgehung der Börse zu handeln. Sie nehmen telefonisch untereinander Kontakt auf und handeln en bloc vielleicht 150 000 Stück EM.TV im »kleinen Grenzverkehr«. Dieser »Telefonhandel« der Fondsmanager ist legal und unter Ausschluss der Börsenöffentlichkeit stattfindender Handel ist »kursschonend«. Doch wenn die größten Geschäfte an der Börse vorbei abgewickelt werden, haben die an der Börse »offiziell« festgestellten Kurse kaum mehr Bedeutung. Die Börse wird zur Farce. Dass Aktienpakete von Fonds zu Fonds durchgereicht werden, macht den Aktienmarkt für die Anleger vollends undurchsichtig.

Solche Geschäfte funktionieren außerdem nur dann, wenn ein anderer Fondsmanager an den zum Verkauf angebotenen Positionen überhaupt interessiert ist. Manche Aktien bleiben in Dürrezeiten des Börsenmarkts als Bodensatz im Fonds zurück. Aus manch einem einst stolz dahinsegelnden Neue-Märkte-Fonds wurde so ein Zombie-Produkt, angefüllt mit lebenden Leichen.

Kurskapriolen

Wenn die Börsennachrichten von unerwartet heftigen Kursausschlägen kleiner Werte berichten, findet sich oft ein Verweis dabei auf mutmaßliche Aktionen von so genannten institutionellen Adressen – kaum zu eruieren, wer wirklich dahinter steckt. Solche Kurskapriolen können drastische Ausmaße annehmen, besonders am Neuen Markt, der deshalb einen zweifelhaften Ruf genießt.

Am Montag, dem 15. Januar 2001, zeigte sich der Kurs der Adori AG, eines E-Commerce-Anbieters, überraschend fest, obwohl das Unternehmen schlechte Zahlen vorgelegt hatte. Zunächst fielen die Adori-Papiere zwar um 8,3 Prozent auf 5,50 Euro, dann jedoch stemmte sich, wie ein Nachrichtendienst unter Berufung auf Händler wissen wollte, ein »am Neuen Markt bekannter Fondsplayer gegen den Abgabedruck«, und sie konnten sich behaupten. Auffällige Kursbewegungen in demselben Wert waren schon am Freitag davor verzeichnet worden. Mutmaßlich »dieselbe Adresse« hatte den Kurs raketenartig von 2,35 Euro auf 6 Euro hochschießen lassen – und für zehnfach höhere Umsätze in der Adori-Aktie als an gewöhnlichen Tagen gesorgt. Ein Plus von 160 Prozent – mit einer seriösen Kursfindung hat dies nichts mehr zu tun. Phänomene dieser Art dürfen getrost unter der Rubrik Kursmanipulation verbucht werden.

Das Beispiel macht deutlich, auf welch schwankendem Grund viele Small-Cap- und Technologiefonds agieren, die durch ihre Aktionen unfreiwillig den Boden unter den Füßen der Marktteilnehmer zum Schwanken bringen können – und ihn gar nicht so selten auch mal ganz wegziehen. Den Fonds selbst ist damit nicht gedient, denn sie verlieren häufig selbst den Halt.

In der Betrachtung der Fonds und ihrer Umtriebe fällt ein Aspekt häufig unter den Tisch: Fondsgesellschaften werden missbraucht. Die Banken, denen sie gehören, verwenden sie nämlich gern zur so genannten Kurspflege. Aus geschäftspolitischen Gründen möchte die Bank vielleicht den Wert einer ihrer Beteiligungen besser »aussehen« lassen. Auch im Vorfeld der Platzierung einer Kapitalerhöhung kann ein »Facelifting« angezeigt sein. In diesen Fällen halten gezielte Kaufaktivitäten von Fonds den Kurs der entsprechenden Aktie auf einem bestimmten Niveau oder lassen ihn innerhalb einer bestimmten Bandbreite pendeln. Den Nachteil haben andere: Wer so brav den Willen seiner Vorgesetzten exekutiert, handelt auf Kosten seiner Anleger.

Fondsmanager als Bestattungsunternehmer

Nirgendwo ist besser zu besichtigen als am Neuen Markt, zu welcher Geldvernichtung gigantisch aufgeblasene Fondsballons fähig sind. Am Neuen Markt haben milliardenschwere, eigens für diese Wachstumsbörse eingerichtete Fonds deutscher und ausländischer Gesellschaften die Kurse zuerst massiv hochgefahren. Als dann über den dort investierten Fondselefanten – die massiv Anlegergeld eingeworben hatten, ohne auf die besonderen Umstände dieses Marktsegments Rücksicht zu nehmen – der Porzellanladen zusammenstürzte, war der Katzenjammer groß.

Im März 2000 schwang Wassili Papas noch das Zepter über ein Königreich von mehr als 15 Milliarden Euro, die in den von ihm verwalteten Fonds der Union Investment steckten. Ein Jahr danach hielt er nur noch einen Bettelstab in der Hand – gerade Mal 3,8 Milliarden Euro befanden sich noch in den Fonds. Zu diesem Zeitpunkt hatten viele der vorher umjubelten Gründer der New Economy bereits Kasse gemacht – zurück blieben düpiert die Fondsmanager, die sich betrogen fühlten, weil die Firmenchefs ihnen teilweise glatt ins Gesicht gelogen haben sollen. Das behauptete zumindest ein ungenannter Fondsmanager dem Magazin *stern* gegenüber.

Am Neuen Markt wird die Performance beerdigt, die Fondsmanager sind längst zu Bestattern mutiert. Im Frühjahr 2001 betrugen ihre Kursverluste durchschnittlich 65 Prozent – ein Desaster für jene Anleger, die sich noch während der Sommermonate 2000 zum Nachlegen ermuntert sahen. Wie die Fonds ihre Verluste wieder aufholen sollen, ist völlig unklar. Viele der von ihnen eingegangenen Positionen sind geplatzte Luftballons.

Am Markt entstehen ans Absurde grenzende Kursbewegungen: Manche Unternehmen verzeichnen trotz schlechter Geschäftszahlen einen Kursanstieg, während die Aktien anderer Unternehmen ohne ersichtlichen Grund abserviert werden. Dieses Schicksal traf IDS Scheer, ein EDV- und Beratungsunternehmen aus dem Saarland. Es gehört zu jenen Unternehmen der Informationstechnologie (IT), die ein vorzügliches Führungszeugnis haben und den Anforderungen im »Pflichtenheft« der Analysten und Fondsmanager mustergültig entsprochen haben. Das bedeutet: Die Prognosen zur Geschäftsentwicklung wurden eingehalten, entsprechend erfreulich waren die Zahlen. Dem Unternehmen nutzte das jedoch nichts. Am 21. November 2000 schlug dem IT-Primus von der Saar die Stunde der Unwahrheit am Neuen Markt. Unvermittelt kam Bewegung in den Kurs der Aktie. Die Umsätze sprangen nach oben, erste Paketverkäufe begannen den Kurs nach unten zu drücken. Minuten später wurde daraus ein Trommelfeuer tausender von IDS-Scheer-Aktien, die in hoher Taktzahl in den Markt gestoßen wurden. Eine halbe Stunde später war das Massaker beendet, der Kurs hatte gut 12 Prozent eingebüßt – ein Fonds hatte Aktien des Unternehmens im Wert von rund 600 000 Euro abgeladen. Das geschah aus heiterem Himmel, ohne dass ein Anlass zu einer wirtschaftlichen Neubewertung der Unternehmenssituation von IDS Scheer und damit zum Abschuss des IDS-Papiers zu erkennen gewesen wäre.

Ohrfeigen für die Kleinen

Wenn Fondsunternehmen einen neuen Small Cap Fonds an den Kunden bringen wollen, behaupten sie oft, dass die kleinen Unternehmen unterbewertet seien. Das ist eine gewagte Aussage. Niemand kennt den wahren Wert der Kleinen. Sie sind riskantere Investments als die großen Unternehmen – schon dies muss einen Abschlag in ihrer Bewertung rechtfertigen. Zudem sind Aktien kleinerer Unternehmen sehr sprunghaft, ihr Handel ist wenig liquide. Wenn neues Kapital nur noch spärlich seinen Weg an die Börse findet, trocknet der Markt in den Aktien kleiner Unternehmen schnell aus. In einer solchen Marktphase bleibt den Anlegern vieler Small Cap Fonds allenfalls noch die Hoffnung auf gelegentliche Freudensprünge der Fondskurse, wie sie selbst während eines langen Marktabschwungs hin und wieder erfolgen.

Echte Nebenwertefonds sind die Jojospieler des Marktes. In Japan trieb 1999 die Begeisterung für Technologie und mancherlei Nebenwerte deren Bewertungen derart in die Höhe, dass dort investierte Nebenwertefonds wie der UBS Small & Mid Cap Japan nach oben schossen und einen Wertzuwachs von mehr als 311 Prozent verzeichneten. Ein Jahr darauf waren 50 Prozent davon wieder hinweggeschmolzen – für Anleger ein Fluggefühl der besonderen Fondsart. Wem an solchem Nervenkitzel gelegen ist, kann dabei sein. Andere Investoren sollten die Small Cap Fonds mit entsprechender Vorsicht genießen.

Eine Anfang 2001 in den Vereinigten Staaten veröffentlichte Studie über die Langfristperformance von Fonds zwischen 1965 und 1998 muss auf die Liebhaber von Small Cap Fonds wie eine kalte Dusche wirken: Verschiedene, von den Fonds verfolgte Managementstile wurden auf den Prüfstand gestellt. Eine herausragende Performance, so ein Ergebnis der Studie von James L. Davis, die auch der bekannte amerikanische Wirtschaftswissenschaftler Eugene Fama begleitet hatte, war nur wenigen Fonds und auch denen nur während kurzer Zeit vergönnt; nach Ablauf eines Jahres war es damit meist schon wieder vorbei. Andere »Fondsforscher« waren zu vergleichbaren Ergebnissen gekommen. Davis' Untersuchung schloss denn auch mit einer ernüchternden Erkenntnis: »Allem Anschein nach ist die Fortdauer von schwacher Performance bei den Fondsmanagern von Small Cap Fonds ein Problem, das nicht nur amerikanische Investoren betrifft.«

Milchshakes für große Jungs

Nur große Jungs machen dicke Gewinne, meinte die *Business Week*. Gerade wenn es an den Börsen hart auf hart komme, könnten die großen Unternehmen ihre Stärken entfalten und höhere Wachstumsraten erzielen.

In vielen klassischen Wirtschaftsbereichen sind und bleiben die Großunternehmen gewiss tonangebend. Sie pumpen ihre Erträge in neue Wirtschaftszweige und übernehmen jüngere und innovative Unternehmen. Doch auch die Schwergewichtler im Markt stoßen an ihre Wachstumsgrenzen, und wenn solche schweren Werte vor die Wand fahren, brummt auch den Fondsinvestoren der Schädel, denn wegen der Indexnähe vieler Fonds sind sie fast immer mit dabei.

Die Debakel, die Investoren selbst großer Wall-Street-Unternehmen in den letzten Jahren erlebten, kratzen schwer am Nimbus schierer Größe. Wer glaubt, dass die großen Unternehmen und Technologieführer immer auf den vorderen Plätzen sitzen, sah sich beispielsweise im Falle des Kopiererherstellers Xerox eines Besseren belehrt. Xerox, dem es nicht gelang, die Erfindungen seiner Forscher in wirtschaftliche Erfolge umzusetzen, hat eine Karriere hinter sich, die so ähnlich noch manchem Blue Chip und angeblichen Technologieführer bevorstehen dürfte. Seit 1961 an der New Yorker Börse gelistet, hat das Unternehmen Generationen von Investoren begeistert. Bis zum Mai 1999, als der Aktienkurs mit 64 Dollar seinen Zenit erreichte. Nur zwei Jahre später steht Xerox nicht mehr für den Erfinder des Kopiergeräts, sondern ist Symbol für die größte Managementkatastrophe Amerikas geworden, die 38 Milliarden Dollar an Aktionärsvermögen vernichtet hat.

Von Fondsmanagers Liebling zur ausgesprochenen Investmentkatastrophe entwickelte sich Lucent, ein großes Unternehmen der Netzwerktechnologie. Als klar war, dass die kriselnde Telekombranche ihren Hoflieferanten die Aufträge streicht, suchten die Fonds, die wenige Wochen zuvor nicht genug von den Aktien der Netzwerker bekommen konnten, das Weite. Auch die Wirtschaftspresse lästert jetzt wie *Fortune* »über den Elefanten der gerne eine Maus, ja ein flinkes junges Start-up sein möchte«.

Wer nur noch rauswollte aus den Technologiewerten und vielleicht in die vermeintlich harte Zahlen vorweisende Softdrinkbranche wechselte und sein Depot mit Aktien der Coca-Cola-Corporation auffüllte, musste eine neue Enttäuschung verkraften. Die als Ausbund an Stabilität geltende Markenlegende hat Schluckbeschwerden. Seit Jahren sprudelt der Kurs der Aktie des braunen Brauseriesen immer weniger und gehört inzwischen zu den stillen Wassern der Börse. »Die Wahrheit war«, schreibt der *Economist*, »dass aus Coca-Cola eine zähe, zentralisierte Bürokratie geworden war.«

Ähnliche Probleme hat der Hamburgerbrater McDonald's, dessen globaler Vormarsch ebenfalls stockt, weil Arroganz den Blick auf die Welt verstellt. Einst war McDonald's, wie Coca-Cola, stolzes Symbol für den »American Way of Life«, und das Unternehmen verfügte auch in den Schwellenländern über ein riesiges Potenzial. Davon ist nichts mehr zu hören. Die Begeisterung der Börse für die Aktien des Fastfood-Unternehmens hält sich in Grenzen, und nach einer Vielzahl von Problemen mit Wechselkursen, negativer Publicity und der BSE-Fleischkrise ist der Aktienkurs wie ein Salatblatt zwischen zwei Brötchenhälften dahingewelkt.

Und Procter & Gamble, der Waschmittelladen der Welt – haben nicht wenigstens die jene Produkte, die immer gebraucht werden? Das sehen am Finanzmarkt inzwischen viele anders. Zunehmend schwieriger ist es für das Management eines solchen Unternehmens, das umfangreiche Markensortiment im Griff zu behalten und profitabel zu verwerten. Noch Anfang der neunziger Jahre in Peter Lynchs *Der Börse einen Schritt voraus* als zwar wenig aufregendes, aber grundsolides Unternehmen aufgeführt, hat es mittlerweile Wachstumsprobleme. Einst war in jedem Geschäftsbericht zu lesen, dass der Konzern ein Gewinnwachstum von 15 Prozent anstrebe. Als die Gesellschaft sich bei einer Übernahme gehörig verschluckt hatte, geriet der Vormarsch der Saubermänner ins Stocken und das Topmanagement putzte den Satz mit dem schönen Wachstumsversprechen aus dem Geschäftsbericht.

Die Liste solcher Enttäuschungen ist lang. Viele Konzerne steigern in jüngster Zeit nicht mehr den Umsatz, sondern eher den Umschlag an immer neuen Spitzenmanagern. Eine Untersuchung von *Fortune* ermittelte die langfristigen Gewinne von Unternehmen seit dem Jahr 1960. Das Ergebnis untermauert, dass ab dem Erreichen einer bestimmten Unternehmensgröße das Wachstum eines Konzerns an eine unsichtbare Glaswand zu stoßen scheint. Nur wenige Unternehmen waren in der Lage, in allen untersuchten Zeiträumen (1960 bis 1980, 1970 bis 1990, 1980 bis 1999) ein Wachstum von 15 Prozent durchzuhalten. Ein ärgerliches Ergebnis nicht nur für Anhänger einer langfristigen Anlage in die Aktien von Großunternehmen. Auch überzeugte Nichtraucher dürften das Ergebnis ärgerlich finden: Ausgerechnet der Blue Chip von Tabakwarenproduzent Philipp Morris ist in puncto langfristiges Gewinnwachstum pro Aktie ganz vorne mit dabei. Da der Rauch der Entschädigungsprozesse den Fondsmanagern die Sicht auf den wahren Wert des Unternehmens vernebelte, wurde die Aktie lange gemieden. Viele Fonds waren anderweitig engagiert, als die Renaissance des Marlboro-Produzenten begann. Ein Fondsmanager – der keineswegs Verwalter eines ökologisch oder ethisch orientierten Fonds war – gab sogar an, Tabakwerte wie Philipp Morris generell nicht für »seinen« Fonds zu kaufen.

Wem die Stunde schlägt

Feingefühl gehört kaum zu den Stärken der Fondsmanager. In den Vereinigten Staaten sind die Verwalter der großen Fonds für ein Phänomen zumindest mitverantwortlich, das den Unternehmen tendenziell schadet: Die Verweilzeit der Topmanager auf den Chefetagen nimmt ab. In Technologie-Unternehmen liegt, laut *Capital*, die Amtszeit des Vorstands bei dreizehn Monaten. Wenn sich in dieser Zeit der erwartete Erfolg nicht einstellt und die proklamierten Ziele nicht erreicht oder gar übertroffen werden, sieht sich der Neue im Chefsessel unerwartet rasch mit seinem Nachfolger konfrontiert. Das heißt: Kaum hat einer die Analyse der Lage des Unternehmens beendet und erste Maßnahmen eingeleitet, da stürzt bereits der nächste »Restrukturierungsbeauftragte« ins Zimmer. Die Unternehmen werden zu Baustellen. Genau das ständige Umbauen und Neustrukturieren gefällt aber den Fonds, denn wenn Vorstandssessel Schleudersitze sind, bleiben auch die Kurse in Bewegung.

Ob der fliegende Wechsel in der Chefetage jedoch im längerfristigen Interesse der Unternehmen ist, darf getrost bezweifelt werden. Auch John Warnock, der Gründer und erfahrene Vorsitzende des bekannten Softwareunternehmens Adobe, ist der Ansicht, dass zu kurze Amtszeiten des Chefs Unternehmen in Schwierigkeiten bringen. In den Zeiten des Shareholder Value üben die großen Fonds aber einen hohen Druck auf die Vorstände ihrer Beteiligungsunternehmen aus. Doch Ausmaß der Einflussmöglichkeiten und Menge des den Fonds zur Verfügung stehenden Kapitals bedeuten noch lange nicht, dass die Unternehmensanalysten und Fondsmanager von dem Geschäft jener Unternehmen, in die sie investieren, besonders viel verstehen. Nur wenige Fondsmanager haben einmal Industrieluft geschnuppert und verfügen überhaupt über ein Quentchen Praxiserfahrung. Während in Großbritannien Quereinsteiger aus anderen Berufen durchaus im Fondsmanagement vertreten sind, ist die Laufbahn in Deutschland festgelegt, und die beginnt mit dem Wirtschaftsstudium – die Welt der Zahlen, nicht die wirtschaftliche Praxis bestimmt das Denken. Wo aber Zahlen und Charts den Ton angeben, stellt sich ein Verlust an Bodenhaftung schnell ein. Wer soll da die Philosophie und das Handeln des Unternehmensmanagements oder die Märkte des Unternehmens verstehen? Im hektischen Tagesgeschäft bleibt keine Zeit für Tiefgründiges.

Trotzdem maßen sich die Herren der Fonds ein Urteil über die Geschäfte des Unternehmens an und glauben, der Unternehmensleitung in die Parade fahren zu können. Noch zählt eine von den Fondschefs betriebene vorzeitige Absetzung der Unternehmensspitze in Europa zu den Ausnahmen. Das kann sich ändern. In den Vereinigten Staaten wird das Verfehlen der Prognosen oft schärfer geahndet, manchmal gar mit Jobverlust. So fasste Fidelity Investments einmal den Entschluss, die Spitze des Filmriesen Kodak rundzuerneuern. Die Macht der Fonds ist die Ohnmacht der Manager der börsengelisteten Aktiengesellschaften (und der Kleinanleger, deren Interessen von den Fonds leichterdings an die Wand gespielt werden). »Die Hand Gottes küssen«, so charakterisierte einmal ein Topmanager seine Dienstreise zu einem Fondsunternehmen.

Um die Herren der Fonds gnädig zu stimmen, wird bereitwillig rapportiert und Bericht erstattet. Doch der Kuss der gesalbten Hände in den heiligen Hallen des Fondskapitals ist oft vergebliche Liebesmühe. Nach dem Gespräch mit Analysten und Fondsmanagern, die selbst nie an der Spitze eines Unternehmens gestanden haben, behalten die »Doktoren des Kapitalmarkts« ihre Diagnose für sich. Die Stunde der Wahrheit schlägt erst Tage später an der Börse, wenn massive Verkäufe die Aktienkurse des Unternehmens filetieren. Berufung ist gegen ein solches Urteil selbstredend nicht möglich.

Die Königin im Netz

Die Anleger glauben an die Expertise und Weisheit der Fondsmanager, weil sie es nicht anders gewohnt sind. Schließlich ist die Macht der Experten in unserer Gesellschaft allgegenwärtig. »Der Spezialist drückt der Gesellschaft seinen Stempel auf«, hat der Philosoph Ortega y Gasset gesagt, dabei ist er »zu einer Gesamtschau der Dinge unfähig«. Unsere in viele unterschiedliche Wissensbereiche ausdifferenzierte Welt bietet jedem Spezialisten sein eigenes Königreich. Das ist im Fondsmanagement nicht anders als anderswo, nur dass Inhaber von anerkanntem Fachwissen hier besonders viel verdienen können. Das gilt umso mehr, wenn es dem Experten gelingt, seine Zuhörer glauben zu machen, dass er über das Wissen und den Einblick in die Zusammenhänge des Marktes verfüge, die erst in seinen Händen jenes unschlagbare System ergeben, das die Augen des Handelsgotts Merkur zum Leuchten bringt.

Manchmal werden Merkurs Abgesandte von der Öffentlichkeit geradezu bedrängt, sich zu offenbaren. Mary Meeker, Internetanalystin bei Morgan Stanley Dean Witter & Co. – eine Wall-Street-Bank, die viele Internetunternehmen auf ihrer Kundenliste hatte –, betrieb so erfolgreich Verkaufsförderung für ihren Arbeitgeber, dass sie noch mehrere Internetaktien empfohlen hatte, als die Kurse der Internetaktien bereits »toppten«. Die »Königin des Internets« war für das Aufpumpen der gewaltigen Internetblase mitverantwortlich, denn ihre Kommentare und Empfehlungen, die ihr den Herrschertitel eintrugen, hatten die Massenhysterie rund um die Internetaktien stark angefacht. Als die Luft aus den Internetwerten entwich, konnte sich Meeker nicht zum Eingeständnis ihres kostspieligen Versagens durchringen.

Die Unschuldslämmer von der Wall Street und ihrer Frankfurter Außenstelle präsentieren sich in der Regel mit weißer Weste. Da ist das Eingeständnis von Internetguru Henry Blodget – Meekers Kollege bei Merrill Lynch – geradezu bewundernswert: »Viele Leute, die auf mich hörten, verlieren gerade viel Geld.« Während die Entzauberung der Experten in vollem Gange ist, wird klar, dass die Anleger das Heft bei ihren Anlageentscheidungen selbst in die Hand nehmen müssen.

Money for nothing

Die Messlatte der Analysten sind Umsatz und Provisionen im Wertpapiergeschäft – erst in zweiter Linie geht es um die Qualität der Analysen. Bei den Fondsmanagern sorgen Mittelzuflüsse über die kapitalbezogene Managementgebühr und die Ausgabeaufschläge für klingende Münze beim Umsatz. Wenn die Performance stimmt – umso besser, letztlich ist sie aber von nachrangiger Bedeutung. Da sind Fehlschüsse bei der Aktienauswahl zwar misslich, aber verzeihlich, solange sie nicht publik werden. Rasch werden sie per Mausklick von der Festplatte gelöscht. Manche Analysten gehen in der Bewältigung ihrer Fehler den umgekehrten Weg und bestätigen schlechte Kaufempfehlungen immer wieder aufs Neue. Nach dem Motto: Irgendwann wird sich die Wirklichkeit schon daran halten, was ich empfehle.

Vor einem solchen Verhalten sind natürlich Fondsmanager nicht gefeit. Zum Beispiel Kerstan von Schlotheim, der als Manager bei der Adig unter anderem den Plusfonds verantwortet. Der Fondsmanager hielt der bedrängten EM.TV-Aktie selbst dann noch die Treue, als das Medienunternehmen nach seinem Filmriss nur noch dunkle Schatten auf Börsenleinwand und Bilanzen warf.

Für Anleger gilt also: Augen auf! Nur ein Teil des Gesamtvermögens sollte in Fonds Anlage finden – und auch das nur dann, wenn ein kostengünstiges, den Index abbildendes Produkt im gewünschten Anlagemarkt nicht zur Verfügung steht. Wer die Vorgabe nicht erfüllt und den Index in seiner Wertentwicklung nicht schafft, ist seine Gebühren nicht wert.

Attraktiver Anlageschrott

Wie kann es sein, dass derartiger Anlageschrott dennoch Käufer findet? Offenbar sind viele Anleger dem Glauben an das überlegene Wissen der Experten verfallen. Sie ahnen nicht, dass auch die Chefs der Fonds nicht wissen, wie spät es an den Börsen ist – niemand weiß das! Fondsmanager können die künftige konjunkturelle Entwicklung ebensowenig vorhersagen wie die Gewinnentwicklung der Unternehmen. Nicht einmal die momentan herrschende Konjunktursituation kennen sie oder die Wirtschaftswissenschaftler, denn die erschließt sich immer erst im Nachhinein anhand der von den Statistikern vorgelegten Zahlen, welche ein mehr oder weniger genaues, meist aber ein von Widersprüchen geprägtes Bild vermitteln. Einen tieferen Einblick in die Unternehmen gibt es nur bei den durch und durch analysierten, etablierten großen Werten. Doch bei der Momentaufnahme der großen Standardwerte ist die Konkurrenz mindestens ebenso gut im Bilde. Das bedeutet, dass es Fondsmanagern nicht möglich ist, einen Informationsvorsprung zu erwerben und daraus einen Handelsvorteil zu ziehen. Daran ändert der Umstand wenig, dass ihre Meinung von den Medien immerfort abgefragt wird und sie geradezu bedrängt werden, eine Äußerung über das zu tun, was sie nicht wissen, wonach aber das emsige Börsenpublikum immerzu verlangt.

Das Chart-Orakel

Weil viele Fondsmanager im Dunkeln tappen, klammern sie sich an die Vorstellung, auf Wissenschaft und Technik sei Verlass. Das ist ihre Form der Expertenhörigkeit. Viele verlassen sich bei der Entscheidung über An- oder Verkauf eines Wertpapiers auch auf die so genannte technische Analyse. Diese »Chartanalyse« spielt eine wichtige Rolle bei der Leitung von Fonds, doch das wird nicht an die große Glocke gehängt.

Es hat etwas Magisches, wenn aus der graphischen Darstellung von Kursen der Wertpapiere – richtig gedeutet – Rückschlüsse auf die Zukunft abgeleitet werden. Bestimmte Konstellationen sollen Änderungen des Kurstrends offenbaren. Die Antworten des Chart-Orakels auf die Fragen der Chart-Kundigen basieren jedoch auf der Vergangenheit und sind schon aus diesem Grund so sinnlos wie das Wissen über das Sternzeichen des Vorstandsvorsitzenden jenes Unternehmens, um dessen Aktien es geht. Für den Nutzen der Chartanalyse gibt es keine wissenschaftlich fundierten Beweise. Wo Chart-Anhänger, darunter viele Fondsmanager, im Gleichschritt marschieren, breitet sich Monotonie aus. Alle tuten ins selbe Horn, ziehen dieselben Charts zu Rate, interpretieren gestrichelte Kurven und kuriose Schlangenlinien. Würde es dem Chefs eines Großunternehmens einfallen, seinen Konzern nach solchen Methoden zu führen – sein Rauswurf wäre eine Angelegenheit von wenigen Tagen. Seit Richard Sears den Farmern mit vergoldeten Uhren aus der Verlegenheit half, blinzeln nur noch die Lenker milliardenschwerer Fonds nach dem Sonnenstand – in die Charts.

Fonds vor Gericht

Nicht nur Publikumsfonds darf die Zunft des Asset-Managements verwalten, sondern auch jede Menge Kapital aus Pensionskassen, Versorgungskassen, Versicherungen, Kirchen und anderen »Kapitalsammelstellen« auf die grüne Weide der Börsen führen. Die Dienste der professionellen Vermögensverwalter und der Manager von Spezialfonds sind zunehmend gefragt, ein Wachstumsmarkt angesichts der riesigen Kapitalbeträge, dic Vorsorgesparer auf die Waage bringen. Auftraggeber der Geldvermehrer sollten jedoch auf der Hut sein, Zufriedenheit ist keineswegs garantiert. Eine Befragung der Kunden von Verwaltern solcher Spezialfonds offenbarte ein erstaunlich hohes Maß an Unzufriedenheit. Die Ratingagentur RCP & Partners aus Wiesbaden hatte sich an insgesamt dreiundvierzig institutionelle Adressen gewandt, darunter Versicherungen, Banken, Kirchen und Versorgungswerke. Selbst bei so wesentlichen Kriterien wie Service, Performance und Risikostreuung wurde nicht wenig Enttäuschung geäußert. Da war es nicht überraschend, dass 65 Prozent der Befragten angaben, einen Wechsel des Vermögensverwalters anzustreben oder bereits vollzogen zu haben.

Am 7. Oktober 1999 schlug eine Nachricht wie eine Bombe in die feine Branche der Asset-Manager ein: An diesem Tag reichte der Unilever Super Annuation Fund, der Pensionsfonds der Angestellten von Unilever, Klage am High Court of Justice in London ein. Die Klage richtete sich gegen Mercury Asset Management, die vom Januar 1997 bis März 1998 den Pensionsfonds verwaltet hatten (Mercury wurde zwischenzeitlich von Merrill Lynch übernommen). Der Nahrungsmittelkonzern war mit den Leistungen seines Asset-Managers alles andere als zufrieden. Der Pensionsfonds, der für 17 000 Angestellte, 49 196 ehemalige Angestellte und 43 426 Rentenempfänger sorgen soll, ist mit einem Volumen von mehr als 4 Milliarden englischen Pfund ein nicht eben kleiner Fonds. In gleich mehreren Punkten, sagt Unilever, sei der Asset-Manager seinen vertraglich vereinbarten Verpflichtungen nicht nachgekommen: »Mercury Asset Management hat den geschlossenen Vertrag insofern nicht erfüllt, als in nachlässiger Weise versäumt wurde, dem Risiko der Unterperformance des verwalteten Vermögens des Super Annuation Fund – besonders jenen Teil betreffend, der in englischen Aktien anzulegen war – entgegenzuwirken und entsprechende Schritte einzuleiten, um eine Unterschreitung der zuvor vereinbarten Untergrenzen [›downside tolerance‹] zu verhindern.« Als der Pensionsfonds den Vertrag beendete, hatte sich, so Unilever, schon eine Unterperformance von 10,5 Prozent aufgebaut. Mercury soll bei der Auswahl der britischen Aktien auf übermäßig riskante Werte gesetzt haben. Das Ergebnis widersprach dem vereinbarten Mandatsvertrag, führt Unilever an – der sah nur eine Unterperformance von maximal 3 Prozent im Verlauf von vier Quartalen vor.

Der Fall Unilever lässt befürchten, dass die Asset-Manager auch bei den sensiblen, auf Sicherheit bedachten Pensionsfonds gerne Gas geben und ins Risiko gehen. Die gute Nachricht an diesem Fall ist, dass die Unterperformance eines Fonds dazu führen kann, dass dessen Manager sich vor Gericht verantworten müssen. »Nach Jahrzehnten der schlechten Performance gegen nahezu alle Benchmarks, die denkbar sind, und satten Gebühren für dieses Privileg durchleben Fondsmanager nun Albträume – sie werden von ihren Kunden zur Rechenschaft gezogen«, bilanzierte der britische *Economist*.

Ein hartes Geschäft

Ein Märchen aus der Fondsbranche lautet: Fondsmanager werden zügig gefeuert, wenn die Leistung nicht stimmt. Richtig daran ist: Den Fondsunternehmen passt die Legende vom angeblich »harten Metier«, in dem nur echte Leistung zählt, gut in den Kram. Tatsache ist: Das Fondsgeschäft boomte so lange, dass der Arbeitsmarkt für Fondsmanager leer gefegt war, weil immer neue Manager für die vielen neuen Fondsprodukte gesucht wurden. Die »Sündenböcke«, die nach dem Einbruch des Neuen Markts ihre Jobs verloren haben, bestätigen eher die Regel. Ansonsten sind erzwungene Demissionen an der Spitze deutscher Fonds nicht eben häufig.

Finanzunternehmen haben viel eher das Problem, dass erfolgreiche Manager – bisweilen sogar mehrere zugleich – das Haus verlassen und bei der Konkurrenz andocken. Das ist für die Anleger meist eine schlechte Nachricht, denn jetzt besteht die Gefahr, dass Anfänger oder Manager aus der zweiten Reihe bei ihrem Fonds ans Ruder gelangen. So ein Managementwechsel ist vor allem bei bislang eher gut abschneidenden Investmentfonds nicht unproblematisch. Nicht nur sind umfangreiche, kostentreibende Umbaumaßnahmen nach dem Amtsantritt des Neuen die Regel, sondern auch die Performance kann aus dem Tritt geraten. Ein Beispiel dafür ist der bewährte Fondsklassiker Nürnberger Adig. Als seine Managerin Corinna Eller es im April 2000 vorzog, sich anderswo neuen Herausforderungen zu stellen, wurde für den Fonds die Luft dünner. Anleger, die sich im Jahr 2000 für den Kauf von Anteilen des überaus erfolgreichen Henderson Global Technology Fonds erwärmten, durften ob dieser Entscheidung schon Anfang 2001 ins Grübeln geraten. Der Fonds, der im Verlauf von drei Jahren seinen Wert im Schnitt jedes Jahr verdoppelte, kam nicht nur wegen der Marktbedingungen bei den Technologiewerten, die sich deutlich eingetrübt hatten, ins Schlingern. Nachdem das gesamte Managementteam, das für die hervorragende Wertentwicklung des Technologiefonds gesorgt hatte, ausgeschieden war, um sich sein eigenes Fondsnest zu bauen, ist die spannende Frage, wie es weitergehen wird. Schwierig wurde es im Frühling 2001 auch für Barings. Das Investmenthaus bemühte sich nach Kräften, den Abgang von Dan Ison an der Spitze des Baring German Growth Trust herunterzuspielen. Dieser preisgekrönte Fonds schnitt als Einziger in einem Vergleich der Stiftung Warentest besser ab als diverse Einzelwerte aus dem Dax. Nachdem der Fonds von seiner einstigen Co-Managerin erst einmal alleine weitergeführt wird, bleibt abzuwarten, ob er seine Platzierung verteidigen kann.

»Eine große Zeit erfordert große Menschen«, urteilte einst der Schriftsteller Jaroslav Hašek schelmisch. Für viele sind die Zeiten eben zu groß. Wie heißt es im Kleingedruckten? »Die (bisherige) Höhe der Erträge kann für die Zukunft nicht garantiert werden.« Eine Aussage, die vor allem nach Veränderungen im Fondsmanagement ernst genommen zu werden verdient.

Investieren statt spekulieren

Berkshire Hathaway, das Unternehmen von Warren Buffet, gehört seit Jahrzehnten zu den lukrativsten Börsenanlagen überhaupt. Es handelt sich um eine Beteiligungsgesellschaft, deren Aktie an den Börsen gehandelt wird und deren Kursentwicklung die von Fonds und auch die des Dow-Jones-Index bislang weit deklassierte. Das Geschäft von Berkshire wird beständig ausgeweitet, indem immer neue Beteiligungen – zumeist nach äußerst sorgfältiger Prüfung – erworben werden. Gute Beteiligungsgesellschaften setzten auf Kontinuität. Vielfach stehen an ihrer Spitze kluge Rechner mit einem Auge für günstige Gelegenheiten. Sie verstehen sich in der Kunst, Unternehmen zu günstigen Preisen, ja oft sogar unter dem Buchwert, zu erwerben. Im Unterschied zu Fondsmanagern sind echte Beteiligungsmanager gezwungen, unternehmerisch zu denken und zu handeln. Langfristanleger sollten sich der Dienste solcher Manager und versierter Investoren versichern und sich in die Aktien von guten Holdings oder Beteiligungsunternehmen einkaufen, die ihre Mittel über unterschiedliche Branchen hinweg und mit einem langfristigen Zeithorizont platzieren. Der Nachteil: Die Risikostreuung einer solchen Anlage ist weniger ausgeprägt als bei einem breit anlegenden Investmentfonds, auch wenn der Diversifikationseffekt durchaus über dem eines Branchen- oder Themenfonds liegt. Dass die unternehmerischen Risiken in einem einzigen, börsengehandelten Wertpapier gebündelt sind, macht sie nicht für jeden Anlegertyp zum geeigneten Objekt.

Dennoch: Die unternehmerischen Vorzüge der Aktien von Holdings und Beteiligungsunternehmen sprechen für sich. Manche Holdings werden einfach deshalb und völlig zu Unrecht mit einem Abschlag in ihrer Börsenbewertung »bestraft«, weil es sich um eine Holding handelt. Und das, obwohl manche Beteiligungsgesellschaften eine Dividende ausschütten, die, wie etwa bei der Indus Holding, dem Investor auch in unruhigen Zeiten an der Börse ein »Sicherheitspolster« verschaffen kann. Dividendenzahlungen erfolgen mit höherer Sicherheit als bei vielen anderen Aktiengesellschaften, weil sie sich aus dem Kreis vieler Unternehmen aus unterschiedlichen Sektoren der Wirtschaft speist. Statt hektischer Fastfoodkost der Investmentfonds erhalten Investoren ein gepflegtes Menü in mehreren Gängen. Die Beteiligungen werden gepflegt und unternehmerisch betreut und haben in der Regel ausreichend Zeit und Freiraum zur unternehmerischen Entfaltung. Dem Geschäft vieler solcher Unternehmen wohnt die Langfristigkeit und Stetigkeit inne, die dem hektischen Fondsgewerbe schon längst abhanden gekommen ist.

Bestimmte Bereiche des Wirtschaftslebens werden von den Börsenstrategen in den Banken und Fondsgesellschaften kaum beachtet. Dazu zählen auch die mittelständischen Unternehmen, in Deutschland ein starkes und wichtiges Segment der Volkswirtschaft, um das unser Land vielfach beneidet wird. Der anstehende Generationswechsel konfrontiert die mittelständischen Unternehmen hunderttausendfach mit einem drängenden Problem: Oft fehlt es entweder an einem Nachfolger des Betriebsinhabers oder aber die Erben zeigen kein Interesse an einer unternehmerischen Tätigkeit. In einer solchen Situation kann der Verkauf an eine Beteiligungsgesellschaft oder Mittelstandsholding eine interessante Option sein. So ist der Tisch reich gedeckt für eine Mittelstandsholding wie die Indus Holding AG, die interessante Unternehmensperlen aus dem Mittelstand vollständig übernimmt.

Interessante Beteiligungsunternehmen sind auch an ausländischen Wertpapierbörsen zu finden. Zu den erfahrenen Haudegen zählte Michael Price vom Mutual Share Fonds, der als einer der hervorragendsten amerikanischen Fondsmanager gilt. Er hatte das Prinzip, die Aktien »abgestürzter Engel« zu erwerben, zu wahrer Meisterschaft entwickelt. Wenn sich die Börse dann für diese Werte erwärmte, wurden die Aktien mit gutem Gewinn wieder veräußert.

Hierzulande konnten sich die Unternehmer-Aktien von Holdings und Beteiligungsgesellschaften noch nicht durchsetzen. Im Boom an den Börsen wurden die Aktien solcher Gesellschaften von den meisten Anlegern gemieden, die griffen lieber zu den hochgejubelten Software- und Internetfirmen. Das hat sich als kostspieliger Irrtum erwiesen.

»Family Values«

Shareholder Value und »Family Values« passen besser zusammen als vielfach angenommen. Tatsächlich sind viele Familienunternehmen – vorausgesetzt der Familienfrieden ist intakt – hervorragend geführt. Sie schaffen mehr Jobs als andere Unternehmen im Besitz anonymer Aktionäre und erzeugen die Hälfte des amerikanischen Bruttosozialprodukts. Auch bei der Performance, in ihrer Effizienz und hinsichtlich des geringeren Verschuldungsgrads liegen familiengeführte Unternehmen vorne – Pech für Wall Street und für die Fonds, die den starken »Family Values« kaum Beachtung geschenkt haben. Nicht zuletzt ist auch Berkshire Hathaway eine Familiengesellschaft, wenn auch eine, an der sich Außenstehende beteiligen können – was diese begeistert tun.

In den Vereinigten Staaten gibt es einen speziellen Investmentfonds, der auf familiengeführte Firmen setzt, deren Aktien an der Börse gelistet sind. Obwohl – oder weil? – der Fonds in seinen Anlagekriterien den an der Wall Street verbreiteten Glaubensgrundsätzen diametral widerspricht, hat er durchschlagenden Erfolg. Seit 1989 liegt Family Heritage Investment in seiner Performance besser als der Standard & Poors-Index, berichtet *Fortune*.

Der Nachteil der familiengeführten Unternehmen: Zu der von den Fonds und den Analysten immer wieder geforderten Transparenz können sich die Beteiligungs- und Familienunternehmen nicht durchringen. Das stößt bei den Fondsmanagern und Analysten auf wenig Gegenliebe. Die Skepsis ist jedoch durchaus gegenseitig. Der Vorstandsvorsitzende der INDUS Holding, Winfried Kill, staunte, wie wenig unternehmerisches Verständnis die jungen Fondsmanager mitbringen, die ihm im Gespräch gegenübersitzen und die ihm oft nicht ausreichend qualifiziert scheinen, um die Geschäftsstrategie des von ihm geleiteten Unternehmens zu verstehen – einer Mittelstandsholding, die noch dazu geradezu wie eine maßstäbliche Verkleinerung von Berkshire Hathaway, dem erfolgreichen Unternehmen des Warren Buffet, anmutet. Die meisten Fondssteuerleute sind Frischlinge. Mehr als die Hälfte von ihnen sitzt nicht einmal seit drei Jahren im Kommandostand. Das gilt auch für ihre Zuarbeiter, die Analysten. Die meisten kennen den Aktienmarkt nur von seiner Sonnenseite her – sie verfügen über keinerlei Krisenerfahrung. Das lässt für die Krisenresistenz der Fonds nichts Gutes erwarten.

14 Wohin rennt der Trend oder Kassandrablick in die Zukunft

»Megatrend Japan« oder Absturz im Reisfeld

Die klare Sicht auf die Schweizer Berge, die frische Bergluft und angeregte Diskussionen auf dem Weltwirtschaftsforum in Davos hätten Japans Wirtschaftsminister Fukushiro Nukaga gut getan. Doch in Tokio zog ein Korruptionsskandal weite Kreise, und mittendrin war Fukushiro Nukaga. Der Minister zog die Konsequenzen. Mit einer tiefen Verbeugung trat Nukaga von seinem Amt zurück. Japan produziert Ex-Minister in Serie. Allein dem unpopulären ehemaligen Premierminister Yoshiro Mori waren in seiner Amtszeit drei Minister durch Politaffären abhanden gekommen. Sie wurden zu Kunden von »Amakudari« – das ist die Jobagentur der regierenden liberaldemokratischen Partei, die wie eine Efeupflanze im Mauerwerk der politischen und administrativen Machtstrukturen des Landes verwurzelt ist. Die Partei kümmert sich nach dem Ausscheiden von Politikern und hochrangigen Staatsbediensteten liebevoll um die Unglücklichen und führt sie einer neuen Verwendung zu. Meistens werden sie in einem wichtigen Gremium einer der vielen Banken des Inselreichs platziert, was dazu führt, dass Japans Finanzwelt durchdrungen ist von »amakudari kanryo«, den Ex-Bürokraten und früheren Politikern. Dieses Umtopfen von der Politik in die weichen Sessel der

Banken hat Methode: Einerseits stellt es den Einfluss der seit 1955 fast durchgängig an der Macht befindlichen liberaldemokratischen Partei (LDP) auf die Wirtschaft sicher. Andererseits wird durch diesen Transfer der Griff der LDP in die Geldtöpfe der Wirtschaft zum Kinderspiel, und drittens sind verdiente Gewährsmänner gut versorgt – das Land ist zum Selbstbedienungsladen verkommen. Ein undurchdringlicher Filz von Korruption und Vetternwirtschaft dient der LDP zum Erhalt ihrer Macht.

Wo der Machterhalt im Vordergrund steht und eine Hand die andere wäscht, haben es Reformer schwer. Obwohl Japans marodes Finanzsystem vor dem Kollaps steht, werden Veränderungen – die ja oft eine Verschiebung der Machtstrukturen erfordern – kaum, und wenn dann nur halbherzig angepackt. Stattdessen hat der Staat mit hastig auf den Weg gebrachten Ausgabenprogrammen versucht, eine im Koma liegende Wirtschaft wiederzubeleben. Doch der staatliche Geldsegen kam der Klientel der liberaldemokratischen Partei zugute – vor allem der Baubranche und der Immobilienwirtschaft. Das Ergebnis: Die Betonmischer und Planierraupen machten mobil, nirgendwo auf der Welt gibt es mehr Tunnel, Brücken, Schnellbahntrassen, Mehrzweckhallen, Sportstätten und Freizeitanlagen auf so engem Raum wie in Japan. Während die in diesen unproduktiven Bereich der Ökonomie gepumpten Mittel ohne nennenswerte Wirkung verpuffen, kletterte die Schuldenlast des öffentlichen Sektors in Japan – die Pensionsverpflichtungen eingerechnet – auf gut 200 Prozent des Bruttoinlandprodukts. Zinssenkungen durch die Zentralbank bahnen normalerweise den Weg aus der Krise – bei Zinsen nahe null jedoch ist das nicht mehr möglich. Eine Ankurbelung des Konsums? Scheidet aus. Trotz aller Probleme ist Japan noch immer eine reiche Überflussgesellschaft, die sich längst alle Wünsche erfüllt hat. Wenn es Grenzen des Wachstums wirklich gibt – auf der vollgepackten Pazifikinsel sind sie zu besichtigen.

Als sich Mitte März 2001 der Ausverkauf der Technologiewerte an der New Yorker Börse Nasdaq fortsetze, sackte auch der Nikkei-Index auf seinen tiefsten Stand seit sechzehn Jahren. Ungewohnt offen hatte zuvor Finanzminister Kiichi Miyazawa die Lage der Staatsfinanzen kommentiert. Der über achtzigjährige Politprofi sah Japans Finanzen »kurz vor dem Kollaps« – eine Äußerung, die Devisenhändler gleich zum Verkauf von ganzen Waggonladungen Yen veranlasste. Wesentliche Wirtschaftsindikatoren wie die Industrieproduktion, Verbraucherpreise sowie die Baugenehmigungen deuten auf das Gegenteil einer Erholung hin – Japans Niedergang droht die Weltwirtschaft und mit ihr die Finanzmärkte ins Chaos zu stürzen.

Diese Gefahr wurde Anfang 2001 zu einer umso realeren Bedrohung, als auch in den USA viele Anzeichen auf eine Rezession hindeuteten. Eine sinkende US-Nachfrage zu diesem kritischen Zeitpunkt bedeutete, dass Japans Exportwirtschaft schwierigen Zeiten entgegensieht, was die Volkswirtschaft des Landes ins Mark treffen würde. Wer noch Anfang 2001 auf eine Erholung der japanischen Wirtschaft gesetzt hatte, der wurde bitter enttäuscht.

Mittendrin in dem wirtschaftlichen Erdbeben, das sich in Japan aufbaut, sind tausende deutscher Fondsanleger. Wer sich den japanischen Tiger ins Fondsdepot packte, konnte an der eigenen Geldbörse spüren, was passiert, wenn es einmal richtig schief läuft. Ein ums andere Jahr ließen sich Analysten und Fondsmanager über das Thema Japan aus, ein ums andere Jahr beschworen sie die Wende am japanischen Aktienmarkt. Aber genauso oft musste die Erholung der japanischen Wirtschaft verschoben werden. Das ist umso bedauerlicher, als das Land zu den beliebtesten Reisezielen der Fondsunternehmen gehörte. Zahlreiche bunte Faltprospekte wurden gedruckt, viele Fondsanleger orderten im Laufe der Jahre Japan-Fonds. Häufig warben die Verkäufer solcher Fonds damit, dass sich gezeigt habe, dass japanische Aktienfonds für einen besonders hohen Grad der Risikostreuung sorgten, weil ihr Kursverlauf weitgehend unabhängig sei von der Entwicklung an anderen Aktienbörsen.

»Megatrend Japan« – wie lange ist uns Japan als Leitbild für Fleiß und Erfindergeist vorgehalten worden! Fernsehbeiträge, Bücher, Seminare befassten sich mit der Frage: Wie können wir nur von den Japanern lernen? Japan war im Trend. Wo ein Trend ist, sind Fonds nicht weit. »Japan Megatrend« heißt etwa der luxemburgische Fonds der Crédit Suisse – einer der wenigen, der noch mit einer überzeugenden Performance aufwartet und den Index hinter sich lässt. Doch die Masse der Fonds, die »im Dienste« der Anleger an der japanischen Börse, dem Kabuto Cho, unterwegs sind, erwirtschafteten Minirenditen oder gar Verluste, so dass Omas Sparbuch dagegen wie eine Hochzinsanlage erscheint.

Das Problem der meisten Fonds: Sie sind überwiegend nach dem Ende des großen Börsenaufschwungs 1990 aufgelegt worden und bestätigen einmal mehr die Erkenntnis, dass dann, wenn die Fonds kommen, die Party meistens schon gelaufen ist. So hat die Mehrzahl der Japan-Fonds nie etwas anderes als eine Baisse erlebt – und das gleich über ein Jahrzehnt lang. Von sechsundneunzig Japan-Fonds, die in Blue Chips und die größeren Unternehmen des Inselreichs investieren, wurden 76 Prozent erst am Kursgipfel 1990 und später aufgelegt und konnten die Talfahrt des Nikkei-Index aus der ersten Reihe verfolgen. Noch 1988 war der japanische Aktienmarkt schwindelerregend hoch bewertet. Damals überstieg allein die Marktkapitalisierung der Telekommunikationsfirma Nippon Telephone & Telegraph (NTT) mit 276 Milliarden Dollar die Marktkapitalisierung des gesamten deutschen Aktienmarkts in Höhe von 204 Milliarden Dollar bei weitem.

Hier erwies sich, wie richtig André Kostolany lag, als er bemerkte, dass es zu keinem Zeitpunkt einfacher ist, den Menschen Wertpapiere zu verkaufen, als wenn deren Kurse schon gestiegen sind. Anfangs war nur eine winzige Zahl von Fonds am Markt. Nachdem der Boom aber längst seinen Scheitelpunkt überschritten hatte und zur handfesten Baisse mutierte, nahm die Zahl der Fonds sprunghaft zu, und immer mehr ihrer Anleger fanden sich auf dem sinkenden japanischen Börsenschiff wieder. Just zum Erscheinungsdatum vieler Japanfonds kannte der Nikkei-Index nur noch den Weg nach unten. Damit bewährte sich in diesem Fall die immer neue Produkte ausstoßende Fondsindustrie als so genannter Kontraindikator – wenn viele Fonds einer bestimmten Gattung gehäuft zum Markt drängen, ist es für den Aktienanleger an der Zeit, aus dem betreffenden Markt auszusteigen. Ende 2000 zog der *Spiegel* eine bittere Bilanz: »Manche Fonds sind seit 52 Monaten im Minus.«

Wie so oft, wenn der Markt nicht so läuft, wie die Fondsmanager wollen, macht das Wort vom »Langfristanleger« auch in diesem Fall wieder die Runde. Jahr für Jahr können die Anleger in der Wirtschaftspresse lesen, dass im Land der aufgehenden Sonne ein wirtschaftliches Comeback unmittelbar bevorstehe. Dass das korrupte politische System des Landes mehr auf ein Drittweltland als auf einen Industriestaat schließen lässt und die Chancen zu einer Erholung schon aus diesem Grund drastisch geschmälert sind, unterschlagen die Fondsberater gerne. Wann in Japan wieder die Sonne aufgeht, ist völlig offen. Die Hoffnung stirbt bekanntlich zuletzt – auch die der Langfristanleger.

Die Fünf-Dollar-Manager

Neben den Jumbos der Großen nimmt sich der Fondszwerg des Amerikaners Thomas F. Thurlow wie ein Ultraleichtflugzeug aus. Thurlow ist ein Seiteneinsteiger, in seinem früheren Beruf war er Strafverteidiger. Als ihn sein Job langweilte, wurde er Fondsmanager. Der Geschäftssitz des Fonds in Palo Alto in Kalifornien war schnell gefunden – in Thurlows Wohnhaus. Der Thurlow Growth Fund verwaltete einige Millionen Dollar, ein Fliegenschiss, verglichen mit einem »richtigen«, erwachsenen Fonds. Doch dabei sollte es nicht bleiben, denn der Jungmanager war entschlossen, mit seinem Fonds ganz groß rauszukommen. Seine Gebührenberechnung ist schon jetzt groß dabei: Satte 1,95 Prozent des angelegten

Geldes gehen pro Jahr an Thurlow, für amerikanische Verhältnisse ein Spitzenwert.

Dafür wurde dem Anleger reichlich Action geboten. Der junge Wilde unter den Fondskapitänen dealte mit allem, was der Kapitalmarkt an Spielzeugen hergibt: Optionen, Renten, Nebenwerte und natürlich die heißen Technologiepapiere. Dabei scheute er auch nicht vor konsequentem »Market-Timing« zurück, das heißt, er versuchte, durch geschicktes Umdisponieren an den kurzfristigen Marktbewegungen zu verdienen. Von Profis wird Market-Timing langfristig als äußerst heikles, wenn nicht gar unmögliches Unterfangen eingestuft, das über kurz oder lang zum Hungertod in der Performancewüste führt.

Nachdem der Fondswinzling in der ersten Hälfte des Jahres 1998 eine Topperformance verzeichnet hatte, war sich Thomas F. Thurlow Mitte August 1998 sicher, dass Aktien alles andere als vielversprechend sind. Er ging volles Risiko und erwarb für den Fonds Verkaufsoptionen, um am erwarteten Kurseinbruch zu partizipieren. Kurze Zeit später ging der Aktienmarkt tatsächlich in die Knie, und Thurlow fuhr satte Profite ein. Doch mit dem Börsenglück sollte es – wie bei so vielen Fonds, die nur einmal kurz als Sternschnuppe aufleuchten – bald vorbei sein. Hatte der Fonds 1998 noch eine positive Erwähnung vom Branchenbeobachter Lipper Analytical Services einheimsen können und war er sogar in der Top-Fünf-Liga erwähnt worden, funkelte die Kapsel des jungen Raumfahrers am Fondshimmel bald nur noch matt. Die Flugbahn des Fonds kündet von einer wenig ausgefeilten Ballistik: Im März 2000 lag der Kurs noch bei 37,5 Dollar, nur ein Jahr später war der Fonds bei knapp 5,6 Dollar gelandet und Amerika um einen Traum ärmer.

Nicht nur die Torheiten der Jugend sorgen für eine schier bodenlose Performanceleistung. Der Typ des Fünf-Dollar-Investmentmanagers ist in allen Altersklassen zu Hause. Selbst Weisheiten von erfahrenen Kämpen der Finanzbranche, wie der

Endfünfziger Heiko Thieme einer ist, schien nur dann unbeschränkt, wenn es um die Verbreitung von gebührenpflichtigen Ratschlägen und Anlageempfehlungen per Telefonhotline geht. Einst bei der Deutschen Bank in New York angestellt, macht Thieme nun schon seit Jahren die Wall Street mit eigenen Fondsvehikeln unsicher.

Die Anlagepolitik von Thiemes Fonds ist an Eigenwilligkeit kaum zu überbieten. Aktien für hartgesottene Zocker – und Heiko Thieme – kommen von Unternehmen wie der britischen Firma Senetek, die ein Mittel zur Potenzstärkung entwickelt hat. Das Wundermittel hatte nur einen Schönheitsfehler: Es war direkt zu injizieren – ein schmerzhafter Nadelstich, der dem Mittel erhebliches Marktpotenzial raubte und die Performance abknicken ließ. Als der Pharmaproduzent Pfizer mit Viagra auf den Markt kam, musste Senetek das Feld räumen, und der Kurs der Aktie ging auf Talfahrt. Gemäß Franklin D. Roosevelts Ausspruch »Das Einzige, was wir zu fürchten haben, ist unsere eigene Furcht«, stockte der Wahlamerikaner Thieme die Investitionen in den Aktienwert unverdrossen weiter auf, bis der einen überproportional hohen Anteil am Fondsportfolio einnahm. Die Performance der von Thieme geleiteten Fonds bescheiden zu nennen wäre eine Übertreibung. Die Wertentwicklung des American Heritage ist sogar so mäßig, dass selbst der große Marktaufschwung in den neunziger Jahren den Fonds scheinbar unberührt ließ, so dass den Anlegern nach Abzug der Gebühren nur Verluste blieben. Der Optimist Thieme aber verkündete im *Spiegel*, dass an der Wall Street redlich geteilt wird. Falls das stimmt, sind die Investoren seiner Fonds jedenfalls nicht dabei.

Hochfliegende Renditen

Der »Flyer I« machte seine ersten Luftsprünge in den Dünen von Kitty Hawk, einem Küstenort in North Carolina. Das Foto des ersten Motorflugs der Brüder Wright ziert die Werbung eines amerikanischen Finanzdienstleistungsunternehmens, und der Werbetext sinniert dazu: »Das größte Risiko ist, nichts zu wagen. Es gehört Mut dazu, das zu wagen, was nie zuvor getan wurde.«

Investoren, die etwas wagen wollen, haben dazu mehr als reichlich Gelegenheit. Im kaum mehr überschaubaren Produktangebot der Fondsbranche überwiegen inzwischen die riskanten Fonds. Der Börsenboom der neunziger Jahre hat seine Spuren hinterlassen. Aggressiv war »in« – Fonds mit vorsichtiger, risikoscheuer Politik galten als nur schwer absetzbar. Besonders riskant waren die Technologiefonds, von denen einige im Verlauf der späten Neunziger echte Luftsprünge machten. Andere hielten sich sogar längere Zeit in der Luft, bevor auch sie sich in den Kursturbulenzen der Jahre 2000 und 2001 auf dem harten Erdboden wiederfanden.

Unbestreitbar: Manche Technologiefonds haben ihren Besitzern eine stattliche Rendite geliefert – und diese zum Teil rasch wieder verloren, wenn der Besitzer sie nicht schnell genug verkaufte. Der DIT-Technologiefonds schraubte sich in drei Jahren bis zum 10. November 2000 um beachtliche 214,3 Prozent in die Höhe. Auch angesichts der Tatsache, dass die Fondsrendite gut anderthalb Monate später, zum 29. Dezember 2000, mit einer Wertentwicklung von nur noch 137 Prozent schon deutlich an Höhe verloren hatte, nötigt die Leistung des Fonds, der seit 1983 am Markt ist, Respekt ab. Allerdings musste er sich in seiner Wertentwicklung exotischer Konkurrenz wie dem Putnam Emerging Info Science oder dem Henderson Horizon Global Technology geschlagen geben, die im rauschhaften Aufschwung mitgerissen worden waren und sich als wahre Geldmaschinen für jene Anleger entpuppten, die damit umzugehen wussten. Doch nur wenige waren rechtzeitig aus den Fondsraketen wieder abgesprungen, als dem Technologiemarkt schließlich Anfang 2000 der Treibstoff ausging.

Verdorrte Fondsfrüchte

Dass mit einem Mausklick nicht nur Daten aus dem Internet strömen, sondern dass damit auch massenhaft echte Mäuse auf das Konto gezaubert werden können, das ist der Internetbranche zwar nicht gelungen. Wer daraus jedoch den Schluss zieht, am Internet sei kein Geld zu verdienen, liegt falsch. Denn genau das hat die Fondsindustrie geschafft. Beizeiten schleusten die Illusionisten der Fondsbranche mittels geschicktem Marketing und gestylter Produkte ganze Anlegermilliarden in Fonds mit zukunftsweisenden Namen wie »Uni 21. Jahrhundertnet« und »Nordasia.com«. Massenhaft wurden Ausgabeaufschläge und Verwaltungsgebühren kassiert. Vor allem der Nordasia.com ist zum Denkmal für eine Fondsindustrie geworden, die die Begeisterung ihrer Kunden anfacht, um deren Gelder dann dem Nichts zu überantworten.

»Die Perspektiven sind gigantisch« zitierte der *Spiegel* den Manager des Nordasia.com von Nordinvest. Bei solchen Sprüchen sollten Fondsanleger volle Deckung nehmen. Der Nordasia, eine Kreuzung zwischen einem riskanten Regionen- beziehungsweise Emerging Markets Fonds und einem Branchenfonds, legt in asiatische Hightechwerte an. Sein Manager, Volker Kuhnwaldt, war sich seiner Sache sicher. Er stufte die Wahrscheinlichkeit eines Scheiterns auf diesem Anlagemarkt, der Anfang 2000 bereits deutliche Anzeichen einer Überhitzung aufwies, mit »höchstens 5 Prozent« ein. Diese 5 Prozent sollten den Anlegern des Nordasia.com ein teures Missvergnügen bereiten.

Zum Unglück seiner vielen Anleger wurde der Fonds zu einem Zeitpunkt eröffnet, als die Hausse der Technologiewerte an den asiatischen Börsen ihren Zenit bereits erreicht hatte. Die Geldsuchmaschine schluckte 2,55 Milliarden Euro und brach dann, den im Lauf des Jahres einstürzenden Technologiebörsen folgend, jäh ein. Die Bilanz des Nordasia.com ist erschütternd: Binnen eines Jahres war er nur noch ein Drittel wert. Der Fonds erwies sich als wahrer Scheiterhaufen für gutes Anlegergeld, das an Asiens heißesten Börsenplätzen gleich tonnenweise verfeuert wurde. Auch der Nordinternet-Fonds desselben Hauses folgte zum Leidwesen seiner Anleger dem Weg der anderen Internetfonds.

Ungewöhnlich erfolgreich bei der Vernichtung von möglichst viel Anlegergeld war auch der Deka Technologie CF/TF. Gleich nachdem er aufgelegt worden war, hat er Anfang 2000 binnen kurzer Zeit 4,9 Milliarden Euro einstreichen können. Der größte Technologiefonds strafte das Märchen vom risikoscheuen deutschen Anleger einmal mehr Lügen. Leider hatten die deutschen Anleger ihren Heißhunger aufs Risiko zum falschen Zeitpunkt entdeckt. Die Fondsgesellschaft kratzte es wenig, dass nach Abzug von reichlich Gebühr der Fondspreis nur ein Jahr später um rund 55 Prozent gefallen war.

Pannen verstärken die Zweifel an der Arbeit von Fondsmanagern noch, beispielsweise wenn sich die als vermeintlicher Biotechnologiewert gezeichnete Neuemission Biodata stattdessen als Hersteller von IT-Sicherheitslösungen erweist und, da im falschen Fonds gelandet, schleunigst daraus entfernt werden muss. Fonds knabbern mit den erhobenen Gebühren weiter am Vermögen der Anleger und sind stets auf der Seite der Gewinner, wie auch immer der Markt sich entwickelt. Den Anlegern bleiben die Verluste. Anfang 2001 stellte die Unternehmensberatung Booz Allen & Hamilton eine Studie zur Performance von Investmentfonds vor. Über alle Fondskategorien hinweg hatten die Anleger im Jahr 2000 durchschnittlich 7 Prozent verloren. Im Rekordjahr der Branche, in dem ihr in nie gekanntem Ausmaß Mittel zuströmten, traf es mit 10 und 15 Prozent Verlust die Besitzer reinrassiger Aktienfonds besonders hart. Die Inhaber von Fonds mit Technologiepapieren durften sich angesichts von lawinenartigen Vermögensabzügen von bis zu 70 Prozent an die Jahre nach dem Crash 1929 erinnert fühlen. Besonders von Kursverlusten betroffen, so Booz Allen & Hamilton, waren die Kunden der Sparkassen (Deka) und der Volks- und Raiffeisenbanken (Union Investment), unter denen sich besonders viele unerfahrene Erstkäufer befanden. Wehmut macht sich in der »Börsenrepublik Deutschland« breit, deren Bürger sich endlich entschlossen hatten, mehr Risiko zu wagen.

Surfen, bis die Welle bricht

Mit den »konzentrierten Portfolios« verhält es sich wie mit Tomatenmark – wenig Substanz, starker Geschmack. Aggressive Fondsmanager, die auf das Konzentrat von Erfolgstiteln setzen und nur die anerkannten Marktführer und Technologieführer erwerben, können ihre Anleger mehr Performance schmecken lassen. Da in der »Financial Community« jeder mehr oder weniger dieselben Investmentüberzeugungen als der Weisheit letzten Schluss betrachtet, setzen alle aufs gleiche Pferd. Wassili Papas, der Manager des UniDynamic Nordamerika, setzte ebenso auf die Aktien von marktführenden Unternehmen des Technologiesektors wie hunderte anderer Fondsmanager. Die einschlägigen Elektronik- und Softwareunternehmen wie Cisco, Siebel, Sun, EMC steckten in einer großen Zahl von Fonds. Anfang 2000 waren die wenigsten nicht in den genannten Werten investiert. Reihenweise wurden die Lieblingsaktien der Fondsmanager natürlich auch von den zahlreichen Themen- und Branchenfonds gekauft: Amerikanische Aktienfonds, global anlegende Aktienfonds, natürlich die Technologiefonds – alle steckten bis zur Halskrause in diesen Werten.

»Concentrated Portfolios« surfen auf einem bestehenden Trend, aus dem sie die größte Welle, das beste Unternehmen auswählen, um ihre Aufmerksamkeit dann auf dreißig bis fünfzig Aktien zu fokussieren. In manchen Fällen, wie zum Beispiel beim äußerst aggressiv investierenden Invesco GT Japan Enterprise, werden nur zwanzig bis fünfundzwanzig verschiedene Aktien in den Fonds aufgenommen, während die Portfolios »gewöhnlicher« Fonds oft mehr als zweihundert Aktien aufwiesen.

Der Aufstieg von Janus Capital

Will man Fondsunternehmen mit Automarken vergleichen, kommt für Janus Capital nur Porsche in Frage. Im Bullenmarkt der neunziger Jahre beschleunigte Janus so stark, dass er die etablierten Fondsriesen glatt abhängte. Mehr Gas geben als die Konkurrenz wollte der Fondszwerg, der 1990 gerade mal 3 Milliarden Dollar auf der Bank hatte. Zehn Jahre später war er zum Hünen der Branche emporgeschossen und gebot über 300 Milliarden Dollar. Noch Anfang 2000 strömten 30 Prozent des gesamten in amerikanische Aktienfonds fließenden Kapitals in die Fonds von Janus. Weil die Mittelzuflüsse von Janus nicht mehr zu bewältigen waren, war es immer wieder nötig, Fonds zu schließen – was Anleger, die leer ausgingen, natürlich nur umso begieriger machte, in einem jener Wunderfonds Aufnahme zu finden. Der anhaltend hohen Nachfrage trugen dann Klonfonds Rechnung, die sich in ihrer Anlagepolitik weitgehend am »großen Vorbild« orientierten.

Die Konzentration auf wenige Titel mag in guten Zeiten an der Börse eine hervorragende Idee sein und für eine Spitzenperformance sorgen. In schlechten Zeiten sind die konzentrierten Investmentwetten, wie sie Janus praktiziert, alles andere als harmlos. Janus wird damit nämlich fast – gegen seinen Willen – Mitbesitzer von ganzen Unternehmen. Beispielsweise an VeriSign, die sich mit Netzsicherheit und Verschlüsselungstechniken befassen und an denen Janus schon einmal ganze 13 Prozent der Anteile hielt. Solange die Performance läuft, leben solche Fondsunternehmen und seine Anleger in der besten aller Welten. Stottert der Performancemotor jedoch, verbreiten die »Hot Money«-Fonds Angst. Wie viel Angst, das lässt sich an der Kursentwicklung von VeriSign ablesen, die Ende Februar 2000 einen Höchststand von 253 Dollar erreichten, von denen sie 200 bald wieder abgeben mussten.

Das Problem der Rennlisten

Wenn der Markt boomt, schlägt die Stunde der Wachstumsfetischisten unter den Fondsverwaltern. 1999 schossen die vor Technologiepapieren starrenden Janus-Fonds raketengleich in die Höhe – Performanceminimum 50 Prozent. Vier von ihnen konnten sogar mit dreistelligen prozentualen Zuwächsen aufwarten. Das halsbrecherische Tempo setzte die Konkurrenz unter Druck. Fondsgesellschaften wie etwa Scudder Kemper Investments, die ihrem konservativen Managementansatz treu blieben, verzichteten auf einen guten Platz in den Rankings. Die wurden im Zuge der allgemeinen Börsenbegeisterung tagesaktuell im Internet abgerufen und hielten die Investoren ständig darüber auf dem Laufenden, wo die angelegten Dollar am schnellsten auf Touren kamen. Es gehörte Mut dazu, sich dem Kauf jener maßlos überteuerten Technologiepapiere aus dem Hightech-Paradies scheinbar ewigen Wachstums zu verweigern, die andere Fondsmanager dafür umso hemmungsloser in die Portfolios ihrer Fonds packten.

Einer derer, die an ihren vorsichtigen Anlageprinzipien festhielten und dem Himmelssturm der Technologiewerte skeptisch gegenüberstanden, war Perpetual. Das 1983 gegründete, »offshore« von den Kanalinseln aus operierende Fondsunternehmen gehört zu Amvescap, einem der ganz Großen im Fondsgeschäft. Die Fonds der besonnenen Manager rutschten in den Ranglisten ab, was wiederum zur Folge hatte, dass insbesondere viele der online geführten Depots per Mausklick zu den aggressiven »Hot-Money«-Managern wechselten. Erst als Anfang 2000 ein abrupter Wetterwechsel an der Börse eintrat, wendete sich das Blatt und zeigte, was Rankings als Entscheidungsbasis beim Fondskauf wert sind. Einst als flügellahm verschriene Fonds tauchten jetzt wieder auf den vorderen Rängen der Rennlisten auf, während die »heißen« Portfolios in den Sturzflug übergingen.

Tradingfonds

Janus Capital investiert nicht nur in die agilsten Unternehmen des Marktes, sondern zählt auch die wendigsten Fondsfreunde zu seinen Kunden. Das ist die Achillesferse solcher Hot-Money-Manager: Wenn die Performance lahmt, können Fondsanteile ganz nach Wunsch zügig online umgeschichtet oder gleich veräußert werden. Das Netz der Netze verstärkt die Schwankungen der Börsen noch, und nirgendwo ist der heftige Pulsschlag des Börsenmarktes deutlicher spürbar als bei den wachstumsorientierten Fondsunternehmen. Das Internet verleitet zum »Trading«, also zum häufigen Hin- und Herhandeln von Fondsanteilen. Dieses flexible Agieren beziehungsweise Reagieren ist durchaus nicht unbedingt zum Vorteil des Investors, wie die gemischten Erfahrungen vieler privater Investoren mit dem Online-Trading von Aktien zeigen. Längerfristig sind mittels des häufigen, gar des täglichen Umschichtens von Aktien im Depot erwiesenermaßen kaum Gewinne möglich, vielmehr zehren verlustreiche Engagements sogar am Kapital – Erfahrungen, die sich in gewissem Maße auf den Handel von Fonds übertragen lassen.

Trotzdem haben die Fondsunternehmen auch in Deutschland längst die Voraussetzungen geschaffen, um Fonds flexibler und leichter handelbar zu machen. Die DWS ist eines jener Unternehmen, die eine Anzahl ihrer Fonds an die Börse gebracht haben und dem Anleger damit das ganze Spektrum der dort möglichen Transaktionen eröffnen – mit allen Freiheiten, aber auch mit allen Risiken.

Im Falle der US-Fondsgesellschaft Janus könnten sich die Möglichkeiten schneller Anlagewechsel gegen ihre Erfinder wenden. Gerade weil Janus in kurzer Zeit Kapitalzuflüsse in solch gewaltiger Höhe vereinnahmt hat, muss es darauf vorbereitet sein, dass sich der Prozess jederzeit auch wieder umkehren kann, sobald die Performance stärker lahmt. Dass Janus entsprechend präpariert ist, daran wurden in der amerikanischen Presse verschiedentlich Zweifel laut.

Während Beobachter der Fondsbranche in den Vereinigten Staaten Anfang 2001 argwöhnisch auf den Highflyer Janus blickten, umwarb das Unternehmen die deutschen Anleger: »Anders vorgehen heißt tiefer graben«, heißt ein Werbeslogan. Wer in der Geschichte tiefer gräbt, erfährt, dass Janus der römische Gott des Tordurchlasses war. Die Gottheit wurde deshalb mit einem doppelten Gesicht dargestellt, weil Tordurchgänge zwei Seiten haben, Eingang wie auch Ausgang. Bleibt zu hoffen, dass der Ausgang Janus und seinen Anlegern im Ernstfall immer offen steht.

Die Münchner Puppenkiste

Als die Aktie des Filmrechtehändlers und Merchandisingunternehmens EM.TV ins Trudeln geriet und dann abstürzte, waren viele Opfer zu beklagen. Einer der vielen Fonds, die vom Kurscrash dieses Medienwerts betroffen waren, war der Invesco GT Pan European Enterprise. Der Fonds war schon bei den Möglichkeiten einer E-Commerce-Aktie wie Intershop, deren Software zwar hoch geschätzt, aber wenig gekauft wurde, einem Trugbild erlegen. Der Glamour des Medienreichs von Marketingmogul Thomas Haffa, dem Vorstandsvorsitzenden von EM.TV, muss die GT-Manager so geblendet haben, dass sie ganz vergaßen, wenigstens einen kurzen Blick hinter die Bilanzkulisse zu werfen. Nicht weniger beeindruckt von EM.TV war Kerstan von Schlotheim. Der ist Fondsmanager bei Adig Investment, und dort gehörte die Aktie von EM.TV zur Standardausrüstung vieler Fonds. Sogar der eher konservativ, auf Risikobegrenzung mittels einer breiten Streuung der Anlagen ausgerichtete Adig Plusfonds hatte volle Kanne auf den Medienwert gesetzt. Der Plusfonds büßte dafür mit einem Fünftel seines Wertes im Jahr 2000 – unwesentlich weniger als der eine riskantere Anlagestrategie verfolgende GT Pan European Enterprise, der nur 2 Prozentpunkte mehr verloren hatte. Während die Manager des GT-Fonds sich gegenüber der *Wirtschaftswoche* immerhin noch zu dem Eingeständnis aufraffen konnten, einer »nicht ehrlichen« Medienfirma aufgesessen zu sein, verfehlte die von EM.TV-Gründer und -Vorstandschef Thomas Haffa intensiv betriebene Pflege der Analysten und Fondsmanager ihre Wirkung bei von Schlotheim nicht, der, wie er gegenüber dem Magazin *Finanzen* Anfang 2001 erklärte, die Gewichtung des Wertes beibehalten wollte.

Wenige Monate später sorgten die von EM.TV gemeldeten Zahlen für einen neuen Rekord: Kein Unternehmen am Neuen Markt hatte bisher mehr Geld verloren als das Medienunternehmen aus München.

Den Reizen von EM.TV erlegen war auch die Deutsche European Partners IV LP, ein so genanntes Private-Equity-Produkt der Deutschen Bank, das sich an Großanleger wendet und von Morgan Grenfell gemanagt wird. Der Wertverlust der EM.TV-Papiere im verwalteten Vermögen lag, wie der *Spiegel* berichtete, bei über 200 Millionen Dollar – hoch genug, dass Investoren auf juristische Schritte drängten. Scheinbar verstanden sich die Investmentmanager von Morgan Grenfell und der anderen Fondsgesellschaften nicht auf die kritische Bilanzlektüre. Im *Wall Street Journal Europe* sinnierte einmal ein Fondsmanager über seine Erfolge im Börsenboom: »Ich wünschte, wir wären brillant gewesen, aber wir hatten einfach nur Glück gehabt.« Manchmal hapert es eben damit.

Der Sturz des Kurt Ochner

Was Fonds am Markt anrichten können, die sich auf eine begrenzte Anzahl von Unternehmen konzentrieren, mussten auch deutsche Anleger erfahren. Ende März 2001, als die Reihen der Investoren und das Vermögen der Fonds schon arg dezimiert waren, wurde der ehemalige Fallschirmjäger und Fondsmanager Kurt Ochner seines Kommandos über die Truppen am Neuen Markt enthoben. Nach dem Abgang des Managers, der zu den einflussreichsten Gestalten an der Wachstumsbörse zählte, wurden die

Notierungen einer Reihe von Unternehmen am Neuen Markt regelrecht niedergemetzelt. Der Grund: Werte wie Biodata, Medion und Bäurer waren Bestandteil des hochkonzentrierten Ochnerschen Wachstumstonikums, dessen Wirkung sich allerdings in der einsetzenden Abkühlung des Börsenklimas verflüchtigt hatte. Schlagartig wurden die Werte zum Störfall in den Depots von Fonds wie dem Julius Bär Special German Stock Fund, dem Julius Bär Creativ Fund und einer Reihe weiterer Fonds, die sich auf die Dienste des Fondsgurus als Berater verlassen hatten oder deren Manager sich in seinem Windschatten bewegten.

Ochner liebte riskante Investments und ging konzentriert zur Sache. Zu Unternehmen, auf die er große Stücke hielt, ging er gern auf enge Tuchfühlung, und auch sein Kontakt zu bestimmten Medienvertretern sorgte für vielerlei Gerüchte. Zuletzt wurde der auf Wachstumswerte versessene Fondsmanager, der sich selbst in der Krise nicht zu den »langweiligen« Dax-Werten bekehren ließ, selber zum Störfall. Dass der Neue Markt die Nachricht von Ochners Entlassung mit großer Nervosität und heftigen Abschlägen quittierte, darin offenbart sich das ganze Ausmaß der Trittbrettfahrerei in diesem Börsensegment. Offensichtlich hatten sich viele Investoren und Fonds an die schwindelerregenden Drahtseilakte des Fondsmanagers drangehängt und die vom vermeintlichen Großmeister der Börse eingegangenen Positionen einfach kopiert. Jetzt, als die Leitfigur in den Kulissen verschwunden war, stürzten die übrigen »Wachstumsinvestoren« und einige Fondskollegen kläglich vom Seil.

Mit Ochner stürzte auch Caatoosee, ein Technologieunternehmen, das zuvor noch in den Genuss von Kurspflege gekommen zu sein schien. Was ehemals Pflege war, wurde nun zur Tortur für die Aktionäre des Technologieunternehmens, dessen Kurs unbarmherzig zusammengeknüppelt und gevierteilt wurde – die am Neuen Markt verhängten Strafen sind mittelalterlich. Auch die für ihre seltsamen Kursbewegungen bekannte Adori-Aktie (siehe S. 183) zeigte ausgeprägte Gefühlsregungen und setzte zu einem neuerlichen Tauchgang an. Doch zu diesem Zeitpunkt nahm schon niemand mehr das Börsensegment ernst, das einst als Hoffnungsträger des Finanzplatzes und als Wachstumsmotor der Wirtschaft angetreten war. Die Aktionäre und Fondsbesitzer wissen jetzt, dass Lehrgeld nicht verdient, sondern bezahlt wird.

Fondssplitter

Am Ende des Jahrtausends war man um große Worte nicht verlegen: Eine der größten Investmentchancen des kommenden Jahrhunderts wartet auf den »risikobewussten« Anleger. Der so empfohlene Fonds wartete nicht umsonst. Im Herbst und Winter 1999 wurde er zahlreichen Depots beigemischt. Das Argument für den Dresdner Internet-Aktienfonds suggeriert einen Platzvorteil: Sein Management ist in San Francisco vor den Toren des Silicon Valley ansässig. Von dort aus selektiert Walter Price zwischen vierhundert und fünfhundert Aktien von Unternehmen rund ums Internet. Der Fondsmanager betonte, dass Internetinvestitionen »kein Glückspiel« seien. Wirklich nicht? Nachdem der Fonds Anfang 2000 den Gipfelpunkt erreicht hatte, wuchs allenfalls noch eins: das Risikobewusstsein seiner Investoren. Während der Highflyer zum Bruchpilot wurde, wurde vielen Anlegern klar, dass die Anlagerisiken solcher Fonds sehr real sind.

Was die Fondsbranche in den Boomjahren an riskanten Technologiefonds geschaffen hat und an die Anleger verkaufte, ist schier unglaublich. Der DWS-Fonds B2B.com treibt die Spezialisierung besonders weit, indem er sich auf elektronische Marktplätze für Transaktionen zwischen Unternehmen konzentriert – sie standen einen Lidschlag lang an der Börse in Blüte. Jetzt mutieren die entsprechenden Fonds zum Wartesaal für die Anleger – hoffend, dass die ausgewählte Subbranche noch einmal zur Blüte kommt. Ähnlich hoch spezialisiert ist die Adig-Fondsfamilie *America@tec, Europe@tec und Asia@tec*, regional ausgerichtete Branchenfonds, die als Ergänzung zum internationalen Aditec gedacht sind. Wer dem Technoblues der »Wachstumspapiere« standhält, findet vielleicht am schicken SEB Concept Wireless Fonds Gefallen, der drahtlose Gewinne erwartete, bislang aber leider nur den Anschluss an Verluste in der üblichen Höhe fand. Oder er folgt der Fondsgesellschaft Union Invest, die Akzente »für professionelle Anleger« setzt. Doch auch die UniInternet-Fonds, die innerhalb des Internetsektors Subbranchen herausgreifen und den Sektor definitorisch in »e-Infrastructure«, »e-Commerce« und »e-Services« zersieben, waren schon nach einem Jahr am Markt nur noch Schatten ihrer selbst, so dramatisch waren die verzeichneten Verluste. Ein Fonds, der beim Blick auf seine Wertentwicklung eher Sehstörungen anstatt Visionen vermuten lässt, ist der VMR Internetvision. Nachdem er von seinem Fondsmanager an die Depotwand gefahren wurde, hat das Produkt aus dem Hause der Value Management Research eine neue Vision dringend nötig. Wie wäre es mit einem Einsatz des Fondswracks als Mahnmal für kolossale Fondsirrtümer und gescheiterte Visionen?

15 Aufstrebende Märkte, abstürzende Kurse

Waren Technologiefonds wenigstens kurzfristig in der Lage, stattliche Gewinne abzuliefern, kann man das von den vollmundig angepriesenen Emerging Markets Fonds leider nicht sagen. »Emerging Markets«, der Begriff wurde Anfang der achtziger Jahre geprägt und bedeutet »aufstrebende Märkte«. Mit über 6 Prozent jährlichem Wirtschaftswachstum sollten diese Länder, in denen die Hälfte der Weltbevölkerung lebt, zu den Gewinnern der Globalisierung zählen und lukrative Ziele für Investments darstellen. Weil es heißt, dass sie kurz vor dem Aufstieg zum Industrieland stehen, wurden diese Länder in Deutschland auch als »Schwellenländer« bezeichnet – als könnten sie gar nicht scheitern.

»Emerging Markets«, in dem Begriff steckt eine positiv besetzte Investmentstory, die die Anleger dazu bringen soll, ihr Geld auf die Reise zu schicken. In Ländern wie Thailand, den Philippinen, Südafrika oder der Türkei würde unser Geld eine bessere Rendite erzielen als in den gesättigten Märkten der Industrieländer, weil diese Länder ihren wirtschaftlichen Rückstand aufholen. Hier früh dabei zu sein sei ganz besonders lohnend. Doch inzwischen sieht es danach aus, als ob die vermeintlichen Emerging Markets keineswegs zu den Profiteuren der Globalisierung zählen, sondern zu ihren Verlierern – und mit ihnen auch die Eigentümer der dort anlegenden Investmentfonds. Als Indikator dafür können die ausgeprägten Wanderbewegungen gelten: Immer mehr Menschen verlassen die »Emerging Markets« und klopfen bei den reichen Industrieländern an.

Im Powerhouse des 21. Jahrhunderts

Reisen bildet, weiß der Volksmund. Doch die Reisen der Fonds bilden zumindest kein Kapital. Die Idee der Emerging Markets Fonds gehört zu den größten Flops der Fondsbranche.

Jedes Fondsunternehmen, das etwas auf sich hält, verfügt über einen Emerging Markets Fonds. Die Branche verschweigt keineswegs, dass Investitionen in Schwellenländer voller Risiken sind. Dennoch wird mit Elan dafür getrommelt. Während in den achtziger Jahren nur wenige Emerging Market Fonds angeboten wurden, kam in der ersten Hälfte der Neunziger Leben ins Fondsgeschäft. 1994 wurde zum Jahr der Emerging Market Fonds: Gleich neun solcher Fondsprodukte begannen damals Anlegergeld zu werben. Der Zeitpunkt war ideal, denn der überkochende Aktienboom in Südostasien erweckte den Glauben, dass in den aufstrebenden Ländern wesentlich mehr zu verdienen wäre als an den heimischen Börsen. In allen Medien war die Rede vom unaufhaltsamen Aufstieg der asiatischen Tiger, von Asien als dem »Powerhouse des 21. Jahrhunderts«, schon rückte mit Indien eine neue »Raubkatze« ins Blickfeld der Anleger. Weitere unterentwickelte Länder stünden vor einer ähnlichen Entwicklung wie die boomenden asiatischen Staaten, hieß es und alle diese Chancen weltweit würden nun in einem einzigen Fonds gebündelt. Das ist die Idee, die hinter den Emerging Markets Fonds steht.

Die Aktivitäten der Fondsindustrie bei der Schaffung neuer Emerging Markets Fonds zeigen eine enge Korrelation mit der Börsenentwicklung: Als die Fieberkurve der Börsenkurse in den Tigerstaaten 1994 ihren Zenit erreichte, war auch der Ausstoß an Emerging Markets Fonds am höchsten. Mit einem Abstand von ein bis zwei Jahren zeichnete die Fondsproduktion das Auf und Ab der Börsen in den Jahren 1995 bis 1997 getreulich nach. Dummerweise lief sie gerade auf Hochtouren, als im Juli 1997 die Asienkrise in Thailand ihren Anfang nahm und 1998 die Russlandkrise ihr schwarzes Tuch über die Schwellenländer ausbreitete. Die neuen Kunden wurden recht unsanft auf dem Boden der Tatsachen zurückgeholt. Eine Krise reihte sich an die nächste – kaum war irgendwo auf der Welt eine Entspannung vermeldet worden in einer lang anhaltenden Währungskrise, wartete die nächste Bankenkrise bereits vor der Tür. Anfang 2001 saßen schließlich auch Taiwans Banken in der Schuldenfalle.

Zur Erklärung der Turbulenzen in den »aufstrebenden« Ländern werden unter anderem auch Panikmodelle herangezogen. Im Mittelpunkt dieser Modelle, die auf die Arbeit des amerikanischen Ökonomen Maurice Obstfeld zurückgehen, steht die sich selbst erfüllende Prophezeiung: Schon ein Anfangsverdacht gegenüber einer Währung und ihrem Wechselkurs genügt, um jenen wirtschaftlichen Sturm zu entfachen, der meist mit dem Absturz des Wechselkurses endet – selbst akzeptable wirtschaftliche Basisdaten ändern daran nichts. Natürlich könnten die Emerging Markets Fonds auf andere Regionen ausweichen. Aber dort treffen sie auf ähnliche Probleme: Die politischen Rahmenbedingungen stimmen in vielen Ländern nicht, immer wieder kommt es zu Phasen von Kapitalzuflüssen, die dazu führen, dass die schwächliche Konstitution und die miserable Rechtssituation offen gelegt werden. In den wenigsten asiatischen Staaten etwa gab es vor der Krise ein Konkursrecht. Auch andere Rechtsgebiete sind durchaus als unterentwickelt zu bezeichnen. Sie sind für die Finanzunternehmer vordergründig besehen nicht wichtig, spielen aber eine größere Rolle, als viele denken: Die Rede ist von demokratischen Gepflogenheiten und dem Schutz von Menschenrechten, der Presse- und Redefreiheit und nicht zuletzt auch dem Eigentumsrecht von Investoren, um die sich viele Staaten und die Fondsmanager kaum scheren. Sie würden besser mehr darauf achten. Denn auch wirtschaftliche Träume reichen oft nur so weit wie die Menschenrechte. Werner Balsen kritisierte in der *Frankfurter Rundschau*: »Eine eindrucksvolle Wachstumsquote, eine niedrige Inflationsrate, ein Diktator, der mit harter Hand regiert, versprechen in einem eindimensionalen Urteil gute Gewinne. Allzu oft geraten [den Fondsmanagern] dabei Faktoren wie etwa eine inkompetente Bankenaufsicht, Korruption oder eine schwache Regierung aus dem Blick.«

In vielen Schwellenländern blühten in der Boomphase vom Kapitalzufluss begünstigte Korruptionskulturen auf. Hinzu kommt ein auf tönernen Füßen stehendes Bankensystem, das sich Krisen gegenüber äußerst anfällig zeigt und dafür sorgt, dass monetäre Schocks und Bankenkrisen rund um den Globus in Serie auftreten. Der Riese Brasilien – zum wiederholten Mal Hoffnungskandidat der Emerging Markets Investoren – hat im Verlauf von acht Jahren fünfmal seine Währung ausgetauscht. Die Entstehung von Bankenkrisen gehorcht, wie der *Economist* einst anmerkte, derselben Logik wie die Ausbreitung der Küchenschabe: Wo eine marode Bank entdeckt wird, sind andere meist nicht weit. Während die Finanzauguren noch auf Wachstumsraten und die Indikatoren der Wirtschaftsinstitute schielen, breitet sich die Krise bereits aus.

Einheimische Spezialisten, die mit den spezifischen Verhältnissen vor Ort wirklich vertraut sind, gibt es so gut wie nicht im Asset-Management. Selbst die als besonders gut informiert geltenden Profis in den Ratingagenturen wie Standard & Poors haben Emerging-Markets-Krisen nicht rechtzeitig kommen sehen. Deshalb pumpen die großen Banken und Investmentfonds so lange Kapital in die Schwellenländer, bis die Krise da ist. Dann werden die »Filialen« in der Dritten Welt unverzüglich dichtgemacht, weil das Kapital in der »Zentrale« – an Wall Street – gebraucht wird. Und krisenhafte Ereignisse gibt es an den Weltfinanzmärkten häufig. Der Internationale Währungsfonds führte für seine mehr als einhundertachtzig Mitgliedsländer allein zwischen 1980 und 1995 nicht weniger als einhundertdreißig Fälle von ernsten Krisen im Bankenbereich auf.

Gerade Fondsanleger unterschätzen die Risiken von Fremdwährungen meistens, weil sie den Währungsumtausch auf ihren Abrechnungen, die vertraute Dollar oder Euros ausweisen, nicht miterleben. Binnen kürzester Frist können die Währungen von Schwellenländern jedoch leicht die Hälfte ihres Werts einbüßen – selbst Wertverluste bis zu 90 Prozent hat es schon gegeben. Zu den Währungsverlusten kommen Kursverluste durch kriselnde Aktienbörsen hinzu. Sind Investments in Schwellenländer also wirklich für ein diversifiziertes Fondsportfolio nötig? Zwei Gründe werden immer wieder für Emerging Markets Fonds genannt: die Risikostreuung und die interessanten Wachstumschancen. Die Wachstumsmöglichkeiten haben sich jedoch bisher nicht realisiert, und auch das Argument, die Anlage in Schwellenländer trüge zur Absenkung des Risikos des gesamten Anlageportfolios bei, ist trügerisch. So ergab eine Untersuchung des Informationsdienstes The Bank Credit Analyst, dass die Schwellenländerbörsen sich analog zur Kursentwicklung des Nasdaq verhalten. Vor allem Mexiko und Brasilien, aber auch die osteuropäischen Börsen schielen mehr nach dem amerikanischen Technologiemarkt, als dem Anleger lieb sein kann. Nur der chinesische und venezolanische Aktienmarkt führen ein negativ mit dem Schicksal des Nasdaq korreliertes Eigenleben – sie wären eine echte Diversifikation zu Anlagen am Nasdaq.

Mit den Schwellenländerfonds verhält es sich wie mit der schönen Geschichte der Brüder Wright und dem angeblich ersten Motorflug in der Geschichte der Fliegerei: Es stimmt nicht, was man sich davon erzählt. Luftfahrthistoriker haben herausgefunden, dass die legendären Brüder keineswegs die ersten Motorflieger waren. Der Deutsch-Amerikaner Gustave Whitehead hatte schon zwei Jahre vorher gewagt, was nie zuvor getan wurde, und war motorbetrieben in die Luft gegangen.

Indiana Jones als Fondsmanager

Der Fondsmanager Mark Mobius fliegt im Gulfstream Jet um die Welt. Den hat ihm sein Arbeitgeber, das Fondsunternehmen Templeton, spendiert, damit er keine Zeit verliert. Denn Mobius ist unermüdlich im Dienste der Rendite seiner Fondsinvestoren unterwegs. Der vielbeschäftigte Manager schläft mehr im Jet als zu Hause, verbringt sein Leben in Büros und Hotels zwischen Kapstadt und Kuala Lumpur und findet bei all dem noch die Zeit zum täglichen Fitnesstraining und zum Bücherschreiben. Gemeinsam mit Stephen Fenichel veröffentlichte er 1999 *Gateway zum Gewinn*. Großsprecherisch preist der amerikanische Verlag den »Weg zum Gewinn« als »das faszinierendste Buch, das je geschrieben wurde«, und verheißt: »Sie werden Länder und Märkte entdecken, deren Wachstumspotenzial jenes der USA weit in den Schatten stellt.« Das Buch wartet mit klugen Tipps des Fondsmanagers zum Aktienkauf in den schwierigen Schwellenländern auf. Dabei singt es in einem fort die Botschaft des großen Könnens und der außergewöhnlichen beruflichen Hingabe seines weitgereisten Autors, des »kahlköpfigen Adlers« Mark Mobius.

Der Lebensstil des bekannten Managers interessiert die Medien. Sobald das Thema Emerging Markets im Blätterwald raschelt, ist auch Mark Mobius präsent. Immer per Handy erreichbar und hochmobil, entspricht er bis aufs i-Tüpfelchen unserer Vorstellung vom Leben eines Fondsmanagers. Wenn Mobius die Öffentlichkeit wissen lässt, dass er bisweilen selbst in seiner Heimatstadt im Hotel absteigt, weil dort wenigstens der Kühlschrank gefüllt ist, wird die Lebensweise zum Symbol einer schier unglaublichen Einsatzbereitschaft für die Geldinteressen seiner Anleger.

Aber wie ist es um die Resultate bestellt? Hier bekommt die Ikone Risse. Zwar ist der Fleiß des nimmermüden Missionars der Schwellenländermärkte unbestritten – er verantwortet zahllose Länderfonds, die von Korea bis Thailand überwiegend asiatische

Anlagemärkte abdecken, den Japan-Fonds sowie globale Emerging Markets Fonds. Doch die Performance der von ihm verwalteten Fonds war in der Vergangenheit wenig überzeugend.

Während viele Länderfonds für den normalen Anleger kaum in Frage kommen, erfreuen sich Regionenfonds wie der Templeton Asian Growth Fund, der seine Investments über Südostasien (ohne Japan) streut, sowie die global operierenden Emerging Markets Fonds eines deutlich größeren Interesses. Der von Mark Mobius verwaltete Asienfonds bleibt in seiner Wertentwicklung jedoch hinter den Erwartungen zurück. Im *GFA-FondsGuide 2001* weist er in den fünf Jahren bis zum Juni 2000 eine Performance von kärglichen 4,57 Prozent aus. Der permanente »Jetlag« der Performance steht damit in merkwürdigem Widerspruch zu der gekonnten Selbstdarstellung des mobilen Managers. Das ist in ähnlicher Weise auch beim Templeton Emerging Markets Fund A der Fall, dessen Wertentwicklung mit 44,87 Prozent im Zeitraum von fünf Jahren kein Grund zum Jubeln ist. Beide Fonds bewegen sich deutlich unter dem Referenzindex, der mit einem Zuwachs von gut 39 Prozent (Asian Growth) beziehungsweise 62 Prozent (Emerging Markets) die Templeton-Fonds auf die Plätze verweist.

Dass der Referenzindex zu gut ist für den Manager und Mobius in den Schatten stellt, muss diesem eigentlich bitter aufstoßen. Noch bitterer jedoch ist, wenn bei dem gleichfalls von Mobius verwalteten Templeton Latin America Fund A die dreijährige Performance von einem dicken Minuszeichen (–11,28 Prozent) verunziert wird, wogegen der Marktindex mit einem Plus von 6 Prozent im selben Zeitraum immerhin noch Haltung bewahrt. Seit November 1997 verantwortet der Vielarbeiter noch einen zu diesem Zeitpunkt gegründeten Osteuropafonds, den Templeton Eastern Europe Fund, bei dem er immerhin einen guten Start erwischte und nach einem Jahr den MSCI-Osteuropaindex deutlich hinter sich ließ.

Die Fondsratings von Feri-Trust erteilen den beiden Mobius-

Fonds, die ein Rating erhielten, keine Bestnoten: Der Templeton Asian Growth Fund erhielt ein überaus bescheidenes »D«. Der noch dazu ausgabeaufschlagfreie Fonds der DWS Asiatische Aktien Typ O, der von dem sich unauffälliger gebärdenden Klaus Kaldemorgen gemanagt wird, fuhr demgegenüber nicht nur die Ratingbestnote »A« ein, sondern demonstrierte mit einer Wertentwicklung von über 159 Prozent im selben Fünfjahreszeitraum, dass auch unter schwierigen Bedingungen gute Renditen erzielt werden können. Auch der Templeton Emerging Markets Fund A bekam mit einem »C« eine alles andere als glanzvolle Bewertung von Feri-Trust.

Aber nicht nur Templetons Managerstar bietet beim global anlegenden Schwellenländerfonds den Anlegern Renditeschonkost. Auch andere Emerging Market-Fonds verharren seit Jahren reglos in den Depots der Anleger. Dabei soll doch, der Theorie zufolge, gerade in den Schwellenländern ein effizientes und versiertes »aktives« Management seine ganze Kraft entfalten können: Nirgendwo findet eine weniger effiziente Preisbildung statt als in den Märkten der Schwellenländer, die in den letzten Jahren vom großen Kapital zunehmend gemieden wurden. Darum warten hier noch viele günstige, sprich: unterbewertete Investmentgelegenheiten auf ihre Entdeckung.

So weit die Theorie – wie wir gesehen haben, verstehen die Manager der globalen Emerging Market Fonds die theoretisch in diesen Märkten vorhandenen Chancen aber keineswegs zu nutzen und produzieren insgesamt eher enttäuschende Resultate, die den Depots in den Jahren 1994 und 1995 deutliche Einbußen bescherten. Der Fonds mit dem optimistischen Namen Emerging World von Barings verlor 1994 14,9 Prozent, im Jahr darauf nochmals 22,3 Prozent. Nicht besser erging es dem Credis EF EM Fonds, der im September 1993 hoffnungsvoll startete, seine Investoren jedoch das Fürchten lehrte: 1994 erwirtschaftete er ein Minus von 23,4 Prozent, im Jahr darauf ging es nochmals um 16 Prozent nach unten. Einen Monat nach Credis setzte auch der Fondsriese

Fidelity auf den Trend der Emerging Marktes Fonds und wartete mit einem eigenen Produkt auf. Auch dieser Fonds büßte 1994 gut ein Fünftel seines Wertes ein, um ein Jahr später nochmals 23,6 Prozent abzugeben.

Die Wertentwicklung der Fonds lässt erkennen, dass die Idee der Emerging-Markets-Fondsprodukte den Anlegern nichts bringt, sie aber nichtsdestotrotz hohen Risiken aussetzt. Das Risiko, ausgedrückt in der Standardabweichung der Rendite, ist mit 37,7 Prozent in diesen Märkten außergewöhnlich hoch – und im Vergleich zu entwickelten Märkten ist die längerfristige Wertentwicklung mit jährlich 9,7 Prozent angesichts des enormen Risikolevels kaum attraktiv zu nennen.

In der Vergangenheit hatten die Emerging Markets unter der hervorragenden Performance der Börsen der etablierten Länder zu leiden und nur wenig Aufmerksamkeit auf sich ziehen können. Investoren waren der Meinung, es genüge, in die großen Wall-Street-Konzerne zu investieren, die in den aufstrebenden Ländern gute Geschäfte machten. So konnten die Anleger von der sicheren Wall Street aus mitverdienen – der Pro Fonds Emerging Markets von der Münchner Fiduka beispielsweise legt, dieser Erkenntnis folgend, bis zu einem Drittel des Fondsvermögens an Hauptaktienmärkten in Werte wie Gillette und Coca-Cola an.

Wer trotz der enttäuschenden Wertentwicklung in Länderfonds der Emerging Markets investieren will, sollte die Risiken der einzelnen Länder bedenken. Ohne Ausweichmöglichkeiten im Krisenfall sind Länderfonds in den Emerging Markets wahre Sprengfallen im Depot. Das demonstrierte unter anderem der Fidelity Thailand Fund, der einen Verlust von gut 70 Prozent in fünf Jahren (bis Juni 2000) einfuhr. Beachtliche Resultate lieferte in der Vergangenheit dagegen Flemings India Fund, der mit seiner Wertentwicklung den MSCI-India-Index fast um das Dreifache übertrifft.

Mit den Modetrends wechseln die Produktlaunen der Fondsindustrie. Langfristig denken, aber kurzfristig kaufen sollen die Anleger. Und zwar immer neue, verrückte Fondskreationen, die zur »Philosophie« der langfristigen Anlage überwiegend nicht geeignet sind, in die Kassen der Fondsunternehmen aber umso mehr Geld spülen. Zum Beispiel die Osteuropafonds, die in der zweiten Hälfte der neunziger Jahre massenhaft vom Stapel gelassen wurden. Doch der beabsichtigte EU-Beitritt von Polen, Ungarn und Tschechien fand an den Börsen weniger Beachtung als erhofft. Schlimmer noch: Tschechien geriet bald in eine handfeste Krise. Zudem reagierten die Börsen der osteuropäischen Märkte gleich in Serie verschnupft, wenn Wall Street, die Leitzentrale der Börsenwelt, in Schwierigkeiten steckte. Nur kurz ließ sich auf den osteuropäischen Märkten angelsächsisches Kapital sehen. Als 1998 die Russlandkrise ausbrach, suchte es rasch wieder die Sicherheit der großen Börsen und etablierten Werte. Durchhalten lautete die Parole für die Anleger, die sich eben wieder am kalten Feuer der Beitrittshoffnungen wärmen mussten. Der junge DWS Europe Convergence Equities, der die Beitrittsphantasie schon im Namen führt, büßte im ersten Jahr seiner Existenz (2000) ein Fünftel des Kapitals seiner Investoren ein.

Zumindest bis zum Frühjahr 2001 war die Sternstunde der Osteuropafonds ausgeblieben. Nur einige Oldies, darunter der Baring GUF-Eastern Europe Fund, zeigten Leistungen, die für die Inkaufnahme der durchaus beträchtlichen Anlegerrisiken dieser Märkte einigermaßen entschädigten. Doch ob der Baring-Fonds seine Erfolgsgeschichte fortschreiben wird, ist fraglich. Kaum hat der Leiter des erfolgreichen Osteuropafonds, Martin Tayler, das Haus verlassen, da kündigt wenige Monate später auch dessen Nachfolger. Das bisher mit guten Leistungen aufwartende Fondshaus Barings befindet sich nach der Beinahepleite infolge der fehlgeschlagenen Derivategeschäfte von Nick Leeson und der anschließenden Übernahme durch den konzeptlos agierenden

Finanzkonzern ING organisatorisch in einem verheerenden Zustand und gilt für Jobsucher längst nicht mehr als die beste Adresse. Das hat Konsequenzen für die Fondsanleger, die sich natürlich überwiegend wegen der Performance der Fondsmanager für Barings entschieden hatten.

Fonds nach geographischen Kriterien zu strukturieren erscheint auf den ersten Blick sinnvoll, ist aber nicht ohne eine Willkür. Manchmal wird dieses Kriterium von den Fondsunternehmen selbst ad absurdum geführt. Der Fleming Emerging Europe Fund zum Beispiel ist geographisch nicht so gut bewandert und investiert auch in Israel und Nordafrika.

Der Hang zur passenden Investmentstory führt mitunter zu kuriosen Anlageprodukten wie dem »Hauptstadtfonds« für »Emerging Berlin«. Berlinwerte Weberbank OP heißt ein Fonds, der aus dem Boom der Wiedervereinigung seinen Nutzen ziehen wollte. Als der Jubel verhallt war, war jedoch auch die Begeisterung dahin.

16 Kunstflieger am Fondshimmel – Branchen- und Themenfonds

Grundlegend lassen sich zwei verschiedene Managementstile im Fondswesen unterscheiden: Der wachstumsorientierte Ansatz will die Werte mit einem hohen Gewinnwachstum aus dem Markt herausfiltern. Er konkurriert mit dem wertorientierten, dem so genannten Value-Ansatz, der die Werthaltigkeit von Aktien in den Vordergrund stellt und unterbewertete Aktien ausfindig zu machen versucht. Das Problem dabei: Für die Wertentwicklung des gemanagten Vermögens wäre es gut zu wissen, welcher der beiden Ansätze in Zukunft die beste Performance abgeben wird – doch welcher Asset-Manager kann das vorhersagen?

Wie bedeutsam die Entscheidung über diesen Managementstil ist, erwies sich Anfang 2000: Damals wäre ein »Stilwechsel« erforderlich gewesen, hin zu dem konservativeren, dem wertorientierten Managementstil, und die ganz offensichtlich überteuerten Wachstums- und Technologiewerte hätten aus den Fondsportfolios entfernt werden müssen. Das ist jedoch leichter gesagt als in der Fondswelt getan. Weil viele Fondsmanager fürchten, mit ihrer Meinung schief zu liegen, fliegen sie lieber im Schwarm weiter. Bisher lagen sie schließlich gut damit. Auch als mancher von ihnen bereits festgestellt hatte, dass die Richtung nicht stimmte, flogen die meisten weiter. Man konnte ja nie wissen, vielleicht erholte sich der Markt ja wieder? Erst spät, als die Verluste schon sehr hoch waren, setzte sich die Erkenntnis durch, dass mit Technologiepapieren nichts mehr zu verdienen war. Sträflich vernachlässigt worden war dagegen zum Beispiel der österreichische Aktienmarkt, dessen Werthaltigkeit erst spät von einigen Portfoliomanagern erkannt wurde.

Wegen solcher Fehlentscheidungen versuchen die Marketingspezialisten einen Teil dieser Risiken und Unwägbarkeiten bereits im Vorfeld zu eliminieren. Das tun sie, indem sie den Kapitalmarkt aufsplittern und die Glassplitter zu funkelnden neuen Trend- und Branchenprodukten zusammenfügen. Auch Kombinationen verschiedener Branchen lassen sich zu neuen Fondsprodukten zusammenfügen, der Phantasie sind da keine Grenzen gesetzt. So entstehen komplexere Themenprodukte, wie der Global Life Society Equity Fund der niederländischen ABN Amro, der in die unterschiedlichsten Unternehmen investiert, die vom Trend zu einer höheren Lebensqualität profitieren. Als Investments kommen Pharmahersteller ebenso in Betracht wie Unternehmen, die in der Touristik und im Entertainment tätig sind. »Die moderne Fondsindustrie liebt es bunt und trendy«, stellt die *Zeit* treffend fest.

Am Fondsbüfett

Europas Fondsmarkt hält 22 000 verschiedene Aktienfonds bereit. Fast täglich kommen weitere hinzu, und viele davon sind nach Branchen und Themen gegliedert. Anleger, die aus diesem Angebot den Fonds heraussuchen wollen, der ihren Erwartungen und ihrem Temperament am besten entspricht, haben schlechte Karten: Die Bankenberater empfehlen vor allem hauseigene Fonds, und wer auf eigene Faust vorgeht, muss angesichts der Überfülle verzweifeln. Nach Ansicht des Geschäftsführers der Vermögensverwaltung Euro, Peter Fehrenbach, sind 80 Prozent der Anleger mit der risikogerechten Depotmischung überfordert. Und, Roland Tichy, der Chefredakteur der *Telebörse*, meint, dass die »Auswahl der richtigen Fonds letztlich schwerer ist als die Suche nach den richtigen Aktien«.

Bunte Fondsschmetterlinge preist die Invesco an: »Neun europäische Prachtexemplare für Ihre Fondssammlung« – warum gleich neun Europafonds ins Rennen um die Anlegergunst geschickt werden und woran sich der Anleger bei der Wahl seines Fonds orientieren soll, das wird nicht verraten. Klar ist: Der Anleger selbst soll den »richtigen« Fonds und damit den passenden Investmentstil auswählen. Aber ist das nicht eigentlich der Job der Profis?

Die Risikoverlagerer

Geschickt dreht die Fondsbranche den Spieß um und überlässt das Risiko dem Kunden: Die für den Anlageerfolg entscheidende Zusammenstellung und Auswahl des Anlagemenüs soll er selber vornehmen. Der Investmentmanager kümmert sich nur noch um die Details und wählt aus einer vorgegebenen Branche die passenden Aktien aus. Damit müssen die Kunden Fehler einer falschen Branchenauswahl nun selber verantworten – den Fondsmanager können sie nicht mehr dafür verantwortlich machen, wenn die Gelder im falschen Markt angelegt worden sind. Wurde für die Möglichkeiten der Fonds einst mit dem Argument geworben, dass die Kompetenz des Fondsmanagers vonnöten sei, um an den schwierigen Börsen nicht unterzugehen, gilt dies im Fall der Themen- und Branchenfonds kaum noch. Auch das Argument der Risikostreuung mittels Fonds sticht nicht mehr, wenn die Zukunft solchen risikoreichen Schmalspurprodukten gehören sollte.

Risikostreuung – ein schwieriges Unterfangen

Es ist beunruhigend für Anleger, dass die Aktienmärkte in ihrer Entwicklung eng miteinander verzahnt sind. Selbst Emerging Markets sind keineswegs so unterschiedlich in ihren Entwicklungstrends, wie gerne behauptet wird. Die Eigner eines in amerikanischen Technologieaktien anlegenden Fonds beispielsweise erzielen durch die zusätzliche Aufnahme eines in Osteuropa investierenden Aktienfonds kaum eine Streuung ihrer Risiken, denn die Wertentwicklung der osteuropäischen Märkte entspricht weitgehend jener des Nasdaq. Anders als die Fondsbranche und viele Banken behaupten, genügt es deshalb keineswegs, die Risiken einfach über mehrere Fonds zu streuen.

Beim langfristigen Vermögensaufbau kommt es darauf an, die Risiken im Griff zu behalten. Dies geschieht durch die Investitionen in Vermögenswerte, die sich möglichst unabhängig voneinander entwickeln. Eine Mischung aus Aktien, Immobilien und sicheren Rentenpapieren von Emittenten guter Bonität ist ideal. Wer dran glaubt, kann auch Gold sein Eigen nennen – vielleicht sorgt die Bestrebung der Industrie, dem Edelmetall stärker industrielle Anwendungen zu erschließen, ja wirklich für einen Umschwung der Preise. Wenn Investmentfonds Eingang ins Portfolio finden, sollten sie weitgespannt anlegen. Indexprodukte können den Aktienanteil bereitstellen. Und wer darüber hinaus einen Schuss Spekulation sucht, der mag einzelne Aktien jener Unternehmen erwerben, die zu den stärksten Bereichen der Volkswirtschaft eines Landes gehören.

Fonds auf Rädern

Wer den Einfall hatte, dass von per Internet bestellten Waren auch die Transportbranche profitiert, ist nicht mehr zu ermitteln. Dass an der Idee etwas dran war, davon kündeten einige Highflyer am Neuen Markt, die unter dem neuen Label Logistik-Trend segelten und zu Börsenstars aufgestiegen waren. Binnen weniger Monate vom problembelasteten Transportmetier zur In-Branche – keine Frage, dass auch hier ein Fonds ranmusste.

Die Investmentstory ist einleuchtend – Mausklicke der Internetkäufer setzen Lkws und Warenströme in Gang, der altgedienten

Transportbranche soll eine goldene Zukunft im Netzzeitalter beschieden sein – aber der Themenansatz ist wie gewohnt dünn. Für Fonds, die allein auf Logistikaktien setzen, kommen nur wenige Titel in Frage – wenn sie es denn wirklich ehrlich meinen und nur auf echte Logistikwerte setzen.

Die Logistikfonds können in einem Börsensturm rasch sinken, denn auch andere Fonds sind mit Logistiktiteln gespickt: Einer Befragung der *Wirtschaftswoche* zufolge waren in den Portfolios von achtundachtzig Fondsunternehmen Aktien der am Neuen Markt gelisteten Thiel Logistik AG enthalten. Die Börse ist keine Einbahnstraße. Aus der Perspektive vieler Fonds besehen, erweist sie sich eher als ein Nadelöhr.

Ein Kessel Buntes

Wer Sport mag, der braucht auch einen Sportfonds. Oder? Kein Problem. Selbst Themenfonds zum Thema Sport werden angeboten. Die sorgen immerhin für Unterhaltung, und sei es beim Blick in deren Portfolio. In einem davon befindet sich die Aktie von Sony. Die Begründung des Fondsmanagers dürfte echten Muskelsportlern die Tränen in die Augen treiben, denn dafür muss nicht nur Sonys Videospielkonsole herhalten, sondern auch das Sportsponsoring des japanischen Elektronikmultis. Ein weiter gefasstes Anlageziel verfolgen Fonds mit dem Themenschwerpunkt Freizeit und Lifestyle, der es offenbar den hart arbeitenden Schweizer Bankiers besonders angetan hat: Sowohl Pictet als auch der Crédit Suisse bieten entsprechende Fondsprodukte an. Vorreiter beim Thema Freizeit war viele Jahre lang das Investmenthaus Invesco mit seinem GT Leisure Fund, der eine dem Konzept angemessene sonnige Performance an den Tag legte.

Am Sinn des Themenkonzepts sind Zweifel angebracht, denn im Vergleich zum Standard & Poors-Index erwies sich die Freizeit bislang eher als unproduktiv, daran hat auch der viel beschworene Trend zur Freizeitgesellschaft nichts ändern können.

Andere Themenfonds investieren in die Aktien der Hersteller von Luxusgütern – für Lifestyle-Liebhaber eine gute Gelegenheit, auch bei ihren Fondsinvestments Exklusivität zu demonstrieren. Ein bisschen Nervenkitzel ist auch dabei, denn Luxusgüter reagieren ausgesprochen sensibel auf die Schwankungen der Wirtschaft.

Stabil dagegen notieren Essen und Trinken, die das Thema eigener Ernährungsfonds sind wie der CS Equity (Lux) Global Food oder der Food Global von Oppenheim. Als ähnlich defensiv und ertragsstabil wie Nahrungsmittelwerte gelten auch Pharmawerte, die ebenfalls wenig konjunkturempfindlich sind. Grund genug für die DWS, einfach beide Sektoren frei nach der Devise »Pizza und Pillen« zusammenzupacken und den DWS Europa Pharma + Nahrung in den Fondsmarkt zu schicken.

Da sauberes Wasser zunehmend knapper wird, wittert die Fondsindustrie auch hier ein Geschäft. Daran, dass Wasserversorgern, Herstellern von Filtertechnologie und Anlagen zur Wasseraufbereitung sowie den Mineralbrunnen die Zukunft gehört, bestehen keine Zweifel, wenn man den Medien Glauben schenkt. Und wenn nicht? Dann hat immerhin die Fondsgesellschaft verdient, zum Beispiel Pictet mit seinem GSF Water Fonds. Voll im Zeitgeist liegen auch die zahlreichen Fonds zum Themenschwerpunkt Umwelt und Ökologie, die sich der Auswahl von Unternehmen mit nachhaltigen Wirtschaftsprinzipien widmen – was als Anlage nicht nur umwelt-, sondern auch performancefreundlich sein kann.

Zu jedem gesellschaftlichen Trend und für jede Zielgruppe hält das Marketing das passende Fondsprodukt bereit, beispielsweise den Woman's World der VMR, der von der versierten Fondsmanagerin Corinna Eller verwaltet wird. Wenn die Welt der Frauen in einen eigenen Fonds Eingang findet, benötigen dann nicht auch Kinder einen eigenen Fonds oder die Senioren? Voilà! Mit dem Activest Young World und dem Senior der Gamax Management AG sind auch sie für fondswürdig befunden worden.

Wer lieber alle Trends in einem einzigen Fonds versammeln möchte, dem steht es frei, ein »All-in-one-trend«-Fondsprodukt zu wählen. Solche »All-inclusive-Trendfonds« laufen letztlich allerdings wieder auf den klassischen Aktienfonds hinaus, denn natürlich tun »gewöhnliche« Fonds, wie beispielsweise der Metzler Wachstum International Fonds, auch nichts anderes, als viel versprechende Trends zu identifizieren und in Anlageentscheidungen umzusetzen. Wenn jedoch ein Trend erlischt, kommen die Spezialfonds in Schwierigkeiten. Das zeigt das Schicksal des Adig Fonds Global New Stocks, der es sich auf die Fahnen geschrieben hat, in Neuemissionen anzulegen. Als der Fonds an den Start ging, sorgte eine massive Werbekampagne dafür, dass ihm mehr als eine halbe Milliarde Euro zuflossen. Doch dann versiegte der Strom der Neuemissionen an den Börsen, und statt der neuen Werte fand eher Altpapier sowie Aus- und Altgedientes vom Neuen Markt Einlass ins Portfolio. Kein Wunder, dass die Wertentwicklung des Global New Stocks am Stock geht.

Eine so enorme Steigerung des Mittelzuflusses kann als Bestätigung dafür gelten, die richtigen Produkte zur rechten Zeit auf den Markt gebracht zu haben. Doch damit allein darf es nicht getan sein. Bereits 1993 schrieb Manfred Müller in *Marketing für Investmentfonds als Managementaufgabe* der Fondsbranche ins Stammbuch: »Die Erfolge sind zugleich eine Verpflichtung, die in das jeweilige Produkt gesetzten Erwartungen zu erfüllen.« An der Erfüllung dieser Vorgabe gescheitert ist ein amerikanischer Branchenfonds. Der Tombstone Fund, der »Grabsteinfonds«, konzentrierte sich auf die Aktien von Bestattungsunternehmen. Doch die vermeintlich todsichere Geschäftsidee hatte ihre Tücken: Die findigen Fondsleute hatten nicht die steigende Lebenserwartung einkalkuliert, so dass der Fonds selbst zu Grabe getragen werden musste.

Teil IV: Kosmetische Korrekturen – Wie Fonds sich schönrechnen

17 Die langen Lineale der Fonds

Was Anleger nicht wissen sollen

Die Messung der Performance von Fondsprodukten und die gewählte Vergleichsgröße »Benchmark« sind ein heikles Thema. Da bei vielen Fonds die Leistung nicht stimmt, ist es wichtig, die Fondskunden das nicht wissen zu lassen. Nicht wissen sollen die Anleger zum Beispiel dies: Als Wissenschaftler in München und Chicago Passanten auf der Straße nach den Namen bekannter Unternehmen fragten und mit den meistgenannten Aktien dann Wertpapierdepots bildeten, waren sechs von insgesamt acht Depots in ihrer Entwicklung sowohl Dax als auch Dow Jones überlegen. Dass sich die »Investmentweisheit« der Passanten somit selbst dem Können erfolgreicher Fondsmanager als überlegen erwies, ist natürlich peinlich. Den Profis fällt es oft genug ja schon schwer genug, mit dem Index Schritt zu halten.

Dass der Index für die Fonds zum unüberwindbaren Hindernis wird, untermauerte ein Vergleich der ABN Amro Bank. Das Bankhaus, selbst Besitzer eines Fondsunternehmens, hat die Leistungen von Publikumsfonds, die sich auf Biotechnologie-Aktien spezialisiert haben, am Amex-Biotech-Index gewogen – und die Fonds für zu leicht befunden. Wer meinte, gerade in der Biotechnologie müsse doch ein kundiges Management, dem noch dazu ein wissenschaftlicher Beirat anerkannter Spezialisten aus den Bereichen Neurologie, Kardiologie und Onkologie zur Seite steht, seine Stärke ausspielen können, sah sich getäuscht. Selbst dem Pictet GSF Biotech, der eine Spitzenposition in der Fondsliga hat, half gegen den Index der geballte Sachverstand wenig, und er musste sich mit seinem Wertzuwachs von 434,8 Prozent gegenüber dem Amex-Index, der mit gut 666 Prozent davonbrauste, geschlagen geben. Dass kein Einziger der Biotechfonds in der Lage war, den Amex-Biotech-Index zu schlagen, ist für Fondsmanager und Berater eine bittere Erkenntnis, bedeutet es doch, dass sie ihre Bezüge und Spesen nicht rechtfertigen können. Für ABN Amro war das Anlass genug, ein Zertifikat aufzulegen, das den Amex-Biotech-Index nachbildet. Investoren, die an den Möglichkeiten des Sektors partizipieren wollen, fahren mit einem solchen Zertifikat besser als mit einem Fonds.

Kosmetische Operationen: Ungeeignete Vergleichsindizes

Fondsanlegern bleibt oft verborgen, dass die Performance ihres Produkts unter der Index-Wasserlinie verläuft. Böse Zungen behaupten, dass dies nicht nur die Geschäftsgrundlage der Fondsindustrie sei, sondern dass darauf auch die Wertschätzung für ihre Produkte beruhe. Optisch hilft den Fonds die geschickte Auswahl des Vergleichsindex auf die Sprünge, wenn der Vergleichsindex nicht ohnehin lieber ganz verschwiegen wird. Das eine wie das andere Verfahren beraubt die Kunden jeder Vergleichsmöglichkeit. Bleiben wir beim Beispiel Biotechnologie: Der Pictet GSF Biotech schneidet gegenüber der Konkurrenzgruppe exzellent ab. Im *GFA-Fondsguide Deutschland* wird er allerdings am eher trägen MSCI Pharma-Index gemessen. Im *Pictet Fund Mirror*, einer Publikation des eigenen Hauses, ist der weitgespannte MSCI Weltindex als Referenzindex verzeichnet. Das führt die Anleger in die Irre, weil der Fonds dadurch in einem allzu günstigen Licht erscheint. Eine so weitgespannte Indexkonstruktion wie den MSCI World bei einem Spezialitätenprodukt wie einem Biotechnologiefonds zu verwenden ist nicht sinnvoll. Ehrlicher wäre der Vergleich mit einem spezifischen Biotechnologieindex wie dem Amex-Biotech-Index. Doch der Fonds scheut die Konkurrenz eines Biotechnologieindex aus gutem Grund. Mehr Schein als Sein, nach dieser Devise verfahren auch andere Anbieter, die tagtäglich mit dem Index in den Ring steigen und sich ihm häufig geschlagen geben müssen.

Anleger tun sich oft schwer in den Informationsunterlagen einen Hinweis auf die verwendete Benchmark zu finden. Wenn sie aber doch einmal fündig werden, ist die Frage, welcher Index ihnen da präsentiert wird. Ein Index wie der MSCI World sieht die Welt aus dem amerikanischen Blickwinkel. Fast die Hälfte dieses Index macht der US-Markt aus. Damit ist Europäischen Anlegern jedoch kaum gedient, die im Normalfall den Schwerpunkt ihrer Investments in europäischen Anlagemärkten setzen. Der häufig verwendete MSCI Weltindex ist zudem eher wertorientiert und auf die großen Standardwerte ausgerichtet. Das bedeutet, dass auf Technologiewerte spezialisierte Investmentfonds den MSCI zumindest dann leicht schlagen, wenn diese Werte an den Börsen gerade als Favoriten gehandelt werden.

Wichtig zu wissen ist auch, dass die Indizes stets in zwei Ausführungen erhältlich sind: Als Kurs- und als Performanceindex. Nur der Performanceindex beinhaltet die Dividenden. Dieser Index wird allerdings nur einmal im Monat berechnet, bei aktuellen Ständen und den im täglichen Gebrauch befindlichen Indizes handelt es sich normalerweise um – dividendenlose – Kursindizes. Daran gemessen, sehen wertorientiert anlegende Fonds, die Dividenden vereinnahmen können, natürlich besser aus.

»Die MSCI-Indizes sind nicht ganz unumstritten, da es keine eindeutig abgegrenzten Kriterien für die Aktienauswahl gibt«, merkt der Börsenkenner Rolf Beike kritisch an.

Aber Anleger sollten nicht nur der verwendeten Messlatte ihres Fonds kritische Aufmerksamkeit angedeihen lassen. Vorsicht ist auch bei Rennlisten und Rankinglisten angezeigt, die in den

USA eine regelrechte Sucht sind und auch in unseren Breiten eine wachsende Zahl von Anhängern vor allem in den Kreisen internetbegeisterter Anleger finden. Hin und wieder werden dort nicht zueinander passende Fonds nebeneinander gestellt und so Äpfel mit Birnen verglichen – beispielsweise wenn Mischfonds schon mal neben reinrassigen Aktienfonds rangieren. Wenn dann im Marktabschwung ein Mischfonds die Performanceliste anführt, ist das noch keine besondere Leistung, denn diese Fondskategorie ist auch in Rentenpapiere investiert und nicht nur in den jetzt verlustreichen Aktien.

Leinen los, Union Investment

Werbung appelliert an unsere Wünsche und unser Gefühl. Raffiniert hat die Union Investment die ausgeprägte Reiselust der Deutschen in ihre Werbestrategie eingebaut. »Haben Sie Euroland schon kennen und lieben gelernt?«, flötet der Werbetext und bringt uns gleich in die rechte Reiselaune: »Die interessantesten Museen Roms – die gemütlichsten Cafés Madrids – oder die schönsten Modegeschäfte von Paris ... es gibt viel zu entdecken.« Die Werbebroschüre für den UniEuroAktien mit dem verträumten Titel »Sternstunden mit Top-Unternehmen« kommt wie ein Reiseführer daher. Auch der UniEuroStoxx50, ein indexnaher Fonds, lockt mit der Abbildung eines Kreuzfahrtschiffs, viel frischer Luft und Sonne: »Leinen los – mit Großunternehmen auf Erfolgskurs gehen.« Wo Investmentmanager sich zu Reiseveranstaltern wandeln, ist Vorsicht angezeigt, und die Kunden sollten lieber genau hinschauen. Wichtige Informationen über die Leistung des derart präsentierten Fonds bleiben nämlich oft ausgespart. Das ist verständlich, denn wer so schwache Leistungen bietet wie die Fondsindustrie, muss nichts mehr fürchten als gut informierte Kunden. Die Leistung des UniEuroStoxx, mit dem sich Fondsanleger angeblich »jetzt einen Platz in 1. Klasse sichern«, besteht darin, mehr oder weniger maßstabsgetreu den Index wiederzugeben. Entsprechend bewegt sich der Anlageerfolg im Kielwasser des Index. Doch es gibt einen Unterschied: Neben den bei einem Fonds zu entrichtenden Gebühren, die seine Wertentwicklung gegenüber dem Index ermäßigen, unterliegt der Fonds in der Regel Beschränkungen in der Größe seiner Einzelpositionen. Daraus können sich Abweichungen des Fonds vom Marktindex und seiner Wertentwicklung ergeben – ein Umstand, den die Union Investment unerwähnt lässt.

Erwähnt werden immerhin die Gebühren des EuroStoxx. In Anbetracht dessen, dass die Leistung des Fondsmanagements einzig und allein darin besteht, den Index nachzubauen, sind die Verwaltungskosten mit maximal möglichen 1,5 Prozent alles andere als bescheiden. Hinzu kommt ein Ausgabeaufschlag von 4 Prozent. Damit darf sich der indexnahe Fonds bei der Managementgebühr sogar mehr genehmigen als der aktiv gemanagte UniEuroAktien, der maximal 1,25 Prozent an jährlicher Verwaltungsvergütung und eventuell noch eine leistungsabhängige Vergütung abziehen darf – eine besondere Wertschätzung der aktiven Fondsmanager durch die Union Investment ist das nicht gerade, selbst wenn andere Fonds der Union Investment wie etwa der in europäische Nebenwerte anlegende EuroAction: Midcap 1,5 Prozent kosten dürfen. Dass der Anlageerfolg des indexnahen Eurostoxx werblich herausgestellt wird (»47,5 Prozent im letzten Jahr«), während der Erfolg des aktiv gemanagten Fonds UniEuroAktien geflissentlich verschwiegen wird, deutet in dieselbe Richtung. Stattdessen finden sich im Werbesprospekt eine auf der Entwicklung von Marktindizes basierende, wenig aussagekräftige Musterrechnung und der allgemeine Hinweis auf ein »Gewinn bringendes Europa« – die Kosten des Fondsinvestments bleiben in der Musterrechnung selbstverständlich, wie gewohnt, unbeachtet. Um zu illustrieren, was der aktiv gemanagte Fonds der Union Investment im Prinzip leisten können sollte, zitiert die Beispielrechnung die Entwicklung des Marktindex über zehn Jahre. Das ist, je nachdem, ambitioniert oder aber irreführend, zumal der Euro-

Aktien noch gar nicht auf eine zehnjährige Geschichte zurückblicken kann. Nur eine geringe Zahl von Europafonds ist im gewählten Zeitraum in der Lage gewesen, bei der Entwicklung des Index mitzuhalten, geschweige denn diese hinter sich zu lassen. Auch der im Oktober 1998 aufgelegte UniEuroAktien bewegte sich gleich im ersten Jahr seiner Existenz – einem an der Börse ausgesprochen guten Jahr – mit einem Plus von 42,8 Prozent unter dem Index – und damit auch entsprechend unter der Wertentwicklung des hauseigenen indexnahen Fonds. Kein Wunder also, dass die Werbetexter nicht auf die Wertentwicklung zu sprechen gekommen sind.

Fazit: Weder die Reise mit dem indexnahen Fondsprodukt noch mit dem aktiv gemanagten Fonds erscheinen als Traumziel fürs Geld. Ob der aktive Fonds die Börsenstürme so gut meistert, dass er am Kap der guten Indexhoffnung vor der passiven Fondsverwandtschaft über die Ziellinie geht, erscheint zweifelhaft. Sein dicht am Index segelnder Kollege hingegen erscheint über Gebühr teuer. – Wer jetzt die Zertifikate kennen und lieben lernt, der sollte auch hier den – meist im Kleingedruckten verborgenen – Kosten Beachtung schenken.

Wenn Risiko zur Chance wird

In den Verkaufsprospekten wimmelt es von Kleingedrucktem im präzisen Deutsch der Fachjuristen. Doch manche Paragraphen dehnen sich ins Unendliche und lassen wieder vieles, wenn nicht alles offen. Da wird dem Fondsmanagement beispielsweise eine Blankovollmacht für die Nutzung von Terminkontrakten, den blitzenden Schwertern des Kapitalmarkts, erteilt: »Die Gesellschaft wird von diesen Möglichkeiten Gebrauch machen, wenn und soweit sie dies im Interesse der Anteilinhaber für geboten hält.« Übergroß wird der Drang ins Undeutliche, wenn es um die Gebühren und Kostenerstattungen geht. Aber auch die in den Infobroschüren gebotene Information ist ausgesprochen dürftig.

Meist finden sich in der linken Seitenhälfte einige allgemeine Anmerkungen zur Anlagepolitik und dem Investitionsschwerpunkt des Fonds. Die werden locker dargeboten und gelegentlich durch einen kleinen Tabellenteil ergänzt, der Angaben zur Fondswährung, der Wertpapierkennnummer, der Ertragsausschüttung und zum Ausgabeaufschlag und zur Verwaltungsgebühr enthält. Mehr oder weniger üppige Grafiken veranschaulichen die Wertentwicklung des Fonds und seine Anlageschwerpunkte.

Eine ernsthafte Risikoaufklärung der Kunden findet in den wenigsten Publikationen statt. Adig präsentiert etwa ein gesäubertes Chance-Risiko-Profil, auf dessen schön gezeichneter Skala das Wort »Risiko« sorgsam entfernt wurde, so dass es sich unter den Händen der Marketingprofis auf wundersame Weise in ein positive Assoziationen weckendes »Ertrag-Wachstum-Chance«-Kontinuum verwandelt.

Typische Grafiken in so gut wie allen Informationsunterlagen für Fondskunden sind die zackigen, steil nach oben zeigenden Kurven. Nur wenige dieser Chartgrafiken sind in informierender Absicht erstellt und schildern den Investmenterfolg des Fonds gegenüber dem passiven Marktindex – was dem Fondsprodukt ja überhaupt erst seine Daseinsberechtigung verleihen würde. Ein schlechtes Beispiel gibt wieder die Adig. Unter der Überschrift »Fakten zu den Fonds der Adig Investment« erfahren die Kunden wenig Interessantes über das relative Abschneiden der Fonds im Vergleich zum Index. Stattdessen erhalten sie überflüssige Informationen wie beispielsweise eine so genannte »interne Fondsnummer« – warum wird nicht einfach die Wertpapierkennnummer angegeben? Kurios auch eine an Fondsinteressenten versandte Broschüre der Adig, die den Vermerk »Keine Werbebroschüre« trägt. Die Werbebroschüre, die keine sein will, wartet mit bunten Säulen und etwas Grafikkuchen auf. Wie in den Unterlagen vieler anderer Fondsunternehmen auch sind die gelieferten Informationen jedoch eher nichts sagend. Im Unklaren gelassen wird der Fondsinvestor sogar über den Umstand, dass das

Abschneiden der Wertentwicklung der Fonds gegenüber dem Index irgendwie von Bedeutung sein könnte. Die Fondskäufer werden nicht einmal für Wert befunden, den Vergleichsindex ihres Fondsprodukts auch nur zu kennen. Stattdessen werden möglichst oft hohe Prozentziffern der Wertentwicklung ausgewiesen, was so lange ohne Aussagekraft ist, wie diese nicht an der Entwicklung des Börsenmarkts gemessen wird.

Wer behauptet, Werbung vermittle Information, kennt die Broschüren vieler Fondsunternehmen nicht. In denen wimmelt es nur so von Plattfischen und Versprechen allgemeiner Natur, vor allem von »Chancen« und von »Potenzialen« ist immer wieder die Rede. Viel Farbe und Mühe wird darauf verwandt, den Kunden *nicht* aufzuklären. Verdient unser Geld wirklich Fonds, für die mit Aussagen geworben wird wie: »Es ist schön, die überdurchschnittliche Wertsteigerung unserer Fonds zu kennen«?

Akute Verdunkelungsgefahr

Akute Verdunkelungsgefahr besteht auch hinsichtlich des von der Fondsbranche und ihren Interessenvertretern in Umlauf gesetzten Zahlenmaterials. Nicht nur die zur Messung der Performance verwendeten Methoden sind ungeeignet, die wünschenswerte Transparenz zu erzeugen. Auch die in den Unterlagen der meisten Fonds ausgewiesenen prozentualen Managementgebühren entsprechen nicht den wahren Verhältnissen. Statt die Gesamtkosten etwa in einer Total Expense Ratio (TER) offen zu nennen, wirtschaften Investmentgesellschaften lieber im Verborgenen und »halten diese Zahlen in ihren Pflichtveröffentlichungen versteckt«, schreibt *Finanztest.* So ist den Fondsanlegern kaum bewusst, dass sie sogar für das blumige Marketing und seine wenig informativen Unterlagen zur Kasse gebeten werden.

Der Einfluss der Managementgebühr auf die Wertentwicklung der eingekauften Fonds wird von den meisten Anlegern ohnedies gehörig unterschätzt. Viele gute Börsenjahre, in denen den Kosten nur wenige Beachtung geschenkt wurde, haben hier ihre Wirkung getan. Das ändert sich entscheidend, wenn die Börsen nicht länger eine gute Wertentwicklung abwerfen, denn in mageren Börsenjahren wird die Wirkung der Gebührenschere schmerzhaft spürbar. Das illustriert ein Rechenbeispiel des Fondskritikers Andreas Woitzik. Er weist darauf hin, dass in einem schwachen Jahr mit 3 Prozent Jahresertrag die Gebühren eines gewöhnlichen Fonds die Hälfte des Gesamtertrags verzehren.

Die langen Lineale des BVI

In Deutschland hat sich bei der Ermittlung der Wertentwicklung die Methode des Bundesverbandes Deutscher Investment-Gesellschaften (BVI) eingebürgert. Ein wesentliches Kennzeichen dieser Methode ist, dass die Berechnung auf Basis der Rücknahmepreise vorgenommen wird. Zwischenzeitlich erfolgende Ausschüttungen werden vollständig einbezogen und so behandelt, als ob eine Wiederanlage erfolgte. Während also die Ausschüttungen der Fonds zugunsten der Performance berücksichtigt werden, ist dies bei »eventuell« gezahlten Ausgabeaufschlägen genau umgekehrt. Die Gebühren, deren Berücksichtigung bei der Wertermittlung zu einer Verschlechterung der Performance führen würde, betragen bei vielen Aktienfonds regelmäßig 5 Prozent. Bei manchen Fonds, wie etwa dem Janus World Fund-Twenty A1 sind sogar mehr als 6 Prozent zu entrichten. (Nicht bei jedem Fondkauf kann übrigens die Verkaufsgebühr etwa durch die Abwicklung der Transaktion über eine der Direktbanken gesenkt werden.) Dass die Performanceberechnung à la BVI die Ausgabeaufschläge nicht berücksichtigt, mag insofern praktikabel sein, als es die Berechnung vereinfacht. In der Finanzwissenschaft ist es tatsächlich viel geübter Brauch, aus Vereinfachungsgründen bei Modellrechnungen von den Transaktionskosten abzusehen. Diese Transaktionskosten, die etwa im Rahmen von an den Börsen getätigten Wertpapiertransaktionen anfallen, bewegen sich allerdings mit 0,5 bis 1 Prozent in einer wesentlich geringeren Größenordnung. Eine Gebühr von 5 Prozent kann man hingegen nicht mehr guten Gewissens als vernachlässigbare Bagatelle darstellen. Auch dem Argument, dass die Ausgabeaufschläge bei einem langfristigen Anlagehorizont, wie er bei den Fondsinvestitionen anzunehmen sei, kaum ins Gewicht fallen, ist mit Skepsis zu begegnen. Die Fondsunternehmen selbst haben mit der Schaffung vieler Produkte, die wie die zahlreichen Branchenfonds für langfristige Anlagezwecke eher ungeeignet sind, die Philosophie der Langfristigkeit von Fondsinvestments ausgehöhlt und müssen sich die Frage gefallen lassen, inwiefern die Nichtberücksichtigung von Ausgabeaufschlägen den real existierenden Verhältnissen des Fondsmarktes überhaupt noch gerecht wird. Man muss unterstellen, dass eine ins Positive verzerrte Wahrnehmung der Leistungsabgabe von Fonds seitens des »Verbrauchers« durchaus beabsichtigt ist.

Zu weiteren Verzerrungen der Wahrnehmung trägt die Werbung bei, die in verschleiernder Absicht gerne »krumme« Betrachtungszeiträume für die Wertentwicklung ausweist. Beispielsweise gibt die Union Investment in einer ihrer Anzeigen für den UniNeueMärkte 93,6 Prozent Wertzuwachs über acht Monate (vom 15. September 1998 bis zum 30. April 1999) an. Das erschwert den Vergleich unnötig und setzt auf die Lockwirkung der hohen Prozentzahl – die jedoch hat schon aufgrund des kurzen Messzeitraums für die weitere Wertentwicklung keine Bedeutung. Ähnlich hält es Entrium Direct Bankers: Auch beim EntriumFonds Aktien Europa prangt plakativ die Prozentzahl 43,72 vor dem Hintergrund der gelben Europasterne. Das Versprechen der Werbung: »Der Erfolg ist eindeutig.« Für den Betrachter ist ein Messzeitraum vom 15. Oktober bis zum Ende des Jahres 2000 alles andere als eindeutig. Nicht nur Entrium Direct Bankers, auch die Direktbankkollegen von der Advance Bank weichen mit »28,9 Prozent Rendite in 24 Monaten« für den »Masterplan« Advance IV International Chance vom üblichen Verpackungsmaß ab: Eingebürgert haben sich Angaben über ein Jahr, drei Jahre und fünf Jahre.

Aufpumpen, Absaugen, Abstoßen

»Bella figura« – die schöne Figur ist im Fondsgeschäft so wichtig wie für Italiens Flaneure auf der Piazza. Fonds müssen sich beständig im Performancevergleich mit ihresgleichen und dem Index messen. Wo die Performancefigur nicht stimmt, fühlen sich Fondsmanager gelegentlich gefordert, selbst Hand anzulegen. Nicht nur der Platzierung in der Statistik lässt sich mit einem heimlichen Dreh am Rad des Börsenmarkts, kleinen und weniger kleinen Manipulationen auf die Sprünge helfen. Noch vergleichsweise harmlos erscheint dagegen die gezielte Portfoliokosmetik, auch als »Window-dressing« bezeichnet. Sie ist weit verbreitet (und für Anleger kostenträchtig) und stülpt die Tarnkappe über das Fondsportfolio. Denn obwohl diese Art des »Dressing« mit der Soßenbeigabe zum Salat nichts zu tun hat, wird doch manches welke Wertpapierblatt aus dem Fonds herausbefördert und durch grünes Frischgemüse ersetzt.

Bekanntermaßen haben Investmentfonds Milliarden Euro in Derivate investiert. Davon ist jedoch kaum etwas zu sehen. Was sich wirklich in den Fonds befindet, darüber wird der Öffentlichkeit und natürlich erst recht den eigenen Investoren geflissentlich ein schiefes Bild vermittelt. Denn die Derivate, wie Michael Lipper von der Fondsanalysefirma Lipper Analytical Services beobachtet hat, »scheinen auf geheimnisvolle Weise zu verschwinden«, sobald an einem der Stichtage für kurze Zeit ein Lichtstrahl für Transparenz in den Fondsportfolios sorgt.

Kosmetische Operationen sind auch rund um den Neuen Markt häufiger zu beobachten gewesen. Als der Heiligenschein dieses Börsensegments verblasste und das Image der Wachstumsbörse nachhaltig ramponiert war, zogen die Portfoliomanager Ende des Jahres 2000 einen Schlussstrich unter ihre Engagements. Ein Fondsmanager kannte und nannte den Grund: Neue-Markt-Positionen wurden von Fonds, aber auch von Versicherungen abgestoßen, um am Jahresende keine Positionen in diesem Segment ausweisen zu müssen.

Neben den hektischen Aufräumaktionen und dem Schmücken des Fondsschaufensters zum Jahresende ist das »Portfolio-Pumping« eine der besonders hässlichen Begleiterscheinungen der herrschenden »Fondskultur«: Indem sie gezielt Werte mit nur geringer Marktkapitalisierung einkaufen, saugen die Fonds große Teile des vorhandenen »free-floats« an. Danach ist die Pflege von Kursen ein Kinderspiel, denn schon kleine Kauforders helfen dem Kurs der fraglichen Aktie auf die Beine – und verpassen auf diese Weise der Wertentwicklung des Portfolios ein Facelifting. Durch das Portfolio-Pumping wird nicht nur die Platzierung des Fonds in den Rennlisten verbessert. Auch der Bonus und die Leistungsprämien für den Fondsmanager werden damit aufgepumpt. In den Vereinigten Staaten unterhält die Wertpapieraufsichtskommission SEC eine eigene Einsatzgruppe, um dem illegalen Portfolio-Pumping auf die Schliche zu kommen. Aufs Korn genommen werden all jene Fonds, deren Anteilspreise an bestimmten Stichtagen, etwa zum Quartalsende, ungewöhnliche Zuwächse aufweisen.

In Kanada hat Portfolio-Pumping einmal einen handfesten Skandal verursacht. Darin verwickelt war keine zweitklassige Asset-Management-Firma, sondern ein Tochterunternehmen der zweitgrößten Bank des Landes, der Royal Bank of Canada. Besonders peinlich war, dass die Unregelmäßigkeiten Pensionsfonds mit den Altersruhegeldern von Angestellten der Provinz Ontario betrafen. Das Vertrauen der Kanadier in die Investmentbranche, die sich um ihre Altersvorsorge kümmern sollte, wurde bis in die Grundfesten erschüttert. Die Börse selbst war zuerst auf ungewöhnliche »Preismuster« bei bestimmten Werten aufmerksam geworden. Die hohen Schlusskurse dieser Werte traten vorwiegend am letzten Handelstag bestimmter Monate oder Quartale auf – offenbar versuchte ein großer Fonds die Kurse nach oben zu drücken. Die Spur führte zu RT Capital Management. Mehr als ein Dutzend Angestellte von RT Capital und verschiedener Brokerfirmen hatten konspirativ zusammengewirkt, um möglichst hohe

Schlusskurse an »performancekritischen« Tagen zu bewirken und höhere Leistungsprämien zu kassieren. Die Börsenaufsichtsbehörde der Provinz, die Ontario Securities Commission (OSC), machte den Fall öffentlich und verhängte drakonische Strafen. Im Zuge der Untersuchung wurde mit besonderer Bestürzung vermerkt, dass eine Kontrolle der Portfoliomanager durch die Geschäftsführung der RT Capital Management völlig unterblieben war. Die Portfoliomanager konnten mit den anvertrauten Pensionsgeldern nach Gutdünken spekulieren.

Die Manipulation der Kurse von Wertpapieren kann den Glauben an die Integrität eines Finanzplatzes zerstören, und doch ist sie eine an allen Börsen viel geübte Praxis, nicht zuletzt auch in Deutschland mit seiner schwachen Börsenaufsicht. Aber die Finanzprofis bereichern sich nicht nur auf Kosten von Kleinaktionären, auch Fondsanleger werden zu ahnungslosen Opfern dreister Raubritter an der Börse. Besonders obskur und der »Aktienkultur« abträglich ist die Masche des vorher abgesprochenen Handels (»Pre-arranged Trade«). Nach vorheriger Absprache wird ein Aktienpaket zu einem überhöhten Preis durch das Computersystem der Börse durchgereicht – und zu einem späteren Zeitpunkt wird das Geschäft wieder in die entgegengesetzte Richtung rückabgewickelt. Unter der Überschrift »Aufpumpen und abstoßen« berichtete der *Spiegel*, wie diese infame Praktik des abgesprochenen Handelsgeschäfts dazu benutzt wird, Fondsanleger zu schädigen: »Dieses Vorgehen empfiehlt sich für die Banken vor allem immer dann, wenn beispielsweise der Wert eines Fondsanteils festgelegt wird, den tausende Kunden im Rahmen eines Investmentsparplans regelmäßig zu einem bestimmten Termin, etwa dem Monatsersten, erwerben.« So wird das Vermögen von Fondsanlegern und Anlageplansparern, die zumeist fürs Alter vorsorgen wollen, abgesaugt.

Das Leben und das Sterben der Fonds

Eine Reihe von Fonds verschwindet jedes Jahr unwiderruflich von der Bildfläche. Doch während die einschlägigen Finanzmedien regelmäßig über die Eröffnung neuer Fonds berichten, findet die Schließung von Fonds wenig Beachtung. Auskunft über den plötzlichen Fondstod erteilen in den Vereinigten Staaten verschiedene Finanzforschungsunternehmen, darunter auch Wiesenberger, die Nachforschungen bezüglich des Ablebens von Fondsprodukten anstellen. Im Jahr 2000 hatten bis Ende November schon einhundertneunzig Mutual Funds ihren Betrieb per Liquidierung der Vermögenswerte und Rückzahlung des – übrig gebliebenen! – Kapitals an ihre Investoren eingestellt. Zwei Jahre zuvor hatten sogar zweihundertzweiundzwanzig Fonds die Segel gestrichen – ein für Fondsinvestoren besonders unerfreuliches Jahr. Auch die Zahl der durch Verschmelzung von der Bildfläche getilgten Fonds nimmt rasant zu. Siebenhundertzweiundsechzig US-Fonds wurden auf diese Weise in den zwölf Monaten bis zum Mai 2001 beseitigt, ermittelte Morningstar. Nach jahrelangen Rekordziffern bei der Schaffung immer neuer Fondsprodukte dürfte das vorläufige Ende der gewaltigen Aufwärtsbewegung an den Finanzmärkten nun für die Schließung von immer mehr Investmentfonds sorgen, auch in Deutschland.

Fondsschließungen und Liquidationen betreffen natürlich in der Regel nicht die erfolgreichen Produkte. Vielmehr sind Liquidation oder Verschmelzung Wege, um sich jener Fonds mit schlechter Wertentwicklung zu entledigen, die kaum mehr das Interesse der Anleger finden. Noch sind viele untaugliche Fondsprodukte, die eine schlechte Performance bieten, am Markt. Doch manches, was jahrelang auf die Fondskäufer losgelassen wurde, ist in Anbetracht des verengten Anlagefokus kaum überlebensfähig. Eleganter als die Liquidierung ist es, bestimmte Fonds einfach aus dem Sichtfeld zu entfernen und keine Anteilspreise mehr zu veröffentlichen, wie dies etwa Franken Invest mit dem Laufzeitfonds FI Lux Schmidt-Bank Vision 2005 praktiziert hat.

Aus der Sicht der Fondsbranche ist es von Vorteil, wenn möglichst viele lebensuntüchtige und erfolglose Fondskollegen von der Bildfläche verschwinden oder per Schließung das Zeitliche segnen. Je mehr Fonds mit einer schlechten Performance das Feld räumen, umso glanzvoller erscheinen die Statistiken. »Survivorship bias« heißt das statistische Phänomen, wenn die Blindgänger regelmäßig aus der Statistik geputzt werden und die Mannschaft der Übriggebliebenen als Gruppe dafür umso besser dasteht. Geschichte wird eben von den Siegern geschrieben.

Wenn ein Zauberkünstler doch nur die vielen Internetfonds, die im Jahr 2000 oft drei Viertel ihres Werts verloren hatten, verschwinden lassen würde ...

Die Götterdämmerung der Fonds

Hinter den Kulissen der erfolgsgewohnten Branche sind Umwälzungen im Gange. Passive Produkte, die den Index abbilden, aber auch die riskanteren »Baskets«, die sich auf relativ wenige Aktien konzentrieren, treten vermehrt in den Vordergrund. Aktienzertifikate, Baskets mit Fokus auf bestimmte Branchen haben zur Aufholjagd gegenüber den Branchenfonds angesetzt. In Deutschland waren Anfang 2001 bereits mehr als 2700 Aktienzertifikate am Markt. Darunter befinden sich nicht nur spezialisierte »Designerprodukte« mit engem Investmentfokus, sondern auch breiter angelegte Marktindexprodukte und Indexfonds. Amerikanische institutionelle Investoren ordern diese kostengünstigen Produkte in großen Stückzahlen für ihre Portfolios. Bei Privatinvestoren beliebt sind Zertifikate mit Fokus auf bestimmte Branchen oder Themen, die im Revier der Branchenfonds wildern und Teile dieses Marktsegments schon an sich gerissen haben (obwohl sie in Bezug auf ihr Risiko und ihren Sinn mindestens ebenso, wenn nicht noch problematischer sind als Branchen- und Themenfonds).

Die Entwicklung in den USA zeigt, dass Indexprodukte, wie sie etwa von Vanguard angeboten werden, sich ein gutes Stück des

Fondsmarkts unter den Nagel reißen können. Die so genannten Index-Tracker haben in den Vereinigten Staaten schon gut ein Viertel des Markts erobert, und in Großbritannien haben sie einen Marktanteil zwischen 15 und 20 Prozent. Aktive Fondsprodukte und ihre marktbeherrschende Position erscheinen auch in Deutschland nicht ungefährdet. Hinter den Kulissen vollzieht sich ein Wandel hin zu passiven Produkten. Finanzanalysten, Fondsmanager und andere Artisten des Asset-Management drückt bereits die Sorge, dass passive, den Index abbildende Produkte ihre Tätigkeit überflüssig machen. Doch keine Sorge: Auch künftig werden Fonds gekauft werden. Wir lieben die Investmentstory, wir brauchen den »human touch«, wir brauchen die Fonds.

Weil wir sie lieben, die Fonds

Der Glaube ans Expertentum ist in uns tief verwurzelt. So wie wir uns dem kundigen Mediziner überlassen und es für selbstverständlich halten, dem Handwerker und seiner Sachkunde zu vertrauen, so glauben wir, es handle sich beim Fondsmanager um jemanden, der schon aufgrund seines Spezialistentums hinreichend befähigt sein müsse, seine Sache gut zu machen. Wo eine solche Überzeugung vorherrscht, erübrigt sich natürlich jegliche Kontrolle. Dabei unterscheiden sich Börsenexperten, Analysten und Fondsmanager ganz wesentlich von anderen Experten wie beispielsweise einem Feinmechaniker. Letzterer hat es mit der Gegenwart zu tun und mit einem berechenbaren technischen Gegenstand. Unberechenbar ist hingegen die Zukunft, die alle zu verstehen glauben und von der sie doch nichts wissen.

Wir *wollen* ja, dass jemand mehr von der Börse versteht als wir, wir *wünschen* uns, dass er die richtige Aktienauswahl trifft, wir *möchten glauben*, dass er unser Geld vermehrt. Wir wollen alles, nur eins nicht: enttäuscht werden. Um das zu vermeiden, akzeptieren wir die gebotene Leistung, nehmen wir die Gebühren in Kauf, schauen wir nicht zu genau hin, da wir uns nun einmal zum

Kauf entschieden haben. Unterstützt werden wir dabei von der Werbung und vielen Medien, die uns ununterbrochen mit – weitgehend unkritischen – Berichten von den Fondshöfen versorgen, die Performancelisten der Fonds wie ein Pferderennen kommentieren und Äußerungen der Monarchen des Fondsmanagements mit Ehrfurcht zitieren.

Nach dem Kauf kommt es knüppeldick: horrende Verluste, der Neue Markt, Filmriss bei Medienfonds, die Investorenhölle. Auch Ihr Fonds hat sie: Technologiepapiere, deren Wert wie ein Lichtimpuls im Glasfaserkabel kurz und feurig aufleuchtet, um sogleich für immer zu verglühen und als Pfennigpapier im Börsencomputer begraben zu werden – echte Gespenster des Kapitalmarkts.

Aber allen erlittenen Enttäuschungen, allen Albträumen und allen Depressionen zum Trotz: Wir wollen nicht vom Fondspapier lassen. Obwohl es preisgünstigere und langfristig bessere Alternativen zu Investmentfonds gibt, lassen wir schon deshalb nicht von den Fonds, weil sie für Unterhaltung sorgen – ihr Unterhaltungswert ist deutlich höher als der anderer Finanzprodukte. Es ist interessant, was dort passiert, es ist spannend, wie sich die Performance entwickelt, und die Berichte über die Anlageentscheidungen oder die Karrieren von Fondsmanagern sorgen für Gesprächsstoff und nehmen reichlich Platz ein in den Finanzmagazinen. Die schönen Fonds, die guten Fonds, die schlechten Fonds und selbst die untaugliche Herde der Rentenfonds – es wird sie schon aus diesem Grund sicher auch in Zukunft geben. Und ihre Zahl wird größer sein, als uns lieb und teuer ist.

Fonds mit aktivem Management sind Menschenwerk, sie sind mit menschlichen Fehlern behaftet, sie sind von Menschen dirigiert und für Menschen gemacht. Fonds wecken Träume – der Fonds mit den Traumresultaten, er wartet schon, könnte er nicht auch für uns eine maßlose, eine ungeahnte Rendite erbringen? Nicht zufällig nahmen nach dem Ende des großen Börsenbooms TV-Ratespiele, bei denen es Millionenbeträge zu gewinnen gibt, einen solchen Aufschwung in der Publikumsgunst. Ob im Sessel einer Fernsehshow oder beim Kauf eines Fonds – hofft nicht jeder von uns darauf, wenigstens einmal die richtige Antwort zu wissen oder den Genius zu vernehmen, der sich unseres Geldes annimmt und dessen Flüstern zu Zins und Zinseszins gerinnt? Greift nicht auch das populäre Bild des Fondsmanagers »auf vorzivilisatorische Modelle außergewöhnlichen Menschtums zurück«, wie der Amerikanistik-Professor Klaus P. Hansen formuliert, der den Mythen der Manager und den Erfolgsphilosophien der Unternehmer nachspürt? Nirgendwo sind die Mythen lebendiger als im Fondsmanagement, wo sogar eine Art romantischer Geniekult betrieben wird. Trotz aller Misstöne und Fehlschläge, auch wenn die Aura der Geldmagier Kratzer bekommen hat – die Magie der Fonds lebt fort, die Fondsindustrie verkauft uns nicht einfach Finanzprodukte, sie versorgt uns mit Hoffnungen und Träumen von der Börse.

Demgegenüber wirken die Indexaktien phantasielos und langweilig. Der Index kann das, was der Markt auch kann, und das ist die Pflicht, aber keine Kür. Rationale Produkte wie diese taugen nicht zur Projektionsfläche für Hoffnungen und Träume. »Die Menschen verbinden mit einem aktiv geführten Fonds ähnliche Hoffnungen wie mit einem Losschein«, sagt der Finanzprofessor Meir Statman von der kalifornischen Santa Clara University. Das Irrationale, die Investmentfonds und das Glücksrad fallen in dieselbe Kategorie. Die Wahl liegt ganz bei Ihnen – Traum oder Performance?

18 Und die Moral von der Geschicht: Tipps für Anleger

1. Nehmen Sie sich Zeit für die Entscheidung, wie und wo Sie Ihr Geld anlegen. **Informieren Sie sich** sorgfältig, vergleichen Sie Angebote, holen Sie kompetenten und unabhängigen Rat ein. Wenn Sie in Urlaub fahren oder ein Auto kaufen, nehmen Sie ja auch nicht das erstbeste Angebot wahr.

2. Vorsichtige Anleger optimieren die Risiken, indem sie ihr Geld aufteilen. Ideal ist ein **Anlage-Mix** von Aktien, Renten, Immobilien und anderen Vermögenswerten sowie – nicht zu vergessen – liquiden Positionen. Dem Aktienmarkt beziehungsweise Aktienfonds sollte nur ein kleinerer, wohldosierter Teil des Vermögens anvertraut werden. Wie hoch dieser Anteil ist, hängt ganz von Ihrer individuellen Risikofreude ab.

3. Machen Sie sich einen genauen Plan für Ihre Vermögensanlage, in dem der Zielwert des Anteils jeder Anlageform am gesamten Vermögen festgehalten ist (zum Beispiel: 20 Prozent Aktienfonds, 40 Prozent Rentenpapiere, 40 Prozent Immobilien). Befolgen Sie systematisch Ihre ganz persönliche **Anlagepolitik.** Spontane Entscheidungen und unüberlegte Transaktionen sollten möglichst unterbleiben. Behalten Sie bei Ihren

Anlageentscheidungen das Heft in der Hand, liefern Sie sich nicht ohne eigene Kenntnisse und unvorbereitet der Beratung von zumeist interessengeleiteten Experten aus. Jeder kann sich das Basiswissen über eine sinnvolle und ertragreiche Geldanlage selbst erarbeiten.

4. Wenn die meisten aktiv gemanagten Fonds längerfristig nicht imstande sind, den Marktindex zu übertreffen, »dann könnte es sich als Fehler erweisen«, so Jeff Madura, Professor für Finanzwissenschaft an der Florida Atlantic University, »größere Summen des eigenen Vermögens einem aktiven Investmentmanagement anzuvertrauen«. Eine Alternative zu aktiv gemanagten Fonds sind **Indexprodukte,** die inzwischen auch in Deutschland zahlreich zur Verfügung stehen. Wer sich für ein Indexprodukt entscheidet, verfügt in der Regel über ein sehr ausgeprägtes Preisbewusstsein; entsprechend hoch ist der Druck auf die geforderten Gebühren. Es ist zu erwarten, dass die Kosten der Indexprodukte denselben Weg nehmen wie in den USA und auch in Deutschland weiter sinken werden. *Merke:* Bei niedrigen Gebühren fängt die Performance früher an.

5. Für risikogeneigtere Anleger könnten die Aktien gut geführter, breit gefächerter **Holding- und Beteiligungsgesellschaften** eine sinnvolle Anlagealternative zu Aktienfonds sein.

6. Als Alternative zu Rentenfonds empfehlen sich **Bundesschatzbriefe vom Typ B** zum Kauf (deren Verwahrung kann kostenfrei unmittelbar bei der Bundesschuldenverwaltung erfolgen; im Internet: www.bsv.de). Wer seine Zinsfreibeträge noch nicht ausgeschöpft hat, fährt damit besser als mit den meisten Rentenfonds. (Bei Redaktionsschluss dieses Buches wurde gerade eine steuerliche Besserstellung von bundeseigenen Schuldtiteln im Rahmen des staatlich begünstigten Vorsorgesparens diskutiert.)

7. Von Beteiligungen an Hedgefonds oder ähnlichen Anlagevehikeln ist **abzuraten.** Sie empfehlen sich allenfalls für wohlhabende Spielernaturen, denen ein Totalverlust nichts ausmacht. Alle übrigen Anleger sollten sie nicht in Betracht ziehen.

8. Wenn Sie bereits über ein Fondsdepot verfügen oder gerne in Investmentfonds anlegen möchten, sollten Sie **die Leistung der gewählten Fonds genau verfolgen** und darauf achten, ob sie wirklich besser abschneiden als der Index. Sie sollten die Gebühren und versteckten Kosten genau kennen und sich die TER (Total Expense Ratio) der betreffenden Fonds nennen lassen.

9. Lifestyle-, Trend-, Branchen- und Themenfonds sind Anlagevehikel, die sich vor allem durch ihren »Wohlfühlfaktor« auszeichnen, den geschickte Marketingspezialisten als Kaufmotiv ausgemacht haben. Für den langfristigen Vermögensaufbau sind diese Anlageprodukte regelmäßig **nicht geeignet.** Vorsicht auch vor überdimensionierten Fondsgiganten, die volumenbedingt über nur wenig Spielraum am Markt verfügen. Anlagen in Schwellenländer-Aktienfonds (»Emerging Markets«) sind nur etwas für Liebhaber.

10. Dachfonds sind teure und überwiegend leistungsschwache Produkte, die Sie meiden sollten. Besser ist es, wenn Sie **Zinspapiere guter Bonität** mit der Anlage in einen **international anlegenden Aktienfonds** mit akzeptabler Managementqualität koppeln.

Anhang

Worterklärungen

Antizyklisch: Antizyklisches Anlageverhalten bedeutet, gegen den herrschenden Trend zu handeln, das heißt bei fallenden Kursen zu kaufen und bei steigenden Kursen zu verkaufen. – Gegenteil ist das *prozyklische,* sich am herrschenden Trend orientierende Verhalten.

Arbitrage: Bei den risikofreien Formen von Arbitragegeschäften werden Differenzen in den Preisnotizen für gleiche Werte ausgenutzt. Ein über schnellste Informationsmittel verfügender Marktakteur kauft in Märkten mit niedrigem Kurs und verkauft in Märkten mit hohem Kurs, zum Beispiel indem er dieselbe Aktie an der Börse A günstiger erwirbt, als er sie an der Börse Y verkaufen kann. Je nach Gegenstand der Arbitrage wird unterschieden nach Devisen-, Sorten-, Effekten-, Wechsel-, Edelmetall- und Warenarbitrage. Hedgefonds widmen sich auch einer weiteren Form der Arbitrage: Es handelt sich um die so genannte Risiko-Arbitrage, die Chancen bei den zahlreichen Unternehmensübernahmen zu nutzen versucht. Bei der Risiko-Arbitrage wird die Aktie des übernommenen Unternehmens gekauft (in der Spekulation auf einen steigenden Kurs) und die Aktie des übernehmenden Unternehmens leer verkauft (in der Spekulation auf einen fallenden Kurs); die Risiko-Arbitrage ist (wie ihr Name schon sagt) wegen des oft ungewissen Ausgangs von Unternehmensübernahmen sehr riskant.

Asset Backed Securities: Handelbare Anteile an separierten Vermögensmassen. Zur Vorgehensweise: Die Forderungen eines Unternehmens (zum Beispiel aus der Automobilbranche) aus Verkäufen an die Kunden werden an eine gesonderte Firma, ein so genanntes Special Purpose Vehicle (SPV) übertragen, deren Aktiva nur aus diesen Forderungen besteht. Diese Firma emittiert Anleihen, deren Wert durch die Forderungen gesichert wird. Im Ergebnis hat der ursprüngliche Eigentümer der Forderungen diese an die Erwerber der Anleihen verkauft.

Asset-Management: Vermögensverwaltung.

Bär: Die an der New Yorker und Londoner Börse übliche Bezeichnung für einen Anleger, der – pessimistisch gestimmt – mit fallenden Kursen rechnet. Der entsprechende Markt wird als »bear market« bezeichnet. Sinnbildlich steht der Bär im Börsenjargon für fallende Kurse. – Gegenteil: *siehe* Bulle.

Baisse: Börsentendenz, die durch lang anhaltende (mittel- bis langfristige) und ausgeprägte Kursrückgänge gekennzeichnet ist. An Wertpapierbörsen spricht man in der Regel dann von einer Baisse, wenn sich die Kurseinbußen über den gesamten Rentenmarkt, den gesamten Aktienmarkt beziehungsweise wichtige Teilbereiche eines dieser Märkte erstrecken. – Gegenteil: *siehe* Hausse.

Basketzertifikate: Sie bieten Anlegern die Möglichkeit, an der Wertentwicklung eines bestimmten Aktienkorbs (Basket) zu partizipieren, ohne die darin enthaltenen Aktien selbst besitzen zu müssen. Die Zusammenstellung des Aktienkorbs kann entweder über die gesamte Laufzeit gleich bleiben oder zu festgelegten Zeitpunkten (zum Beispiel halbjährlich) überprüft und gegebenenfalls angepasst werden.

Normalerweise wird beim Kauf von Basketzertifikaten ein Ausgabeaufschlag erhoben, Verwaltungsgebühren können ebenfalls anfallen. Die Ankauf-/Verkaufspanne ist höher als bei Indexzertifikaten.

Benchmark: Vergleichsmaßstab; zur Messung von Anlageerfolgen können zum Beispiel die Entwicklung eines Index oder eines anderen Fonds herangezogen werden.

Blue Chips: Amerikanischer Börsenausdruck für Aktien »höchster Qualität« (Standardwerte), zu denen vor allem solche von großen, international bekannten, substanz- und ertragsstarken Unternehmen zählen. Blue Chips an der deutschen Börse sind beispielsweise die Aktien der Allianz, BASF, Siemens und der Volkswagen AG.

Bond: International gebräuchlicher Ausdruck für (fest-) verzinsliche Wertpapiere (*siehe* Rentenpapiere).

Brokerage: Die Tätigkeit als Börsenhändler; Unternehmen, die nicht auf eigene Rechnung, sondern im Auftrag anderer gegen Provision Wertpapiergeschäfte abschließen, betätigen sich als *Broker.* Neben ihrem traditionellen Geschäft, der Ausführung von Wertpapieraufträgen, stehen Broker ihren Kunden zumeist mit einer breiten Palette ergänzender Dienstleistungen zur Verfügung. Dazu zählen unter anderem die Erstellung von Marktberichten, Unternehmens- und Branchenanalysen, Kauf- und Verkaufsempfehlungen.

Bulle: Die an den Börsen übliche Bezeichnung für einen Anleger, der mit steigenden Kursen rechnet, das heißt optimistisch gestimmt ist. Der entsprechende Markt wird »bull market« genannt. Sinnbildlich steht der Bulle, der mit seinen Hörnern immer von unten nach oben stößt, im Börsenjargon für steigende Kurse. – Gegenteil: *siehe* Bär.

Burn Rate: Rate der Kapitalverbrennung, verbreiteter Maßstab im Gründerboom der »New Economy«: Nicht ohne Stolz verzeichneten die *Start-ups,* wie viel Prozent ihres Kapitals sie in der Startphase »verheizten«.

Burning: Kundengelder durch permanentes, oft unnötiges Umschichten »verbrennen«. – *Siehe auch* Churning.

Chartanalyse oder *Technische Analyse:* Die Deutung von Charts – graphische Darstellungen des Kursverlaufs – basiert auf der Grundannahme, dass sich die Kurse von Wertpapieren in Trends bewegen und dass eine Änderung des Kurstrends an bestimmten Konstellationen im Chart ablesbar ist.

Churning: Die Schädigung des Kunden durch hohe Provisionen. – *Siehe auch* Burning.

*Commercial Papers (*CP*):* Wechselähnliche Wertpapiere von Unternehmen, die auf den Inhaber lauten. CP werden von Schuldnern mit einer einwandfreien Bonität in hohen Beträgen und mit hohen Mindestnennwerten am Geldmarkt emittiert.

Corporate Bonds: Schuldverschreibungen von Unternehmen.

Dachfonds: Investmentfonds, welche die ihnen zufließenden Mittel in Investmentzertifikaten anderer Investmentfonds anlegen.

DAX oder *Deutscher Aktienindex:* Enthält die Werte von dreißig (DAX 30) beziehungsweise hundert (DAX 100) führenden deutschen Unternehmen. – *Siehe auch* Mid Caps.

Derivative Geschäfte: Diese Geschäfte sind dadurch gekennzeichnet, dass sie nicht sofort, sondern erst zu einem späteren Termin erfüllt werden müssen; deshalb auch als »Termingeschäfte« bezeichnet. Zwischen Käufer und Verkäufer wird ein Vertrag geschlossen, eine bestimmte Menge eines Gutes zu einem im voraus vereinbarten Preis und zu einem festgelegten Zeitpunkt zu liefern beziehungsweise abzunehmen. Als Termingeschäft werden sowohl Termingeschäfte im engeren Sinne (unbedingte Engagements wie *Forward-Kontrakte* und *Futures*) als auch bedingte Verpflichtungen wie *Optionsgeschäfte* bezeichnet.

Dow-Jones-Index: Der weltweit bekannteste Index steht auch als Synonym für den Börsenmarkt und dessen Entwicklung überhaupt. Er spiegelt die Kursentwicklung der dreißig bedeutendsten Aktienwerte US-amerikanischer Unternehmen wider.

Emerging Markets: Bezeichnung für Aktienmärkte in Schwellenländern, zu denen insbesondere die Staaten in Lateinamerika, Südostasien und Osteuropa zählen. Viele dieser Länder weisen ein höheres Wachstum auf, das über dem der Industrieländer liegt, doch die Aktienmärkte sind schwankungsanfällig und vielen Krisen unterworfen – die erwarteten hohen Renditen waren bisher nicht zu erzielen gewesen.

*Exchange Traded Funds (*XTF*):* Marktsegment der Deutschen Börse für börsengehandelte Fondsanteile.

Forward-Kontrakte: Beruhen auf einer individuellen, auf die spezifischen Bedürfnisse von zwei Handelspartnern zugeschnittenen Vereinbarung (Forward-Kontrakte sind auch als herkömmliche *Termingeschäfte* bekannt). Wegen dieser Gestaltungsfreiheit sind sie nur eingeschränkt handelbar. Üblicherweise wird der zwischen den Handelspartnern geschlossene Vertrag zur Lieferung beziehungsweise Abnahme des zugrunde liegenden Handelsobjekts deshalb auch tatsächlich erfüllt. – *Vergleiche auch* Futures.

Free Float oder *Streubesitz:* An der Börse handelbarer Anteil an den Aktien einer Aktiengesellschaft, die nicht in festem Besitz sind.

Futures: Bezeichnung für jene Form des *Terminkontrakts,* der (im Unterschied zu *Forwards)* bezüglich Kontraktgröße und Lieferterminen standardisiert und damit übertragbar und handelbar ist. Diese Standardisierung gilt auch im Hinblick auf die Art des zugrunde liegenden Handelsobjekts. Der Handel mit Futures ist streng reglementiert und vollzieht sich in »financial futures« wie zum Beispiel Aktienindizes (DAX etc.), Devisen oder Bundesanleihen (Bund Futures). Auch existieren Kontrakte auf landwirtschaftliche Produkte, Rohstoffe und Edelmetalle. Mit Hilfe von Futures kann man von Preisveränderungen der zugrunde liegenden Basiswerte (zum Beispiel dem DAX) profitieren, und zwar je nach Positionierung sowohl von steigenden als auch von fallenden Kursen. Es handelt sich um ein reines Differenzgeschäft, das heißt, der zugrunde liegende Basiswert wird nicht tatsächlich gekauft, sondern es ist nur eine gewisse Sicherheitsleistung (Margin) erforderlich, um einen eventuellen Verlust aus einem Futuregeschäft decken zu können. Bei einem Gewinn wird dieser dem so genannten Marginkonto gutgeschrieben. Der Handel mit Futures ist, sofern nicht zur Absicherung von physisch tatsächlich stattfindenden Geschäften eingesetzt, aufgrund der hohen Hebelwirkung hoch spekulativ, denn ein eventuell entstehender Verlust kann leicht das Vielfache des ursprünglich eingesetzten Kapitals betragen. – *Siehe auch* derivative Geschäfte.

Geschlossener Fonds (»closed-end investment fund«): Bei dieser Fondsvariante besitzt der Anleger keinen Anspruch auf Rücknahme seiner Anteile. Die Anteile geschlossener Fonds werden meistens an der Börse gehandelt, über die sich die Investition oder der Ausstieg vollzieht. Von der Konstruktion her ähneln sie den Trusts, die im Börsensturz 1929 in Misskredit gerieten. – Gegenteil: *siehe* offener Fonds.

Growth-Ansatz: Eher risikofreudiger Fondsmanagementstil, der auf wachstumsstarke Werte setzt, insbesondere auf Technologiepapiere. – Gegenteil: *siehe* Value-Ansatz

Hausse: Kontinuierliches Ansteigen der Wertpapierkurse, einhergehend mit wirtschaftlichem Aufschwung und Hochkonjunktur. – Gegenteil: *siehe* Baisse.

Hebel (»leverage effect«): Vor allem im Zusammenhang mit der Bewertung von Optionsscheinen und *Optionen* gebräuchliche Kenngröße, aber auch bei der Aufnahme von Krediten durch einen *Hedgefonds* entsteht eine Hebelwirkung. Solange die Rentabilität des Gesamtkapitals höher ist als der für das Fremdkapital entrichtete Zins, steigt die Eigenkapitalrentabilität des Fonds mit zunehmendem Verschuldungsgrad. Um diesen Hebeleffekt auszunutzen, greifen Hegdefonds in starkem Maße auf Kredite zurück. Ist der Hedgefonds jedoch nicht erfolgreich, schlägt der erwünschte Hebeleffekt in sein Gegenteil um und kostet die Investoren unter Umständen ihren Einsatz.

Hedging: Absicherung eines *Portfolios* gegen Risiken wie Kurs-, Währungs- oder Preisrisiken, zum Beispiel durch die Aufnahme von entsprechenden *Futures*.

Hedgefonds: In äußerst spekulativer Weise agierende Fonds, die keinen gesetzlichen Anlagerestriktionen unterworfen sind, da sie zumeist von Off-shore-Finanzplätzen aus operieren. Üblicherweise sind sie als »Limited Partnership« (Kommanditgesellschaft) organisiert. Der Name dieser Fonds ist abgeleitet von dem englischen Wort »hedge«, »Schutzhecke«. Angesichts des enormen Risikopotenzials der Hedgefonds trägt eine große Zahl von ihnen diesen Namen zu Unrecht.

Highflyer: Kometenhaft aufsteigender Börsenwert.

High-Yield-Anleihe oder *Hochzinsanleihe,* auch *High-Yield-Bonds:* Festverzinsliche Wertpapiere, die von den führenden *Ratingagenturen* eine schlechte Einstufung bekommen haben oder noch nicht eingestuft worden sind. Wegen ihrer schlechteren Kreditqualität bieten High-Yield-Bonds eine höhere Rendite als Papiere besserer Bonität, beinhalten aber auch höhere Risiken. Unternehmen und Schwellenländer stellen die wichtigste Emittentengruppe dieser Anleihen dar. – *Siehe auch* Junk Bonds.

High-Yield-Funds oder *Hochzinsfonds:* Investmentfonds, die *Hochzinsanleihen* enthalten und damit ein relativ hohes Maß an Kreditrisiken.

Index (Plural: *Indizes):* Statistisches „Börsenbarometer", um Preis- und Mengenbewegungen eines Marktes abzubilden. – *Siehe auch* DAX; Dow-Jones-Index; MSCI-Index; Nikkei-Index; Standard & Poor's 500.

Index-Tracker: Dem Index in seiner Wertentwicklung folgendes Anlagemedium.

Indexzertifikate: Indexzertifikate bieten Anlegern die Möglichkeit, an der Wertentwicklung bestimmter Indizes zu partizipieren. Indexzertifikate können sich auf nationale, europäische oder internationale Indizes beziehen. In der Regel haben sie eine begrenzte Laufzeit, doch in jüngerer Zeit werden auch verstärkt Zertifikate mit unbegrenzter Laufzeit angeboten.

Institutionelle Anleger: Große Kapitalsammelstellen wie Pensionskassen und Versicherungen.

IT: Informationstechnologie.

Junk Bonds oder *Schrottanleihen:* Unternehmenskäufe, insbesondere feindliche Übernahmen, werden in den Vereinigten Staaten oft durch die Ausgabe von hochverzinslichen Anleihen finanziert, die den Verschuldungsgrad des Unternehmens steigen lassen und ein höheres Konkursrisiko – und mithin ein entsprechendes Ausfallrisiko für die Anleihenbesitzer – bewirken. Als »Junk Bonds« bezeichnet werden auch *High-Yield-Bonds,* die kein *Rating* von mittlerer oder besserer Qualität erhalten haben und deshalb als hoch riskante Investments angesehen werden.

Kurspflege: Vorgang, bei dem Marktteilnehmer den Kurs eines Wertpapiers durch Käufe oder Verkäufe dergestalt zu manipulieren versuchen, dass sich der Kurs innerhalb einer bestimmten Bandbreite bewegt oder ein bestimmtes Niveau nicht unterschreitet.

Leerverkauf: Verkauf eines Wertpapiers, das sich nicht im Besitz des Verkäufers befindet. Um an erwarteten Kursrückgängen zu verdienen, leihen sich beispielsweise die Manager von Hedgefonds Aktien, die sie unmittelbar zu Marktpreisen weiterverkaufen. Wenn die Kurse tatsächlich fallen, lassen sich die Wertpapiere zu einem günstigeren Kurs zurückkaufen, bevor sie dann dem Leihgeber zurückgegeben werden, um die entstandene *Short-Position* auszugleichen.

Leverage: siehe Hebel.

Long: Long zu sein, bedeutet Wertpapiere gekauft zu haben und diese im Besitz zu haben. – Gegenteil: *siehe* Short.

Long-Position: Der Investor ist mit eigenen Positionen im Markt engagiert. – Gegenteil: *siehe* Short.

Market-Timing: Versuch, den richtigen Zeitpunkt zum Einstieg in den Markt (Kaufen bei niedrigen Kursen mit Wachstumspotenzial) beziehungsweise zum Ausstieg aus dem Markt (Verkaufen bei hohen Kursen) zu finden und so kurzfristig Gewinne zu erzielen.

Mergers & Acquisitions: Vermittlung von Fusionen (engl.: »merger«) beziehungsweise Käufen und Verkäufen von Unternehmen oder Unternehmensteilen.

Micro Caps: Die Aktien kleinerer Unternehmen mit sehr niedriger Marktkapitalisierung (»micro capitalization«). – *Siehe auch* Mid Caps; Small Caps.

Mid Caps: Als Mid Caps (»medium capitalization«) werden Unternehmen mittlerer Größe bezeichnet, die bereits gut am Markt eingeführt sind. Mid Caps sind Unternehmen, die zwar im DAX 100, aber nicht im DAX 30 enthalten sind. Für sie wurde in Deutschland ein eigener Index, der MDAX, geschaffen. Die Marktkapitalisierung dieser Unternehmen liegt zwischen 255 Millionen Euro und 1023 Millionen Euro. – *Siehe auch* Micro Caps; Small Caps.

MSCI-Index: Die Kursbarometer des Finanzdienstleistungsunternehmens Morgan Stanley Capital International (MSCI) genießen weltweite Anerkennung. Sie lassen sich in
- Regionen und Länderindizes,
- Aktienindizes für Schwellenmärkte und
- Branchenindizes

unterteilen. Die Aktien im Index werden so zusammengestellt, dass ungefähr 60 Prozent des Basiskapitals innerhalb des betreffenden Marktsegments abgedeckt werden. Dabei finden sowohl *Blue Chips*, aber auch in geringerem Maße kleinere Werte Beachtung. Ein MSCI-Index wird stets in zwei Ausführungen angeboten, nämlich als Kurs- und gleichzeitig als *Performance*-Index. Letzter wird allerdings nur einmal im Monat berechnet, so dass es sich bei aktuellen Ständen normalerweise um den Kursindex handelt. Jede Aktie bekommt die Bedeutung, die ihr auch im Markt zuteil wird, da zur Gewichtung die aktuelle Marktkapitalisierung herangezogen wird. Nach einer Ende 2001 vollzogenen Umstellung der Indizes orientiert sich die Gewichtung von Aktien am so genannten *Free-Float*. – *Siehe auch* Standard & Poor's 500.

Mutual Fund: Im Amerikanischem gängige Bezeichnung für offene Investmentfonds. *Siehe* offener Fonds.

Nasdaq (National Association of Securities Dealers for Automated Quotation): Diese US-Gesellschaft etablierte ein landesweites Informationssystem, mit dem alle Aktienkurse beziehungsweise jeder einzelne Aktienhandel an der New Yorker Börse abrufbar wurden. Inzwischen hat sich die Nasdaq zur Handelsplattform für mehrere tausend Unternehmen entwickelt, die überwiegend in den Branchen Computer, Internet, Biotech und Software tätig sind. Vielfach wird der Begriff »Nasdaq« auch als Synonym für den Handel mit Wachstumswerten verwendet.

Nettoinventarwert: Begriff, der den Wert des Anteils eines Fonds ausdrückt. Ihm zugrunde liegt der Marktwert der vom entsprechenden Fonds gehaltenen Vermögensbestandteile, dem Zinsen und Dividenden hinzugerechnet werden, die darauf liegenden Belastungen werden in Abzug gebracht.

Neuer Markt: Deutsches Börsensegment für die Aktien von so genannten Wachstumsunternehmen, das es seit dem 10. März 1997 gibt.

Nikkei-Index: Japanischer Aktienindex, enthält die 225 bedeutendsten Aktiengesellschaften des Landes.

Offener Fonds (»open-end investment fund«): Investmentfonds, der seinen Investoren die Möglichkeit zur jederzeitigen Anteilsrückgabe einräumt. – Gegenteil: *siehe* geschlossener Fonds.

Option: Eine Option ist eine Vereinbarung, die für den Käufer (Inhaber der Option) das Recht, nicht aber die Verpflichtung beinhaltet, eine bestimmte Menge eines Basiswerts zu einem vorab festgelegten Basispreis zu kaufen (»call option«) beziehungsweise zu verkaufen (»put option«).

Parkett: Altmodische Bezeichnung für den Ort, an dem der Börsenhandel stattfindet und den nur die zugelassenen Börsenbesucher (Makler, Händler usw.) betreten dürfen. Seit der Einführung von Computerhandelssystemen (in Deutschland: *Xetra)* bezeichnet »Parketthandel« das Geschäft, das in der Börse von Händler zu Händler abgewickelt wird.

Performance: Im weiteren Sinne die – in Prozent vom Einstiegskurs ausgedrückte – Wertentwicklung (Leistung) eines spekulativen Investments beziehungsweise Wertpapierdepots bezogen auf eine bestimmte Referenzperiode. Im engeren Sinne der Wertzuwachs des Vermögens einer Investmentgesellschaft als Ausdruck der Leistung seiner Vermögensverwalter.

Portfolio: Teil oder Gesamtheit der Anlage in Wertpapieren (Wertpapierbestand), die ein Kunde oder ein Unternehmen besitzt.

Private Equity: Alternative Kapitalanlage in »vorbörsliche« Beteiligungen, also in noch nicht börsennotierte beziehungsweise noch unverbriefte Eigenkapitalpositionen. Vor allem vermögende Privatpersonen und *institutionelle Anleger* wie Versicherungen und Pensionskassen ziehen die, in der Regel langfristige, Bindung an Private Equity Investments in Betracht. Private Equity beinhaltet die Beteiligung an Unternehmen im »Late-stage-Segment«, also an bereits etablierten mittleren und größeren Unternehmen. Beteiligungen im »Early-stage-Segment«, also an jüngeren oder erst zu gründenden Unternehmen, werden als *Venture Capi-*

tal (Risikokapital) bezeichnet. In jüngerer Zeit wurde versucht, den Kundenkreis von Private Equity Investments zu erweitern. Auch wird verschiedentlich versucht, Privatinvestoren mit geringerem Vermögen mittels entsprechender Fondsinvestments an Beteiligungen an hochriskantem Venture Capital heranzuführen.

Prozyklisch: siehe antizyklisch.

Rating/Ratingnoten: Standardisierte Beurteilung der Bonität eines Emittenten und seiner Schuldtitel (Emissionen) durch spezialisierte Agenturen über lang- und kurzfristige Zeiträume. Jeder Ratinghöhe entspricht eine statistische Ausfallwahrscheinlichkeit. In der höchsten Qualitätsstufe, dem Triple-A (AAA), liegt diese über einen Zeitraum von fünfzehn Jahren deutlich unter 1,5 Prozent. Bei niedrigeren Ratings (absteigend bis zum Buchstaben D) steigt die Ausfallquote überproportional an. »Investment Grad«-Bonds mittlerer bis höherer Qualität verfügen über ein Rating von mindestens BAA oder mehr (von Moody's Investor Services) und BBB oder besser (von Standard & Poor's). Darunter liegende, schlechtere Ratings gelten als für Investoren kaum mehr akzeptabel. In einigen Staaten ist es Pensionsfonds nicht gestattet, Bonds zu erwerben, die keine Investment-Grad-Einstufung aufweisen. Solche Bonds minderer Qualität gelten als hoch spekulative Anlageinstrumente und werden deshalb auch als *Junk Bonds* (Schrottanleihen) bezeichnet.

Rentenpapiere: Kurzbezeichnung für festverzinsliche Wertpapiere (»fixed interest securities«). *Siehe* Bonds.

Shareholder Value: Von Alfred Rappaport entwickeltes Managementkonzept, das den Erfolg eines börsennotierten Unternehmens an der Steigerung seines Kurswerts bemisst. Wörtlich etwa: Wertsteigerung (engl.: »value«) im Interesse der Anteilseigner (engl.: »shareholder«).

Short: »Short« zu sein bedeutet, dass eine Position verkauft wurde, ohne sie zu besitzen *(siehe* Leerverkauf). Die offene (Short-) Position kann durch den Kauf der Gegenposition oder den Verkauf der *Short-Position* wieder glattgestellt werden. – Gegenteil: *siehe* Long.

Small Caps: Aus dem Englischen stammende Bezeichnung für kleinere Aktiengesellschaften (»small capitalization«), deren Börsenkapitalisierung weniger als 250 Millionen Euro beträgt und die mutmaßlich besonders wachstumsstark sind. – *Siehe auch* Micro Caps; Mid Caps.

»Spider« (Standard & Poor's Depository Receipt, kurz: SPDR*):* Ein Korb von Aktien, der in seiner Zusammensetzung dem abzubildenden Index entspricht und an der Börse gehandelt wird. Ein Spider (»Spinne«) ist ein besonders kostengünstiges Anlageinstrument, das einem Zehntel des Wertes des S & P Index 500 entspricht und dem Anleger auf denkbar einfache Weise die Diversifikation seiner Mittel ermöglicht. Spider zahlen Dividenden an ihre Investoren in Form von zusätzlichen Aktien aus. Ein Teil der Dividenden wird zur Finanzierung der Kosten des Spider einbehalten. Wegen ihrer geringen Kosten sind die Spinnen auch bei Investmentmanagern beliebt, um »Indexing« *(siehe auch* Index-Tracker) zu betreiben.

Standard & Poor's 500 (S & P 500): Der S & P 500 ist ein amerikanischer Aktienindex, der von Standard & Poor's publiziert wird und 500 Unternehmen umfasst. Im Unterschied zum MSCI-*Index* enthält der S & P 500 einen höheren Anteil an Technologiewerten, das heißt, er ist wachstumsorientierter *(siehe* Growth-Ansatz) als der eher wertorientierte *(siehe* Value-Ansatz) MSCI-Index. – *Siehe auch* Rating.

Start-up: Unternehmensneugründung.

Termingeschäfte: siehe derivative Geschäfte.

*Total Expense Ratio (*TER*):* Das Verhältnis der jährlichen Gesamtkosten eines (beispielsweise) Fonds zum durchschnittlichen Fondsvermögen. Die Zahl kann von Jahr zu Jahr schwanken.

Tradingfonds: Bezeichnung für Fonds ohne Ausgabeaufschlag, die sich deshalb für kurzfristige Handelsoperationen besonders eignen.

Trust: siehe geschlossene Fonds.

Value-Ansatz: Wertorientierter, eher sicherheitsbewusster Fondsmanagementstil, der auf das Aufspüren unterbewerteter Unternehmen setzt. – Gegenteil: *siehe* Growth-Ansatz.

Venture Capital oder *Risikokapital: siehe* Private Equity.

Volatilität: Gradmesser für die Schwankungsbreite eines Preises oder Kurses.

Warenterminkontrakte: Termingeschäft auf Waren oder Güter wie Weizen, Soja oder Bauholz. *Siehe* derivative Geschäfte.

Xetra: Elektronisches Börsenhandelssystem; löste 1997 in Deutschland das bis dahin genutzte Ibis-System ab.

Zinsderivate: An Börsen oder außerbörslich gehandelte Finanzinstrumente, die vorrangig zur maßgeschneiderten Absicherung von Zinsänderungsrisiken dienen. *Siehe* derivative Geschäfte.

Verwendete Literatur

Bauer, Richard J.; Dahlquist, Julie R.: »Market Timing and Roulette Wheels«, in: *Financial Analysts Journal,* January/February 2001.

Beike, Rolf: *Index-Zertifikate. Optimal vom Börsentrend profitieren,* Stuttgart 1999.

Bernhardt, Wolfgang: *Acquisitions, Mergers and Cancellations in Germany – in the White Water of Shareholder Value,* Empirical Research Based and Theory Building Papers, October 2000.

Bruer, Albert: *Revolution des Finanzgeschäfts. Die neuen Spielregeln für Geldanlage und Altersversorgung,* Stuttgart 1998.

Corti, Conte; Caesar, Egon: *Die Rothschilds. Des Hauses Aufstieg, Blütezeit und Erbe,* Frankfurt am Main 1978.

Davis, James L.: »Mutual Fund Performance and Manager Style«, in: *Financial Analysts Journal,* January/February 2001.

Desai, Hemang; Liang, Bing; Singh, Ajai K.: »Do All-Stars Shine? Evaluation of Analyst Recommendations«, in: *Financial Analysts Journal,* May/June 2000.

Eglau, Hans Otto: *Erste Garnitur. Die Mächtigen der deutschen Wirtschaft,* Düsseldorf/Wien 1980.

Eglau, Hans Otto: *Wie Gott in Frankfurt: Die Deutsche Bank und die deutsche Industrie,* München 1993.

Endlich, Lisa: *Goldman Sachs: The Culture of Success,* New York 2000.

Enzweiler, Tasso: *Die Bilanzjongleure: Wie deutsche Unternehmen ihre*

Aktionäre und die Öffentlichkeit in die Irre führen, Frankfurt am Main 1999.

Fälschle, Christian: *Kursbuch Globus 2000. Die Kapitalmärkte der Zukunft,* Frankfurt am Main 1996.

Galbraith, John Kenneth: *The Great Crash 1929,* Boston 1955.

Gasset, Ortega y: *Der Aufstand der Massen,* Frankfurt am Main/Wien 1997.

GFA Gesellschaft für Fondsanalyse (Hrsg.): *Fondsguide Deutschland 2001: Ratgeber Investmentfonds,* Stuttgart 2000.

Grinblatt, Mark; Titman, Sheridan; Wermers, Russ: »Momentum Investment Strategies, Portfolio-Performance and Herding. A Study of Mutual Fund Behaviour«, in: *The American Economic Review,* December 1995.

Hagstrom, Robert G. jr.: *The Warren Bufett Way. Investment strategies of the World's Greatest Investor,* New York 1995.

Handlögten, Günter; Venske, Henning: *Feine Gesellschaft: Nachrichten aus dem Bankensumpf,* Frankfurt am Main/Berlin 1987.

Hansen, Klaus P.: *Die Mentalität des Erwerbs,* München 1995.

Henriques, Diana B.: *Fidelity's World. The Secret Life and Public Power of the Mutual Fund Giant,* New York 1997.

Hession, Charles H.: *John Maynard Keynes,* Stuttgart 1986.

Jenner, Thomas: »Markenführung in Zeiten des Shareholder Value«, in: *Harvard Businessmanager,* März 2001.

Joffe, Josef (Hrsg.): *»Zeit«-Dossier 2,* München 1981.

Karst, Theodor (Hrsg.): *Reportagen,* Stuttgart 1976.

Keman, Hans; Paloheimo, Heikki; Whiteley, Paul F. (Hrsg.): »Coping with the Economic Crisis«, in: SAGE *Modern Politics Series,* Volume 17, London 1987.

Kent, Daniel; Grinblatt, Mark; Titman, Sheridan; Wermers, Russ: »Measuring Mutual Fund Performance with Characteristic-Based Benchmarks«, in: *The Journal of Finance,* July 1997.

Kleinert, Jörn; Klodt, Henning: *Megafusionen. Trends, Ursachen und Implikationen,* Tübingen 2000.

Knopf, Jan (Hrsg.): *Brechts »Heilige Johanna der Schlachthöfe«,* Frankfurt am Main 1986.

Koenen, Krisztina: *George Soros im Gespräch mit Krisztina Koenen,* München 1994.

Koslowski, Peter (Hrsg.): *Shareholder Value und die Kriterien des Unternehmenserfolgs,* Heidelberg 1999.

Kostolany, André: *Kostolany's Wunderland von Geld und Börse,* Berlin 1985.

Liedtke, Rüdiger: *Wem gehört die Republik?* Frankfurt am Main/Wien 1993 ff.

Lowenstein, Roger: *When Genius Failed. The Rise and Fall of Long-Term-Capital-Management,* New York 2000.

Lundberg, Ferdinand: *Die Mächtigen und die Supermächtigen,* Reinbek bei Hamburg 1978.

Lynch, Peter; Rothchild, John: *Aktien für alle,* Kulmbach 1992.

Lynch, Peter; Rothchild, John: *Der Börse einen Schritt voraus,* Kulmbach 1994.

Madura, Jeff: *Financial Markets and Institutions,* Cincinnati 2000.

Mandel, Michael J.: *The Coming Internet Depression. Why the High-Tech-Boom Will Go Bust, Why the Crash Will Be Worse than You Think and How to Prosper Afterwards,* New York 2000.

Martin, Hans-Peter; Schumann, Harald: *Die Globalisierungsfalle,* Reinbek bei Hamburg 1998.

Mercer, William M.: »European Pension Fund Managers Guide Volume 1 – The Marketplace 2000«, entnommen aus: *Investment Focus: Clariden Bank,* Januar 2001.

Mobius, Mark; Fenichell, Stephen: *Passport to Profits. Why the Next Investment Windfalls Will Be Found Abroad – and How to Grab Your Share,* New York 1999.

Nölting, Andreas: *Die neue Supermacht Börse. Wie Fondsmanager unsere Welt verändern,* Reinbek bei Hamburg 2000.

North, Michael: *Kommunikation, Handel, Geld und Banken in der frühen Neuzeit,* München 2000.

Obst, Georg [Begr.]; von Hagen, Jürgen (Hrsg.): *Geld-, Bank- und Börsenwesen. Handbuch,* Stuttgart 2000.

Oehler, Andreas: »Do Mutual Funds Specialising in German Stocks Herd?«, in: *Finanzmarkt und Portfolio Management,* Nr. 4, 1998.

Ogger, Günter: *Die Gründerjahre. Als der Kapitalismus jung und verwegen war,* München 1995.
Ogger, Günter: *Der Börsenschwindel. Wie Aktionäre und Anleger für dumm verkauft werden,* München 2001.
Otten, Dieter: *Die Welt der Industrie. Entstehung und Entwicklung der modernen Industriegesellschaften – Band 1: Aufstieg und Expansion,* Reinbek bei Hamburg 1986.
Partnoy, Frank: F.I.A.S.C.O.: *Blut an den weißen Westen der Wall Street Broker,* München 2000.
Pfeiffer, Hermannus: *Die Zähmung des Geldes. Finanzplatz Deutschland gegen den globalen Crash,* Reinbek bei Hamburg 2000.
Schmölders, Günter: *Konjunkturen und Krisen,* Hamburg 1955.
Schumacher, Manfred: *Hoch lebe der Profit!: Boom an der Börse,* Wien 1996.
Shiller, Robert J.: *Irrationaler Überschwang: Warum eine lange Baisse an der Börse unvermeidlich ist,* Frankfurt am Main 2000.
Skipper, Harold D. jr.: *International Risk and Insurance: An Environmental-Managerial Approach,* Boston 1998.
Smithers, Andrew; Wright, Stephen: *Valuing Wall Street. Protecting Wealth in Turbulent Markets,* New York 2000.
Stewart, James B.: *Club der Diebe,* Berlin 1997.
Swensen, David F.: *Pioneering Portfolio Management. An Unconventional Approach to Institutional Investment,* New York 2000.
Villari, Rosario (Hrsg.): *Der Mensch des Barock,* Frankfurt am Main 1999.
Wagner, Bruno: *Die Biotech-Aktie,* Wien/Frankfurt am Main 2000.
Weimer, Wolfgang: *Kapitäne des Kapitals: Zwanzig Unternehmerporträts großer deutscher Gründerfiguren,* Frankfurt am Main 1995.
Welch, Ivo: »Herding Among Security Analysts«, in: *Journal of Financial Economics,* Nr. 58, 2000.
Welcker, Johannes, Thomas, Eckhardt: *Finanzanalyse,* München 1981.
White, Bouck: The Book of Daniel Drew; deutsch: *Das Buch des Daniel Drew. Leben und Meinungen eines amerikanischen Börsenmannes,* München 1922.
Zeyer, Fred (Hrsg.): *Investmentfonds-Management*, Frankfurt a. M. 1993

Weitere verwendete Publikationen:

Bizz
Bloomberg Money
Börse Online
Business Week
Capital
Cash
DM
Les Echos
The Economist
Euro am Sonntag
Euromoney
L'expansion
Far Eastern Economic Review
Financial Times
Financial Times Deutschland
Finanzen
Finanz-Test
Focus
Focus Money
Der Fonds
Forbes
Fortune
Frankfurter Allgemeine Zeitung
Frankfurter Rundschau
Handelsblatt
The International Economy
Investment International
Maclean's
Manager Magazin
Newsweek
Portfolio International
Saarbrücker Zeitung
Der Spiegel
Stern
Süddeutsche Zeitung
taz - die tageszeitung
Telebörse
The Wall Street Journal
Washington Post
Die Welt
Wirtschaftswoche
Die Zeit

Register